商贸物流操作实务

李晓东　主　编

曹松荣　张丽萍　副主编

中国财富出版社有限公司

图书在版编目（CIP）数据

商贸物流操作实务／李晓东主编. — 北京：中国财富出版社有限公司，2025.7

ISBN 978-7-5047-7374-6

Ⅰ.①商…　Ⅱ.①李…　Ⅲ.①物流管理—教材　Ⅳ.①F252.1

中国版本图书馆 CIP 数据核字（2020）第 244033 号

策划编辑 徐　妍	**责任编辑** 徐　妍	**版权编辑** 武　玥	
责任印制 苟　宁	**责任校对** 杨小静	**责任发行** 敬　东	

出版发行 中国财富出版社有限公司	
社　　址 北京市丰台区南四环西路 188 号 5 区 20 楼	**邮政编码** 100070
电　　话 010－52227588 转 2098（发行部）	010－52227588 转 321（总编室）
010－52227566（24 小时读者服务）	010－52227588 转 305（质检部）
网　　址 http：//www.cfpress.com.cn	**排　　版** 宝蕾元
经　　销 新华书店	**印　　刷** 北京九州迅驰传媒文化有限公司
书　　号 ISBN 978-7-5047-7374-6/F·3241	
开　　本 787mm×1092mm　1/16	**版　　次** 2025 年 8 月第 1 版
印　　张 15.75	**印　　次** 2025 年 8 月第 1 次印刷
字　　数 317 千字	**定　　价** 56.00 元

序

在全球经济一体化与数字技术革命的双重驱动下，商贸物流已从传统的货物运输与仓储环节，升级为贯穿生产、流通、消费全链条的价值创造体系。作为连接商流、信息流、资金流的关键纽带，商贸物流的效率与创新能力，直接影响着产业链供应链的韧性与竞争力。近年来，我国商贸物流行业规模持续扩张，跨境电商、冷链物流、智慧仓储等新业态蓬勃发展，对专业化、实操型人才的需求愈加迫切。在此背景下，《商贸物流操作实务》一书的出版，恰逢其时地为行业人才培养与实践创新提供了系统的知识支撑。

一、立足实践：构建全链条操作体系

本书以"理论为基、实践为要"为编写原则，深度解构商贸物流各环节的操作逻辑。从商贸物流的基础概念、经营模式分类出发，延伸至运输、仓储、配送、零担物流等核心业务流程，再到物流安全管理、法律规范、供应链金融等支撑体系，形成了"认知—操作—管理—创新"的递进式知识框架。例如，在商贸运输一章中，不仅详解了公路、铁路、水路等运输方式的选择策略，还结合甩挂运输、模块化运输等创新模式，分析如何通过流程优化降低空驶率、提升装载效率。在仓库安全实操一章中，以案例形式拆解库房管理、消防应急、设备维护等具体操作规范，将抽象的安全理论转化为可执行的动作指南。

这种"场景化+流程化"的编写思路，使教材兼具教学工具与实操手册的双重价值。无论是物流专业学生学习基础理论，还是从业者提升岗位技能，均可通过书中标准化的操作流程、典型案例分析和风险防控要点，快速掌握各业务环节的核心技能。

二、拥抱变革：响应行业技术与模式创新

当前，商贸物流正经历着数字化、智能化、绿色化的深刻变革。本书敏锐地捕捉行业趋势，将前沿技术与创新模式融入内容体系。在商贸物流技术一章，详细阐述了

条码、射频识别（RFID）、全球定位系统（GPS）、区块链等技术在物流追踪、库存管理、供应链协同中的具体应用，例如通过物联网技术实现货物全程可视化监控，通过大数据算法优化配送路径。

值得关注的是，书中对冷链物流、逆向物流、跨境电商物流等细分领域进行了简要介绍。例如，在冷链物流部分，对冷链物流的设施现状等进行了介绍；在逆向物流网络部分，阐述了逆向物流的系统功能和网络结构等，呼应了循环经济对物流行业的新要求。这些内容不仅拓展了传统物流操作的边界，也为读者应对行业变革提供了思路。

三、赋能行业：链接理论教学与产业需求

作为一本面向实践的教材，本书深度融合了行业标准与企业案例。在仓库安全实操、商贸物流安全生产管理示例等章，结合《危险化学品安全管理条例》《企业安全生产标准化基本规范》（GB/T 33000—2016）等政策文件，细化操作中的合规要点；在商贸物流企业案例分析部分，剖析了京东物流、顺丰速运、兰田智慧物流港等典型企业的运营模式，从战略规划、技术应用到成本控制，展现了不同规模企业的实操经验。这种"政策+案例"的编写方式，帮助读者建立从政策认知到商业实践的完整逻辑链。

此外，教材中设置了思考题与案例分析，提高读者解决问题的能力。例如，在商贸物流定价一章，通过分析成本构成与物流定价影响因素，探讨如何制定差异化定价策略；在物流安全一章，通过真实的事故案例，让学生更好地理解风险识别、应急处置与责任划分的全流程。这种互动式设计，既适合院校教学中的课堂讨论，也适合企业培训过程中的经验交流。

四、面向未来：为产业升级培育人才

商贸物流的高质量发展，离不开兼具专业素养与创新思维的人才支撑。本书以"培养复合型物流人才"为目标，在内容编排上兼顾专业性与前瞻性：既涵盖运输调度、库存控制等基础操作技能，又融入供应链金融、绿色物流等战略管理思维，帮助读者构建"微观操作—中观管理—宏观战略"的全局视野。

对于院校而言，本书可作为物流管理、供应链管理等专业的核心教材，助力学生掌握从基础操作到系统优化的全链条知识；对于企业而言，可作为岗位培训手册，帮助从业人员提升业务熟练度与创新能力；对于行业研究者而言，书中对新业态、新技术的深度分析，也为学术探索提供了实践素材。

结　语

商贸物流作为国民经济的"血脉系统",其现代化水平直接影响经济循环效率。《商贸物流操作实务》以务实的笔触、系统的框架,为读者打开了理解物流操作、把握行业趋势的窗口。无论是初入行业的新人,还是寻求突破的从业者,均可从书中汲取养分,在实践中践行"效率至上、创新为要"的物流精神,为推动我国商贸物流行业向智能化、绿色化、全球化迈进贡献力量。

是为序。

编　者

2025 年 2 月

目　录

第一章　商贸物流概述

✎ **本章学习目标**

1. 掌握商贸物流的概念和经营模式的分类。

2. 了解商贸物流经营模式的特征。

3. 掌握商贸物流经营模式的运作流程。

4. 了解商贸物流经营模式的发展趋势。

第一节　商贸物流的基本内容

一、商贸物流的概念

商贸物流是指与批发、零售、住宿、餐饮、居民服务等商贸服务业及进出口贸易相关的物流服务活动。商贸物流是通过批发、零售等环节，把各生产企业的产品在一定的物流据点集中起来，然后经过仓储、分拣、流通加工、配送等业务，将商品以适当的数量、在适当的时间送到商贸企业或消费者手中的整个过程。

二、商贸物流的特点

1. 服务对象和服务内容多样化

商贸物流的服务对象包括生产企业、商贸企业、消费者等，服务内容包括采购、仓储、配送、包装、流通加工、信息处理等，涵盖了商品从生产到消费的全过程。这要求商贸物流企业能够根据不同的服务对象和服务内容，提供个性化、差异化、多元化的服务方案。

2. 服务过程和服务质量可视化

商贸物流的服务过程是动态的、连续的、可追溯的。通过现代信息技术，可以实现商贸物流的全程监控、全要素管理、全方位评估，提高服务的透明度和可信度，确保服务质量。

3. 供应链效益提升

商贸物流涉及供应链的各个环节，如采购、生产、销售等。通过优化供应链管理流程，降低成本、提高效率，可以提升整个供应链的效益。商贸物流企业应加强与供应链各方的合作与沟通，实现信息流、物流和资金流的协同。

4. 技术应用加速发展

随着物流技术的不断提升，商贸物流企业可以利用物联网、云计算、大数据分析等技术手段，提高物流效率和服务质量。例如，通过实时跟踪货物、优化路线规划等方式，实现物流过程的智能化管理。

5. 服务模式和服务效率协同化

商贸物流行业的服务模式是一种开放的、共享的、协作的模式。通过物流资源的整合、优化、配置，可以实现商贸物流的网络化、标准化、智能化、绿色化，提高服务的效率和效益。

综上所述，商贸物流具有服务对象和服务内容多样化、服务过程和服务质量可视化、供应链效益提升、技术应用加速发展，以及服务模式和服务效率协同化等特点。这些特点使商贸物流在现代商业活动中发挥着越来越重要的作用。

三、商贸物流企业的类型

1. 转型而来的区域类划分

（1）由传统运输公司或仓储公司演变的区域商贸物流企业。例如，山东盖世国际物流集团，该集团探索并创立了储运、流通、综合服务三大功能园区互为依托、优势互补的运作模式，成为国家仓储龙头企业及商贸物流园区的典范企业。

（2）大型外资跨区域商贸物流企业。UPS（美国联合包裹运送服务公司）和 FedEx（联邦快递）等是典型代表。

（3）由国有企业演变的商贸物流企业。招商局物流集团有限公司（简称招商局集团）已形成较为完善的海外港口和园区网络，积极开拓全球服务网络。2015 年 12 月，经国务院批准，中外运长航整体并入招商局集团。

截至 2016 年年底，招商局集团在全国设立了物流运作网点 815 个，业务范围覆盖全球主要贸易国家和地区，招商局集团物流业务资源优势明显，自建仓库面积达到 114.8 万平方米，经营仓库面积达到 221 万平方米。

（4）新兴内资跨区域的商贸物流企业。深圳市怡亚通供应链股份有限公司以上下游客户需求为核心，构建采购平台、销售平台和物流平台，帮助企业实现从原材料采购到产品销售的供应链全程运作中的非核心业务外包，提升企业核心竞争力。

2. 功能类划分

商贸物流企业的类型按功能能划分主要包括以下几种。

（1）运输型商贸物流企业：主要提供运输服务，包括公路运输、铁路运输、航空运输或水路运输等多种运输方式。这类企业通常不拥有仓储设施，但能够根据客户需求组织运输活动。

（2）仓储型商贸物流企业：专注于仓储服务，提供货物的存储、保管、分拣和配送等服务。这类企业通常拥有大规模的仓储设施，并具备高效的仓库管理系统。

（3）综合服务型商贸物流企业：提供包括运输、仓储、装卸搬运、包装、配送等在内的全方位物流服务。这类企业通常具有较强的资源整合能力和综合服务能力，能够满足客户多样化的物流需求。

（4）机能整合型商贸物流企业：以对象货物为核心，通过系统化的物流流程，提供从集货到配送等全方位的物流服务。这类企业通常具有较高的机能整合度和专业化的服务能力。

（5）缝隙型商贸物流企业：主要向局部市场的特定客户提供物流服务，服务范围较窄但针对性强。这类企业通常开展一些"见缝插针"的物流服务，如小型搬家公司、仓储公司等。

这些不同类型的商贸物流企业共同构建了商贸物流行业的多元化生态体系，为不同需求的客户提供多样化的物流服务。

3. 物流业务类划分

商贸物流企业按业务类型划分，主要包括以下几种。

（1）运输型商贸物流企业：这类企业以提供货物运输服务为主，包括普通货物运输、货物专用运输（如集装箱运输、牵引车运输等）及货物联运等，它们是商贸物流中负责将商品从产地运往销售地的重要主体。

（2）仓储型商贸物流企业：这类企业专注于商品的库存管理、存储及配送前的准备工作，它们为商贸活动提供必要的仓储空间，并确保商品在存储过程中的安全和完好。

（3）综合服务型商贸物流企业：综合服务型商贸物流企业则提供更为全面的物流服务，包括但不限于运输、仓储、装卸搬运、包装、配送及物流信息处理等。这类企业通常拥有较为完善的物流网络和信息系统，能够满足客户多样化的物流需求。

此外，虽然有些资料中提到了加工型商贸物流企业或装卸搬运型商贸物流企业等，但在商贸物流企业的主要业务类型划分中，加工、装卸搬运并不作为核心类型出现。加工型物流更多地与制造业物流相关，而装卸搬运则是物流过程中的一个环节，而非一种独立的业务类型。

四、商贸物流的运作体系

商贸物流有四大支柱——商流、物流、资金流和信息流，商贸物流一体化的顺利实现一定要处理好这"四流"之间的关系。

1. 组建物流网络

商贸物流企业的销售网点一般比较分散，如果商贸物流企业只有一个仓库，要在规定的时间内把商品送到所有客户手中，便对物流提出了非常高的要求，且运输成本也会大幅提高。为解决这一问题，商贸物流企业可以考虑在主要的销售地区建立几个区域性的配送中心，分别负责一定区域的商品配送，这样不仅可以保证商品配送的准时性，还可以降低物流成本。

2. 开展供应链金融业务

供应链金融是指银行将核心企业和上下游企业联系在一起，提供灵活的金融产品和金融服务的一种融资模式。供应链金融是站在供应链全局的高度，为协调供应链资金流、降低供应链整体财务成本而提供的系统性金融解决方案。供应链金融业务需要商业银行、供应链上下游企业共同合作。对供应链上下游的物流企业而言，可以有效地解决自身流动资金不足，却又得不到银行贷款的问题。

商贸物流企业已具备了开展供应链金融业务的外部环境。从自身情况来看，商贸物流企业需要大量的流动资金，开展供应链金融业务应该是它们迫切需求的。

3. 建设商贸物流一体化信息平台

信息化建设是提升企业管理水平的重要契机。信息化建设可确保各参与主体的资质、能力和利益，使信息的真实有效性得到保障。通过对平台信息的收集和合理开发，充分整合现有贸易、运输、仓储、加工及金融合作伙伴，提高合作各方的运营能力。

商贸物流一体化信息平台作为独立的第三方物流信用信息提供者，以强大的系统网络为支持，以收集、整理、记录大量参与主体交易信用信息为载体，通过系统信息连接，为商贸物流企业、货运公司、仓储公司和金融业务提供商等交易主体进行信息联动服务。商贸物流一体化信息平台可以使商贸物流企业的物流、商流、信息流及资金流得到充分整合，在大大提高运作效率、降低成本的同时，保证供货速度及良好的服务品质，增加客户的满意度，从而提高企业的竞争力。

4. 重组组织结构

商贸物流企业要实现商贸物流一体化，必须组建物流网络、开展供应链金融业务、建设商贸物流一体化信息平台，而这一切都需要企业在体制和机制上提供强有力的组织支持。没有组织结构的重组，商贸物流一体化的实现只能成为空谈。

随着市场竞争的加剧，特别是 2008 年的金融危机，对物流行业造成了巨大的打击。为应对这一危机，许多商贸物流企业都实现了商贸物流一体化运作，以物流促进贸易流的发展，而贸易流的发展又会带动物流的进步，两者相互促进，提高了企业的市场竞争力。值得注意的是，作为一家商贸物流企业，其核心竞争力是贸易，而发展贸易要拥有大量的流动资金，这时如果再在物流上投入太多的资金，必然影响贸易的发展，因此，对于商贸物流企业来说，关键是坚持贸易的核心地位，适当发展物流业以支持贸易的进一步发展。

第二节　商流与物流

商流即商品性交易，实际上是商品价值运动，是商品所有权的转让，流动的是"商品所有权证书"，是通过货币实现的。物流是物品从供应地到接收地的实体流动过程，根据实际需要，将运输、仓储、装卸搬运、包装、流通加工、配送、回收、信息处理等基本功能实施有机的结合。

商流是物流的起点、前提，没有商流一般不可能发生物流。反过来，没有物流的匹配和支撑，商流也不可能达到目的。商流与物流的联系与区别如下。

（1）商流与物流都是从供应地到需求地的流动，具有相同的出发点和终点。

（2）商流与物流都属于流通领域，是商品流通的两种不同形式，在功能上互相补充。通常是先发生商流后发生物流，在商流完成后再进行物流。

（3）功能不同。物流创造物资的空间效用、时间效用、形质效用，而商流创造物资的所有权效用。

（4）发生的先后和路径不同。在特殊情况下，没有物流的商流和没有商流的物流都是可能存在的。

（5）流动的实体不同。物流是物资的物质实体的流动，商流是物资的社会实体的流动。

总之，先有商流，然后才有物流。商流是物流的上游，没有上游就没有下游，所以要靠商流带动物流。但是如果没有物流，商流也无从实现。商流越兴旺，物流越发达，如果物流服务滞后也会影响商流的发展。因此，商流与物流之间是相辅相成、相互促进的。

📎 知识拓展

代收货款是指独立于买卖双方交易外的第三方代卖方从买方收缴应收款项的有偿服务。在物流领域，代收货款通常是指在合同约定的时限与佣金费率下，第三方物流商（3PL）为发货方承运、配送货物的同时，向收货方收缴款项转交发货方的附加值业务。

第三节　商贸物流发展现状

一、临沂商贸物流发展现状

临沂商城的历史，可以追溯到20世纪80年代初，是我国创办较早的专业批发市场和商品集散地之一，历经自发地摊—大棚式商贸市场—专业批发市场—层楼式批发城—商城—国际商贸物流城六个发展阶段。

1981年，改革开放的春潮在临沂涌动，素有经商传统的临沂城郊部分农民在临沂西郊汽车总站附近自发摆起地摊，形成了临沂第一代集贸式市场。

1982年，临沂工商部门筹资27万元，征地60亩，垒造水泥台摊位，盖起玻璃钢瓦大棚，形成临沂第二代大棚式商贸市场。

1986年至1992年，随着临沂建成第一家专业批发市场——纺织品专业批发市场，截止到1992年，临沂大型专业批发市场已经发展到36处，形成了以专业批发为特征的临沂第三代市场，成为江北最大的商品集散地。

1992年，在邓小平同志南方谈话精神的鼓舞下，至21世纪初，临沂专业批发市场已经增至56处，年交易额达393.8亿元。集仓储、交易和配送为一体的层楼式批发城构成了临沂第四代市场。

党的十六大召开后，临沂市委、市政府把临沂商城的整个改造提升列入全市经济工作的重要议程，努力打造全国领先且与国际接轨的现代商贸城，临沂商城进入第五代市场。

商贸业与物流业共生共荣，伴随临沂商城的发展，本土的物流业也从"马帮时代"模式向本土化改良的快递模式和第三方物流转变，并与现代的电子商务模式紧密联系在一起，实现了从"摊位批发，现钱现货"到"鼠标一点，物流天下"的现代商贸物流格局的蝶变。电子商务的发展，把以人流、物流、资金流为主体的批发市场逐步改造为以信息流为主体的交易市场。临沂·阿里巴巴合作平台涵盖电子商务服务、电子商务交易、电子商务物流三大领域，该平台的开通标志临沂进入了现代国际商贸物流城时代。临沂的商贸业务现在仅次于义乌，居全国第二，有"南义乌，北临沂"的美誉。

临沂是中国最大的胶合板生产基地，是山东省建材和黄金生产基地，是连接南北重要的物流城、商贸城。商贸与物流相互促进，物流为商贸业务的顺利完成提供支持和保障；临沂商城的发展，助推了物流业的升级，开启了新时代的"丝绸之路"。

截至 2024 年 5 月，临沂全市专业化、社会化物流企业达到 3065 家，有配载线路2000 多条，每天发往全国各地的货运配载车辆达 8000 多个车次，货运基本实现国内全覆盖。

原来的临沂商城以内销为主，面对激烈的市场竞争环境，临沂商城亟须突破和改变原有的经营模式。服务业的发展水平是衡量一个地区经济社会发展程度的重要标志，要实现经济战略转型、产业结构优化升级、发展方式转变等目标，服务业是突破口。

临沂商城商贸辐射已经逐渐从"买全国卖全国"拓展至全球，筑起了新的"丝绸之路"。临沂商城成立了临沂国际贸易中心项目，该项目以"商贸流通·综合服务平台"为战略定位，集产品集聚、主体集聚、政策集聚、服务集聚于一体，涵盖国际会客厅、国际贸易、数字创新、科创孵化、贸易升级转型、产品发布中心六大产业功能，具备"产业办公、会展商贸、孵化创业"等多种应用方式。项目建成后，将打造成为全产业链协同的汇聚之地，推动"产业链、供应链、创新链"协同发力，为商贸物流企业提供一站式的产品供应管理服务，打造一批具有自主知识产权的"沂蒙好货"，叫响"临沂商城、中国大集"的金字招牌。

二、义乌商贸物流发展现状

"鸡毛换糖"是义乌市场走向国际市场的起始。从改革开放到中国加入 WTO（世界贸易组织），义乌的外贸形势逐渐明朗，义乌市场也逐步发展壮大，到今天成为世界闻名的义乌国际商贸城，被誉为"小商品海洋""购物者天堂"。义乌拥有世界最大的小商品批发市场，每日交易量汇聚成"义乌指数"，被称作全球小商品贸易的"风向标"和"晴雨表"。作为全球最大的小商品集散地，义乌的小商品出口量不断增大，义乌市场也逐渐发展成为全球最大的日用消费品流通和展示中心及中国重要的商品出口基地。

目前，义乌商贸物流的发展现状如下。

1. 外地同行业物流间竞争激烈

从外地发展物流情况看，各地对物流发展高度重视并大力扶持。上海、成都、深圳等地将发展现代物流业作为支柱产业培育、扶持，建立了专门的领导协调机构，制定了物流发展专项规划，对物流企业实施了在用地、用电、税收和财政资金扶持补助等方面的优惠政策，特别是成都，扶持力度很大，现代物流业发展势头很猛。义乌也非常重视物流业的培育发展，特别是周边市、县（区）利用地缘优势，出台系列优惠政策，争夺义乌市场的物流资源。可见，区域之间发展现代物流业的竞争异常激烈。

2. 义乌市内物流行业竞争激烈

从义乌发展客观形势看，提升传统物流业的内在要求十分强烈。当前义乌市场、工业产业发展正处于转型提升期，不仅需要货畅其流的物流服务，更需要包含增值服务的高端物流。传统意义上的货物运输服务已明显不适应市场、产业发展对现代物流业的要求，迫切需要物流服务层次、水平的相应提升。同时，随着义乌国际化水平的不断提升，义乌不仅应成为浙江省内的物流大通道，更成为中国制造的国际大通道。

3. 盈利方式不合理

义乌大多数中小型货代企业主要从事中介劳务服务，涉及揽货、订舱、报关、进出口单证制作和货物运输等，尚不具备提供增值服务的能力，其主要收入来源仍然是差价和订舱佣金。这些企业在发展过程中，没有对市场进行细分，缺乏特色服务，进而导致核心竞争力比较薄弱。

4. 义乌物流仓库管理水平不足

义乌的物流仓储目前已基本满足市场需求，但是仓库管理不完善，经常有客户反映存在物品缺失等现象。装柜工人大多属私人雇用，关系不稳定，而且存在向客户收取小费等不良现象。装箱不紧凑，导致客户留有存货，不能尽量多地给客户装载货物。

三、白沟商贸物流发展现状

白沟新城依托区位优势和产业优势，以箱包特色产业为主线，以小商品集散为依托，立足当地，辐射周边，按照"商贸流通配送、产业基地配送、城市物流配送"三大配送原则，全面打造现代物流产业基地。

白沟新城是名副其实的商贸之城、箱包之都。它从传统乡镇集市起步，经过近30年的发展，如今形成了庞大的箱包产业链和产业集群，成为全国最大的箱包产销基地。同时，物流、仓储、交通运输等服务业也飞速发展起来。

依托于市场建设及省级物流产业聚集区的开发建设，白沟新城商贸物流基础设施不断完善，配套能力不断增强。目前白沟线路覆盖全国所有县级以上城市，年承运货物 2000 多万吨。

虽然近年来白沟新城商贸物流业取得了飞速发展，但是相比之下还属于初步发展阶段，且在发展中存在很大的阻力，如箱包业面临发展瓶颈，导致商贸物流业发展动力不足；物流基础设施落后，战略支撑项目有待加强；信息化水平有待提高，缺少公共物流信息平台。因此，白沟新城应探索制定符合本区域实际发展的政策和规划，培育扶持具有示范带动作用的物流企业，加快传统物流企业向现代物流企业转型，鼓励国内外大型物流企业在白沟新城设立采购中心、区域分拨中心、配送中心，大力培育发展第三方物流。

第四节 商贸物流经营模式分类

一、发展战略层面分类

1. 物流服务延伸模式

所谓物流服务延伸模式，是指在现有物流服务的基础上，通过向两端延伸，向客户提供更加完善和全面的物流服务，从而提高物流服务的附加价值，满足客户高层次物流需求的经营模式。例如，仓储企业利用掌握的货源，通过购买车辆或者整合社会车辆从事配送服务；运输企业在完成货物的线路运输之后，根据客户的要求从事货物的临时保管和配送服务。这种模式对于从事单一功能物流服务的传统物流企业来说，不仅可以拓展其物流服务范围，还可以提高其物流服务层次。

2. 行业物流服务模式

行业物流服务模式是企业通过使用现代技术和专业管理方法，在拥有丰富经验和对客户需求有深刻理解的目标行业，为客户提供全部或部分专业的物流服务的模式。

在国内，行业物流服务是近年来我国物流市场发展的一个趋势，服装、家电、医药、书籍、日用品、汽车、电子产品等行业或领域纷纷释放物流需求，极大地丰富了物流市场。

3. 项目物流服务模式

项目物流服务模式是指为一个特定的项目提供全程物流服务的模式。这样的需求主要集中在重大基础设施项目和综合性展览项目等，如三峡水电站、国家体育场等基础设施项目，博览会展览，以及其他大宗货物的运输和物流服务，物流企业的物流运作模式的实施必须有丰富的经验和雄厚的经营实力。

4. 定制物流服务模式

定制物流服务模式是指将物流服务具体到某个客户，为该客户提供从原材料采购到产成品销售过程中各个环节的全程物流服务模式，涉及仓储、运输、流通加工、包装、配送、咨询等业务，甚至还包括订单管理、库存管理、供应商协调等其他服务。现代物流服务强调与客户建立战略协作伙伴关系，采用定制物流服务模式不但能保证物流企业有稳定的业务来源，而且能节省企业的运作成本。物流企业可以根据客户的实际情况，为其确定最合适的物流运作方案，以最低的成本提供高效的服务。例如，京东针对日用品、3C 产品（计算机类、通信类和消费类电子产品的统称）、大件、服装、生鲜等不同产品特点，分别推出不同的服务方案。针对日用品企业，京东提供商品保质期全程监控和管理服务。针对 3C 产品企业，京东则采用序列号细致管理体系。在大件的解决方案中，京东着重提供大家电、家居家装、运动健身设备等产品的"仓、配、安"一体化的服务。针对服装企业，京东则有多地备货逻辑和淡旺季的运营策略。针对生鲜企业，京东则在冷链物流上提供更周到的全程温控的多温层冷链物流产品，对蔬菜、水果、海鲜等生鲜食品开通优先配载的单独通道。

5. 物流咨询服务模式

物流咨询服务模式是指利用专业人才优势，深入企业内部，为其提供市场调查分析、物流系统规划、成本控制、企业流程再造等相关服务的经营模式。物流企业在为客户提供物流咨询服务的同时，帮助客户整合业务流程与供应链上下游关系，进而提供全套的物流解决方案。物流企业通过物流咨询带动其他物流服务的销售，区别于一般仓储企业、运输企业的简单化服务，有助于增强企业的竞争力。

二、经营范围层面分类

1. 同城配送模式

这类模式面向超市配送居多，同时有一部分小型公司也会承接私人的同城配送货品或单证。这类模式下的企业往往拥有多台小型车辆，对本地路况、政府关系熟悉，能够以较低的成本运作，通过向个人、中小企业揽活，规模化运作扩大自己的盈利能力。这些企业往往在某个城市内比较强势，出了这个范围就名不见经传了，覆盖区域狭窄，运作机制灵活，负责的多是提货期短、送货期短及同城区域内的运输服务。

2. 区域运输及配送模式

这种模式下的企业非常多，一些中小型物流公司就属于这个范围，它们的优势一般集中在某几个中心城市或某一省份，在覆盖区域内有丰富的网点和大量的货源，同时也承接发往其他区域的货物，但这些货物多交给另外的运输企业承运。例如，城市之星物流在珠三角地区非常强势；山东佳怡物流在山东省内的网点数量仅次于中国邮政；盛丰物流与盛辉物流均起家于福建，在福建省内的中心城市拥有其他物流公司无法比拟的优势。

3. 全国范围的综合物流服务模式

（1）大中型的第三方物流企业。

负责大客户全国范围的运输、仓储及其他增值服务，这类企业一般在全国大中型城市均设立服务网点或分公司，一般不会面向个人提供服务，而且这类企业一般没有太多的车辆，而是更多地使用社会资源。这类企业的典型代表是宝供物流、中外运物流等。

（2）零担物流企业。

①专线物流企业。

专线物流企业仅负责某地到某地的运输工作，在这条线路上有充足的运作经验和固定的车辆资源，服务很稳定，价格低廉，但只要超出这个专线的运营范围，就无法运作。专线物流企业一般在物流中心停车场均有办事处，既面向直接的生产客户，又面向大型的第三方物流公司，而且喜欢为个人提供服务。这样的企业非常多，比如凯通物流的线路有广州—长沙、广州—北京、广州—天津，实力非常强势；飞鹏物流服务于苏浙沪、京津塘地区；浪潮物流承接京津地区发往西南地区的货物运输业务。这些公司在这些线路上竞争实力很强，服务稳定，价格低廉，而且有一定的风险承担能力。

②全国性零担物流企业。

这类企业设有众多的网点，拥有大量的自有车辆，这种企业也是大家最为熟悉的，因为日常生活中我们经常会用到，如天地华宇物流、佳吉物流、通成佳加物流等，它们面向中小企业和个人提供运输服务。

（3）快递公司。

顺丰速运、申通快递、圆通速递、中通快递、天天快递、EMS（中国邮政速递物流）和DHL（敦豪）等快递公司的运作方式大致相同，干线采用航空运输，中短途采用中小型车辆发运，速度快，安全有保障，网点丰富，但价格较高，仅适用于运送个人零散小件或高附加值货品。

三、物流实施层面分类

1. 成本领先经营模式

成本领先强调以低单位成本价格为用户提供准确、及时的物流服务，其目标是成为产业中的低成本者。物流企业采用成本领先经营模式时应具备以下优势：持续的资本投资和良好的融资能力；能够大规模地从事物流活动；对工人有严格的纪律要求和行为规范；低成本的物流网络系统；结构和责任分明的组织；以定量目标为基础的激励制度；严格的成本控制。

2. 特色经营模式

所谓特色经营模式就是物流企业力求在产业内独树一帜，选择许多客户重视的一种或多种服务，并赋予其独特的地位以满足客户的要求。

物流企业采用这种模式应该具备以下条件：敏锐的创造性鉴别能力；独特的业务组合；有密切协作精神；重视主观评价和创新精神，而不是仅重视以定量指标为基础的激励制度。企业想要吸引高技能人才，可以考虑采用这种经营模式。

3. 确定重点市场的经营模式

物流企业选择产业内一个或一组细分市场，为它们服务而不为其他细分市场服务。这种经营模式要求物流企业具备以下条件：有自我约束能力；企业的实力不足以在产业内更广范围内开展业务；企业能够以更高的效率、更好的效果为某一狭窄的目标市场服务，在该范围内超过竞争对手。例如，由传统运输公司或仓储公司演变的区域商贸物流企业，在依托原来的仓储系统并拥有自己车队的情况下，在凭借熟悉的外部环境和拥有物流网络的基础上为本地区提供基本的物流服务和部分增值服务，同时还要逐步改变物流设施相对陈旧的问题，并不断采用先进的管理方法提高对物流服务的认识。

第五节　商贸物流经营模式的特征

一、不同综合物流服务企业经营模式的比较

对于重资产型和轻资产型的综合物流服务企业来说，其在关键物流设施所有权方面的差别，导致各自在物流服务的组织方式与控制方面都存在一定区别，各自的未来业务发展方向也有所不同。具体如表1-1所示。

二、物流企业的盈利模式分析

物流企业的盈利模式主要包括以下八种：基础运费收入、增值服务收入、信息差价、服务差异化、仓储和配送服务、物流解决方案、物流软件和服务及供应链管理。

表 1-1 不同综合物流服务企业经营模式的比较

企业类型	竞争优势	竞争劣势	业务发展可选择的方向
重资产型（拥有码头、储罐等物流设施）	关键物流设施具备垄断因素，易于延伸提供增值服务	产能利用率低会降低净资产收益率	（1）提高产能利用率，适时扩充物流设施服务能力； （2）沿供应链上下游进行服务延伸，提升服务综合性，以增强客户的依赖度； （3）条件许可时，进行异地扩张，复制已有服务模式
轻资产型（依托一体化的供应链管理能力）	具备集成服务优势，利于差异化竞争	个别环节依赖外包服务，控制力较差	（1）通过不同业务环节之间的客户资源共享，可以有效拓展市场； （2）通过模式复制，开发新客户； （3）外延式扩张，拓展新的业务领域

1. 基础运费收入

这是物流企业最直接的盈利方式，通过运输货物收取相应的费用，费用的多少通常根据货物的重量、体积、运输距离及运输方式等因素决定。

2. 增值服务收入

提供额外的服务，如保价、包装、上门接货、送货上门、订单处理、售后服务等，这些服务可以额外收费，增加企业的收入来源。

3. 信息差价

通过获取物流信息，赚取货物价格差，或者通过优化物流方案，降低企业物流成本，从中获得利润。

4. 服务差异化

提供多元化的物流服务，如快递、冷链物流、航空物流等，满足不同客户的需求，获取更多利润。

5. 仓储和配送服务

提供仓库租赁业务，并根据存储时间、货物数量等因素计费。同时，还能提供包括"最后一公里"配送、定时配送、加急配送等在内的配送服务，收取相应费用。

6. 物流解决方案

提供一体化的物流解决方案，帮助企业降低物流成本、提高物流效率，从而获取利润。这包括从采购到销售的全链条物流解决方案，增加服务附加值，提高盈利空间。

7. 物流软件和服务

开发和销售物流软件，提供物流信息服务，如货物跟踪、库存管理、运输路径优化等，通过收取服务费用盈利。

8. 供应链管理

提供供应链管理服务，包括采购、生产、销售等环节的管理，帮助企业优化供应链，降低成本，从而获取管理费。

此外，随着技术的发展和市场的变化，物流企业还在不断探索新的盈利模式，如利用大数据、人工智能等技术实现精准预测、优化调度和高效管理，降低成本，提高盈利水平，发展绿色物流，满足市场对环保的需求，获得政府的支持和补贴等。

第六节 商贸物流经营模式的运作流程

一、订单处理作业

物流中心的交易起始于客户的咨询、业务部门的报表，而后经订单的接收，业务部门查询出货日的存货状况、装卸货能力、流通加工负荷、包装能力、配送负荷等答复客户，而当订单无法依客户之要求交货时，业务部加以协调。由于物流中心一般均非随货收取货款，而是于一段时间后予以结账，因此在订单资料处理的同时，业务人员会依据公司对该客户的授信状况核查客户是否已超出其授信额度。此外，在特定时段，业务人员会统计该时段的订货数量，并予以调货、分配出货程序及数量。退货资料的处理亦该在此阶段予以处理。业务部门会确定报表计算方式，进行报表历史资料管理，确定客户订购最小批量、订货方式或订购结账截止日期。

二、采购作业

自交易订单接受后，根据供应商品的需要，物流中心要向供货厂商或制造厂商订购商品。采购作业的内容包括统计所需商品数量、查询交易条件等，而后依据指定数量及供货厂商所提供的较经济的订购批量，提出采购单。于采购单发出后进行进货入库作业。

三、进货入库作业

采购单开出后，采购人员进货入库的同时，进货入库管理员即可依据采购单上的预定入库日期，进行入库作业排程、入库站台排程，而后于商品入库当日，进行入库资料核查、入库商品检查，核查入库商品是否与采购单内容一致，当品项或数量不符时即做适当的修正或处理，并将入库资料登录建档。对于由客户处退回的商品，退货品的入库亦经过退货品检、分类处理而后登录入库。商品入库上架由计算机或管理人员依照仓库区域规划管理原则或商品生命周期等因素指定储放位置，或于商品入库后登录其储放位置，以便于日后的存货管理或出货查询。在入库搬运的过程中由管理人员选用搬运工具、调派工作人员，并做好工具、人员的工作时程安排。

四、库存管理作业

库存管理作业包含仓库区域的管理及库存数量的控制。仓库区域的管理包括商品于仓库区域内的摆放方式、仓库区域大小、仓库区域的分布等规划。商品进出仓库遵循先进先出或后进先出原则；进出货方式的制定涉及搬运工具、搬运方式、储位的调整及变动。库存数量的控制则依照一般货品出库数量、入库所需时间等确定采购数量及采购时点，并配有采购时点预警系统。库存盘点工作应于一定期间印制盘点清册，并依据盘点清册内容清查库存数、修正库存账册并制作盘亏报表。此外，仓库区域的管理还包含仓储容器的使用与仓储容器的保管、维修。

五、补货及拣货作业

统计客户订单资料，我们便知道商品真正的需求量。当库存数足以供应出货需求量时，我们即可依据需求量印制出库拣货单及明确各项拣货指示，进行拣货区域的规划布置、工具的选用及人员调派。出货拣取不只包含拣取作业，更应注意拣货架上商品的补充，不致发生缺货，这中间包含补货标准及补货时点的制定、补货作业排程、补货作业人员调派等环节。

六、流通加工作业

商品由物流中心送出之前可于物流中心进行流通加工处理。在物流中心的各项作业中流通加工最易提高商品的附加值。流通加工作业包含商品的分类、过磅、拆箱重包装、贴标签及商品的组合包装。而欲达成完善的流通加工作业，必须管理好包装材料及容器、制定组合包装规则、选用合适的流通加工包装工具、明确流通加工作业的排程及作业人员的调派。

七、出货作业处理

完成商品的拣取及流通加工作业后，即可执行商品的出货作业，出货作业主要包括依据客户订单资料印制出货单据，订定出货排程，印制出货批次报表、地址标签及出货检核表。由排程人员决定出货方式、选用集货工具、调派集货作业人员，并决定所运送车辆的大小与数量。由仓库管理人员或出货管理人员决定出货区域的规划布置及出货商品的摆放方式。

八、配送作业

配送商品的实体作业包含将货品装车并实时配送，而达成这些作业则须事先规划配送区域并安排配送路线，由配送路线决定商品装车的顺序，并于商品配送途中做好商品的追踪及控制、配送途中意外状况的处理等工作。

九、会计作业

商品出库后销售部门可依据出货资料制作应收账单，并将该账单转入会计部门作为收款凭据。商品入库后，则由收货部门制作入库商品统计表以供供货厂商请款稽核之用，并由会计部门制作各项财务报表以供营运政策制定及营运管理之参考。

十、营运管理及绩效管理作业

除了上述物流中心的实体作业，良好的物流中心运作更要基于管理者通过各种考核评估实现物流中心的效率管理，并制定良好的营运决策及方针。而营运管理和绩效管理可以由各个工作人员或中级管理者提供各种资讯与报表，包含出货销售的统计资料、客户对配送服务的反应报告、配送商品次数及所用时间的报告、配送商品的失误率分析、仓库缺货率分析、库存损失率报告、机具设备损坏及维修报告、燃料耗材等使用量分析、外雇人员/外租设备成本分析、退货商品统计报表、作业人力的使用率分析等。

第七节　商贸物流经营模式的发展趋势

商贸物流经营模式的发展趋势主要如下。

1. 商贸物流经营模式由生产者和销售商组织物流配送转变为第三方物流配送为主

随着物流的发展和分工的深化，专业物流企业，即第三方物流企业不断出现，以其专业化物流配送职能取代了原有的生产者和销售商的自营物流配送，简化了企业的交易程序，使企业能够专心于自己所熟悉的业务，将资源配置在核心业务上，进而起到优化资源配置、降低成本、提高效率的作用。另外，随着城市社区服务体系的逐渐完善，由第三方物流企业集中综合配送不同商品（如报纸、牛奶等）效率更高，可以提高配送网络的利用效率，大大节省交易费用。同时由于第三方物流的不断发展，第三方物流企业能够更好地了解顾客的要求，及时调整经营模式和服务内容，最大限度地缩短订货处理周期，提高物流配送系统的反应速度。

2. 商贸物流呈现共同化和计划化，从无序走向有序

商贸物流初期，主要以单个企业为主体，存在车辆利用率低，不同配送企业之间交错运输、交通紧张等不合理问题，并且强调完全按顾客要求办事，配送企业缺乏合理计划，处于被动服务地位。现代物流配送的发展已上升到从大范围考虑合理化，致力于在整个城市或一定区域中推行企业共同配送。在此基础上制订全面周详的计划，从而促进配送的合理化、服务的高效化。

3. 运用现代技术和方法，与电子商务发展相融合

随着配送规模的扩大和计算机的微型化，物流配送普遍运用计算机管理。一是信息传递预处理逐渐采用 EDI（电子数据交换）系统，二是计算机在进货、配货和选址等方面辅助决策逐渐成为趋势，三是计算机与其他自动化装置的操作相结合。同时，物流配送和电子商务发展相融合，充分利用国际互联网、电子商务安全等技术。在构筑物流信息系统、控制系统方面，EDI 系统、GPS（全球定位系统）、移动通信、电子地图将会大范围普及。

4. 物流供应链采用先进的系统模式

随着信息高速公路建设和电子信息技术的发展，车载计算机的体积会更小，功能会更强，成本会更低，在物流供应链管理方面使用高新技术设备将会更加方便，管理功能更加完善。同时，物流经营组织的交流和关系也将趋向全球化发展，组织结构也将会从金字塔式的组织结构向网络化方向发展，形成更为科学、合理的企业物流系统、区域物流系统、全国物流系统和国际物流系统。物流供应链先进系统模式的采用，全面优化了物流供应链管理，降低了成本，提高了服务质量，增强了竞争能力。

◉ 本章小结

本章主要针对商贸物流概念和商贸物流经营模式等进行论述，主要介绍了商贸物流经营模式在发展战略层面、经营范围层面及物流实施层面的分类，商贸物流经营模式的特征，商贸物流经营模式的运作流程等，并介绍了未来商贸物流经营模式的发展趋势。

◉ 思考题

1. 调研所在城市商贸物流的经营模式和典型代表企业的经营状况。

2. 商贸物流运营模式的运作流程包括哪些？

3. 我国商贸物流经营模式的发展趋势是什么？

4. 了解我国近五年来对商贸物流发展的支持政策有哪些。

5. 举例说明我国其他典型的商贸物流集聚中心的特点、现状和启示。

6. 举例说明我国当前典型的商贸物流企业的特点、现状和启示。

第二章 商贸物流管理

✏ **本章学习目标**

1. 了解我国政府对物流业的管理职能。
2. 了解主管物流的部门和职能。

一、我国政府对物流业的管理职能

在第十一个五年规划中，我国将物流作为一个独立的产业列入规划纲要。但是，国民经济领域的物流管理形态尚未形成，目前物流管理仍处于系统化以前物流各要素分别管理的状态。例如，铁路货运、航空货运等依然由各部门分别进行管理，物流服务由一般工商企业进行管理，社会物流企业和全社会物流行业的宏观调控则由国家发展和改革委员会负责。

长期以来，无论是在物质生产领域还是在物质资料的流通领域，国家都分别设置了若干个部门，这些部门自成体系，各自对其领域内的生产和流通活动进行管理和领导，这样就形成了一种多头管理的局面。对于物流产业来说，它是一个综合性很强的领域，贯穿生产、分配、交换、消费乃至废弃的全过程，涉及很多政府管理部门，而不同部门分别设置了物流管理机构和从事物流业务的机构，分别进行管理和组织物流业务活动，这样一来，我国的物流管理就形成了一种"多元化"或"分散化"的管理体制。现代物流业涉及面广，牵涉部门多，为了保证各项促进措施的落实，首先要明确主管物流的是哪一个部门。目前，国家主管物流的行政管理部门是国家发展和改革委员会。

政府对物流业的管理职能主要包括制定相关法规政策、实施监督管理、提供支持和保障等。

1. 制定相关法规政策

政府通过制定和实施一系列与物流相关的法律法规、规划和计划等，为物流业的发展提供制度保障。例如，交通运输部公布了《快递市场管理办法》，对快递业务经营、服务质量和安全等方面进行了规范。这些法规政策旨在促进物流业的健康发展，提高物流效率，降低物流成本，同时保障用户、快递从业人员和经营快递业务的企业的合法权益。

2. 实施监督管理

政府相关部门对物流业实施监督管理，确保物流业从业者遵守相关法律法规，维护市场秩序。不同类型的物流公司可能由不同部门管理。一般来说，道路运输类的物流公司由交通运输部门进行管理，依据《中华人民共和国道路运输条例》等法规对道路运输经营活动实施监督管理。对于快递业，邮政管理部门负责快递行业违法行为的查处和业务投诉的调处。此外，市场监管部门也负责仓储、物流、快递行业市场主体价格收费或不正当竞争行为的查处或调处。

3. 提供支持和保障

政府在物流业发展中还扮演着支持和保障的角色。例如，政府通过减轻物流企业税收负担、加大对物流业的土地政策支持力度等措施，促进物流业的发展。同时，政府还致力于优化物流车辆便利通行条件，降低物流成本，提高物流效率。此外，政府还积极参与物流基础设施的建设和完善，提高物流基础设施的水平和能力。

综上所述，政府对物流业的管理职能是多方面的，旨在促进物流业的健康发展，提高物流效率和服务质量，同时保障相关各方的合法权益。

二、政府各部门对物流业的管理职能

1. 国家发展和改革委员会

国家发展和改革委员会的主管范围为各种运输方式之间的协调。

（1）发展战略和规划司。

提出国家重大发展战略、经济结构调整政策和重大生产力布局建议，组织拟订并推动实施国家发展规划。承担统一规划体系建设工作，统筹衔接国家级专项规划、区域规划、空间规划与国家发展规划。统筹规划编制立项。提出新型城镇化战略、规划和城乡融合发展政策建议，编制实施跨省区城市群和都市圈规划。

（2）经济贸易司。

监测研判国内外市场及外贸形势并提出政策建议。承担重要商品总量平衡和宏观调控相关工作。提出重要工业品、原材料和重要农产品进出口调控意见并协调落实。拟订粮食、棉花、食糖、化肥等中央储备的规划和总量计划。拟订现代物流业发展战略、规划和政策，协调流通体制改革有关重大问题。

（3）产业发展司。

组织拟订综合性产业政策。统筹衔接工业发展规划。拟订支持实体经济发展、加快发展先进制造业的政策措施，会同有关部门提出工业重大项目布局建议和相关产业重大工程并协调实施。协调重大技术装备推广应用和产业基地建设。拟订并协调实施服务业发展战略、规划和政策。

2. 商务部

商务部的主管范围为物流产业结构的调整和优化。

主要由流通发展司负责农产品流通体系建设、商品市场创新发展、绿色流通发展促进、零售行业创新转型、供应链创新与应用及商贸物流体系建设等工作。

3. 国家市场监督管理总局

国家市场监督管理总局的主管范围为物流市场的监督管理和行政执法工作。

主要职能：拟订工商行政管理的方针政策和有关法规；组织管理物流企业的注册，审定、颁发有关执照并对其进行监督管理；监督检查物流市场竞争行为，查处垄断、商品贿赂、走私贩私、不正当竞争等违法行为；承担监督管理流通领域商品质量和流通环节食品安全责任，指导消费者咨询、申诉，举报受理、处理和网络体系建设等工作，保护组织经营者、消费者合法权益；负责物流企业商标注册和管理工作，依法保护商标专用权和查处商标侵权行为，处理商标争议事宜。

4. 交通运输部

交通运输部的主管范围为铁路、水路、公路、航空领域的业务。

主要职能：参与拟订物流业发展战略和规划，拟定铁路、公路、水路、航空行业的发展战略、方针政策和法规并监督执行；拟定铁路、公路、水路、航空行业的发展规划及中长期计划并监督实施；制定交通行业技术政策、标准及规范，组织重大技术开发；负责交通行业统计和信息引导，对国家重点物资运输和紧急客货运输进行调控并组织实施国家重点交通工程建设；拟订铁路、公路、水路、航空有关规费政策并监督实施，提出有关财政、土地、价格等政策建议；维护交通行业的平等竞争秩序，引导交通运输行业优化结构、协调发展；指导城市客运，管理国家邮政局；指导交通行业体制改革。

5. 国家铁路局

国家铁路局的主管范围为铁路相关业务。

主要职能：拟定铁路行业发展战略及方针、政策、法律规章并监督执行；编制年度计划及发展规划并指导实施；拟订铁路行业技术政策和标准；培育和规范铁路运输市场；负责铁路建设行业管理。

6. 中国民用航空局

中国民用航空局的主管范围为民航行业。

主要职能：提出民航行业发展战略和中长期规划、与综合运输体系相关的专项规划建议，并组织实施和监督检查；负责危险品航空运输监管、民用航空器国籍登记和运行评审工作；负责民航空中交通管理工作，承担航空运输和通用航空市场监管责任，监督检查民航运输服务标准及质量，维护航空消费者权益，负责航空运输和通用航空活动有关许可管理工作；拟订行业价格、收费政策并监督实施，提出行业财税等政策建议。

7. 国家邮政局

国家邮政局的主管范围为邮政业务。

主要职能：拟订邮政行业的发展战略、规划、政策和标准，提出深化邮政体制改革和促进邮政与交通运输统筹发展的政策建议，起草邮政行业法律法规和部门规章草案；承担邮政监管责任，推进建立和完善普遍服务和特殊服务保障机制；负责快递等邮政业务的市场准入工作；负责邮政行业安全生产监管工作。

8. 住房和城乡建设部

住房和城乡建设部的主管范围为城市交通。

主要职能：相关的职能部门有法规司、城市建设司等，综合管理全国城市道路，负责政策引导、法治规范、国际合作和宏观监控等方面的工作。

9. 工业和信息化部

工业和信息化部的主管范围为信息化建设。

主要职能：研究拟定信息产业发展战略、发展规划；制定信息行业方针政策、法律法规并负责行政执法和执法监督工作；协助推进国家重点信息化工程的建设。

10. 生态环境部

生态环境部的主管范围为环境保护。

主要职能：拟定环境保护的方针、政策和法规，制定行政规章；调查处理重大环境污染事故和生态破坏事件，协调省际环境污染纠纷。受国务院委托对物流重大经济开发计划进行环境影响评价；负责物流环节的环境监理和环境保护行政稽查工作，组织环境保护执法检查活动。

11. 国家税务总局

国家税务总局的主管范围为税务工作。

主要职能：拟定税收法律法规草案，制定实施细则；提出运用税收手段对物流行业进行宏观调控的建议；制定物流税收规章制度并监督执行；办理进出口商品的税收及出口退税业务。

12. 国家标准化管理委员会

国家标准化管理委员会的主管范围为全国标准化工作。

主要职能：参与起草、修订国家物流标准化法律法规的工作，拟定和贯彻执行物流标准化工作的方针、政策；负责组织、协调和编制物流标准的制定、修订计划；管理全国组织机构代码和商品条码工作；管理全国物流标准化信息工作。

13. 应急管理部

应急管理部的主管范围为安全生产监督。

主要职能：起草安全生产方面的综合性法律草案和行政法规，拟定物流企业安全生产规章和安全技术标准；指导、协调全国物流企业安全生产检测检验工作；监督物流企业贯彻执行安全生产法律法规情况和企业安全生产条件、有关设备、材料及劳动防护用品的安全管理工作；负责物流工程项目的安全监督检查工作；组织对危险品等经营储存单位的安全管理和许可证管理工作。

14. 海关总署

海关总署的主管范围为海关工作。

主要职能：拟定海关工作的方针政策、法律法规；拟定关税征管条例及实施细则，组织实施进出口关税及其他税费的征收管理，依法执行反倾销、反补贴措施；组织实施海关稽查，打击走私。

15. 财政部

财政部的主管范围为财政收支、财税政策。

主要职能：拟定和执行财政、税收的发展战略、方针政策、改革方案等；提出物流行业税种增减、税目税率调整、减免税和对中央财政影响较大的临时特案减免税建议；参加涉外税收和国际关税谈判；监督物流行业财税方针政策执行情况，检查反映财政收支管理中的重大问题。

本章小结

本章主要概述了我国政府及政府各部门对物流业的管理职能，让物流管理人员清晰地了解各物流环节和业态分别由哪些职能部门负责管理，从而掌握运营管理的主动权。

思考题

1. 我国政府部门对物流业的管理职能有哪些？

2. 商贸物流公司运营中应注意的问题有哪些？

3. 简述物流业从成立到安全运营过程中包含哪些政府部门的管理职能。

第三章 商贸物流法律

✎ **本章学习目标**

1. 了解物流法律法规的含义。
2. 了解物流合同的概念。
3. 掌握物流合同的类型与特征。
4. 理解货物采购、仓储、流通加工和运输等方面的法律规范。

第一节 物流法律法规的基本内容

一、物流法律法规的含义、特征

1. 物流法律法规的含义

物流法律法规是指与物流活动相关的法律和法规，旨在规范物流活动、调整物流关系、保障物流秩序的一系列法律规范的总称。这些法律法规确保物流活动的顺利进行，保护各方当事人的合法权益，并促进物流业的健康发展。

物流法律法规的构成主要包括以下几个方面。

（1）物流主体法律法规：主要规范物流活动中涉及的主体，如物流企业、物流从业人员等，明确其资格、权利、义务和责任。

（2）物流行为法律法规：规范物流活动中的各种行为，如运输、仓储、装卸搬运、包装、流通加工、配送等，确保这些行为符合法律法规的要求。

（3）物流合同法律法规：规范物流合同的签订、履行、变更和解除等，保障合同当事人的合法权益。

（4）物流争议解决法律法规：提供物流争议解决的途径和方法，如协商、调解、仲裁和诉讼等。

此外，物流法律法规还涉及物流市场准入与监管、物流服务质量标准、物流市场监管等方面的内容，以确保物流市场的秩序和物流服务的质量与效率。

2. 物流法律法规的特征

物流法律法规的特征主要包括广泛性、复杂性、技术性和国际性。

（1）广泛性：物流法律法规的广泛性主要体现在其涵盖的范围广泛，涉及物流活动的各个环节，如运输、仓储、包装、装卸搬运等，以及参与物流活动的各类主体，如物流企业、货主、承运人等。

（2）复杂性：物流法律法规的复杂性源于物流活动的多样性和参与者的多元性。不同的物流环节和参与者可能涉及不同的法律法规，且这些法律法规之间可能存在交叉和重叠，增加了理解和应用的难度。

（3）技术性：物流法律法规往往包含大量的技术性条款，涉及物流设备、技术标准、操作流程等方面的规定。这些技术性条款确保了物流活动的安全、高效和标准化。

（4）国际性：随着全球化的深入发展，物流活动已经跨越国界，涉及国际贸易、跨国运输等领域。因此，物流法律法规也具有国际性，需要遵循国际条约、国际惯例和外国法律的相关规定。

综上所述，物流法律法规的特征是多方面的，这些特征既反映了物流活动的复杂性和多样性，也体现了法律法规对物流活动的规范和引导作用。

二、物流法律法规的渊源

法律渊源是指法律的表现形式，是指不同国家机关依法制定的各种具有不同法律效力的规范性文件，因制定这些法律的国家机关不同而具有不同的效力。

中国物流法律法规的渊源包括法律、法规、规章及国际公约。

这些渊源构成了中国物流法律法规体系的基础，为物流行业的规范运作提供了法律依据。其中，法律是由国家立法机关制定的具有普遍约束力的规范性文件；法规通常指由国务院及其各部门制定的规范性文件；规章则是由省、自治区、直辖市和设区的市、自治州的人民政府，以及经国务院批准的较大的市的人民政府制定的规范性文件。而国际公约则是各国为了共同利益而缔结的国际性法律文件，对中国物流行业也具有一定的约束力。

在物流活动中，这些法律法规渊源共同发挥着规范行业行为、保护各方权益、促进物流行业健康发展的重要作用。

三、物流法律关系

物流法律关系是指在物流活动中各主体之间基于法律规定所形成的权利与义务关

系。这种关系涉及多个方面，以下是对物流法律关系的详细解释。

1. 物流法律关系的主体

物流法律关系的主体是指在物流活动中享有权利和承担义务的自然人、法人或其他组织。这些主体包括但不限于以下主体。

（1）物流服务提供者：如运输公司、仓储公司等，它们负责提供物流相关的服务。

（2）物流服务需求方：如生产企业、销售企业等，它们需要物流服务满足其运营需求。

（3）物流活动的监管机构：如交通运输管理部门、海关等，它们负责监管物流活动的合法性和规范性。

2. 物流法律关系的客体

物流法律关系的客体是指物流法律关系主体之间权利和义务所指向的对象。这些对象通常包括以下内容。

（1）物：具体的物流对象，如货物。

（2）智力成果：在物流活动中所涉及的专利、商标等知识产权。

（3）行为：物流活动中的各种服务行为，如运输、仓储等。

3. 物流法律关系的内容

物流法律关系的内容是指物流法律关系主体所享有的权利和承担的义务。这些权利和义务包括但不限于以下内容。

（1）物流服务提供者需按照约定提供安全、及时、有效的物流服务。

（2）物流服务需求方须支付相应的服务费用，并确保提供的货物符合运输要求。

此外，物流管理法律关系特指物流法主体在进行物流交易和物流管理活动过程中形成的，由物流法加以确认的经济权利和经济义务的关系。在我国，物流管理法律主要包括《中华人民共和国邮政法》等，这些法律旨在保障邮政普遍服务，加强对邮政市场的监督管理，维护邮政通信与信息安全，以及保护用户合法权益等。

综上所述，物流法律关系是物流活动中不可或缺的一部分，它确保了物流活动的合法性和规范性，为物流行业的健康发展提供了法律保障。

4. 物流法律关系的分类

物流法律关系主要包括物流民事法律关系和物流行政法律关系。

（1）物流民事法律关系。

物流民事法律关系主要涉及物流活动中各方主体之间的权利和义务关系。这些关系包括但不限于货物运输、仓储保管、装卸搬运、包装加工及配送等环节。在这些环节中，各方主体（如承运人、托运人、收货人及其他物流服务提供者）之间，通过合同约定或法律规定，确立了各自的权利和义务。

具体来说，物流民事法律关系可以进一步细分为以下关系。

①货物运输合同关系：承运人负责将托运人的货物从起运地点运送到约定地点，而托运人或收货人则需要支付相应的运输费用。

②仓储保管合同关系：当货物需要在仓库进行储存时，物流服务提供者（保管人）与存货人之间会形成仓储保管合同关系。

③装卸搬运合同关系：在货物运输过程中，往往需要进行装卸和搬运作业，这些作业通常由专业的物流服务提供者完成，并与托运人或收货人之间形成装卸搬运合同关系。

④包装加工合同关系：为了满足货物运输和储存的需要，有时需要对货物进行包装或加工处理，从而形成包装加工合同关系。

（2）物流行政法律关系。

物流行政法律关系主要涉及政府对物流市场进行监督管理过程中形成的法律关系，如物流监管关系等。政府通过制定和执行相关法律法规，对物流市场进行规范，以保护消费者权益和维护市场秩序。

此外，从构成要素的角度来看，物流法律关系还包括主体、客体和内容三个方面，这些要素共同构成了物流法律关系的框架。但这一角度并不直接对应物流法律关系的"分类"，而是对其构成的一种解析。

5. 物流法律关系的发生、变更和终止

（1）物流法律关系的发生。

因某种物流法律事实的存在而在物流法律关系主体之间形成某种权利和义务关系。

（2）物流法律关系的变更。

某种物流法律事实的出现，使已存在的物流法律关系发生改变。

（3）物流法律关系的终止。

某种物流法律的实施使已经存在的物流主体之间的物流法律关系归于消灭。

第二节　物流合同基础知识

一、物流合同的概念

物流合同是指物流服务需求方与物流经营人订立的合同，约定由物流经营人为物流服务需求方完成一定的物流行为，物流服务需求方支付相应报酬。物流合同是两个或多个当事人之间的协议，其中一方同意提供物流服务，包括货物运输、仓储、货物加工和配送等。根据服务类型和期限的不同，物流合同可分为定期合同、按需合同、综合服务合同等多种类型。

1. 物流合同的要素

（1）服务范围：明确服务商提供的具体服务内容，如运输方式、路线、保险范围等。

（2）责任与义务：明确双方的责任和义务，如服务商应对运输过程中的货物损失或损坏承担责任。

（3）价格与支付方式：明确服务的费用及其支付方式，如按运输重量或距离计费，预付或到付等。

（4）保险：明确服务商提供的保险范围和赔偿标准，以确保货物在运输过程中受到损害时能够得到合理赔偿。

（5）纠纷解决机制：明确双方在履行合同过程中产生纠纷时的解决方式，如协商、仲裁或诉讼等。

2. 制定物流合同的步骤和建议

（1）明确服务需求：在制定物流合同之前，明确运输的货物类型、数量、目的地和交货时间等。

（2）选择服务商：选择具有良好信誉和丰富经验的服务商，以确保提供高质量的物流服务。

（3）合同的细节：确保合同包含所有必要的细节，包括服务范围、价格、支付方式、保险和纠纷解决机制等。务必阅读并理解合同的每一项条款。

（4）法律要求：确保物流合同符合相关法律要求，如符合相关运输法规和保险法规等。

（5）合同的签署：在签署合同之前，确保完全理解合同的所有条款，并与服务商达成一致。签署后应保留一份合同副本以备将来参考。

二、物流合同的类型与特征

（一）物流合同的类型

物流合同，特别是其中的货物运输合同，可以根据不同标准划分为多种类型。

（1）根据货物的性质不同，可分为普通货物运输合同和特种货物运输合同。特种货物运输合同又可进一步细分为危险货物运输合同、鲜活货物运输合同、长大笨重货物运输合同等。

（2）根据运输过程中运输部门是否有协作关系，可分为一般货物运输合同与联运货物运输合同。

（3）根据运输方式的不同，可分为铁路货物运输合同、公路货物运输合同、水路货物运输合同、航空货物运输合同、管道货物运输合同及多式联运货物运输合同。

这些分类有助于根据不同的物流需求和条件，选择合适的合同类型，以确保物流活动的顺利进行。

（二）物流合同的特征

物流合同的主要特征如下。

（1）提供劳务的合同：物流合同属于提供劳务的合同，物流服务提供者通过完成物流活动获取报酬。

（2）格式合同：物流合同大多是格式合同，这意味着合同条款通常是由一方预先制定的，另一方只能接受或拒绝，而不能进行实质性的修改。

（3）为第三方利益订立的合同：物流合同大多是为第三方利益订立的合同，即物流服务不仅是为了托运人的利益，也是为了收货人的利益。

（4）诺成合同：物流合同大多属于诺成合同，即双方达成协议时合同即告成立，不需要实际交付货物。

（5）可以采用留置的方式担保：物流合同可以采用留置的方式担保，即在托运人未支付运费或其他相关费用时，承运人可以留置货物作为担保。

货运合同（货物运输合同）是由托运人和承运人签订的合同，目的是将货物从一地运送到另一地并交给收货人。收货人虽然是合同的特殊当事人，但并不是合同的订立者，而是享受合同利益的第三方。相比之下，其他物流合同更注重综合性的物流服务，包括运输、仓储、配送、分销、流通加工等多个环节。

（三）物流合同的基本原则

1. 平等原则
平等是民事权利义务关系的本质和基础。

2. 自愿原则
自愿原则是指物流合同当事人通过协商，自愿决定和调整相互之间的权利和义务，任何单位和个人不得非法干预。

3. 公平原则

公平原则是指当事人应当根据公平、正义的观念确定各方的权利和义务，应当在不侵害他人合法利益的基础上实现自己的利益，不得滥用自己的权利。

4. 诚实信用原则

诚实信用原则源于市场经济活动中形成的道德规则。

5. 不得损害社会公共利益原则

不得损害社会公共利益原则是对自愿原则的限制与补充。

（四）物流合同的变更、转让和终止

物流合同的变更、转让和终止涉及双方协商、法律规定及特定情况下的权利、义务调整。

1. 物流合同的变更

物流合同的变更是指在合同尚未履行或没有完全履行时，由于特定情况，合同不能正常履行或者需要变更，经双方协商同意，对合同的部分内容和条款进行修改或补充。

变更的内容可能包括运输货物的名称、数量、起讫地点、运输时间、收发货人、车辆种类、运行路线等。

承运人不得单方变更解除合同，但相对方违约和发生不可抗力的除外。旅客和托运人享有单方变更解除权，但须告知承运人，并依法赔偿承运人的损失及承担相关费用。

2. 物流合同的转让

合同转让是指合同当事人一方依法将其合同的全部/部分权利或义务转让给第三人，由第三人享有合同权利或者承受合同义务的法律制度。

在物流合同中，合同转让的具体规定可能因合同条款及法律规定而存在差异，通常需要双方协商一致，并确保转让不违反相关法律法规及合同条款的约定。

3. 物流合同的终止

物流合同的终止即终止物流合同的权利和义务，包括清偿、解除、抵销、提存、免除等方式。

解除合同是指解除由合同规定双方的法律关系，提前终止合同的履行。这可以是双方协商一致的结果，也可以是符合法定或约定解除条件时，一方行使解除权的结果。

在承运人将货物交付收货人之前，托运人可以要求承运人中止运输、返还货物、变更到达地或者将货物交给其他收货人，从而解除合同，但须赔偿承运人因此受到的损失。

综上所述，物流合同的变更、转让和终止均须遵循相关法律法规及合同条款的约定，确保双方权益得到合理保障。

第三节　物流法律规范

一、与货物采购相关的法律规范

中华人民共和国第九届全国人民代表大会第二次会议于 1999 年 3 月 15 日通过，并于 1999 年 10 月 1 日起施行的《中华人民共和国合同法》（2020 年 5 月 28 日，第十三届全国人民代表大会第三次会议表决通过了《中华人民共和国民法典》，自 2021 年 1 月 1 日起施行，《中华人民共和国合同法》同时废止），为物资采购合同的制定、实施等提供了法律依据。

2002 年 6 月 29 日第九届全国人民代表大会常务委员会第二十八次会议通过，并于 2003 年 1 月 1 日起施行，在 2014 年 8 月 31 日经过修订的《中华人民共和国政府采购法》，详细规定了有关政府采购的方式、程序及合同管理等内容，为政府规范采购提供了法律依据。

此外，还制定了政府各部门的政府采购管理办法、针对特殊产品的采购管理办法，以及政府采购相关问题的处理办法，如《工业和信息化部政府采购管理办法》《政府采购质疑和投诉办法》。无论是企业采购还是政府采购，都应当保证采购商品的质量，全国人民代表大会常务委员会于 1993 年 2 月 22 日通过，并于 1993 年 9 月 1 日起施行，在 2018 年 12 月 29 日经过第三次修订的《中华人民共和国产品质量法》，详细规定了有关产品质量监督管理、产品质量责任等问题，与在产品质量上制定的其他法律规范，如《工业产品质量监督试行办法》《中华人民共和国产品质量认证管理条例》等构成了产品质量法律体系。

当前，与货物采购相关的法律规范主要包括《中华人民共和国政府采购法》及其相关规定。

《中华人民共和国政府采购法》明确规定，政府采购是指各级国家机关、事业单位和团体组织，使用财政性资金采购依法制定的集中采购目录以内的或者采购限额标准以上的货物、工程和服务的行为。其中，本法所称货物，是指各种形态和种类的物品，包括原材料、燃料、设备、产品等。该法规定了政府采购应当遵循的原则，如公开透明原则、公平竞争原则、公正原则和诚实信用原则，并强调了政府采购应当严格按照批准的预算执行。

此外，虽然《中华人民共和国政府采购法》没有直接规定具体的支付方式，但通常政府采购会按照合同约定的支付方式进行，这可能包括预付款、货到付款、分期付款等多种形式。这些支付方式的约定通常体现在采购合同中，并受到《中华人民共和国民法典》中关于合同的相关内容的约束。

综上所述，与货物采购相关的法律规范以《中华人民共和国政府采购法》为核心，同时涉及《中华人民共和国民法典》等相关法律法规，它们共同构成了货物采购的法律保障体系。

二、与货物仓储、流通加工相关的法律规范

与货物仓储、流通加工相关的法律规范主要包括以下四项。

1.《中华人民共和国民法典》中关于仓储合同及保管合同的规定

这些规定详细阐述了物流企业在仓储业务中的权利和义务，如合同的订立、货物的保管、责任划分等，为货物仓储提供了法律基础。

2.《道路货物运输及站场管理规定》

虽然《道路货物运输及站场管理规定》主要聚焦于道路货物运输和站场经营活动，但其中也涉及了与货物仓储相关的内容，旨在维护道路货物运输市场秩序，保障道路货物运输安全。

3.《中华人民共和国海关对保税仓库及所存货物的管理规定》

《中华人民共和国海关对保税仓库及所存货物的管理规定》专门针对保税仓库及其所存货物的管理，明确了保税仓库的定义、分类、设立条件及海关的监管要求，与货物仓储紧密相关。

4.《中华人民共和国海关对出口监管仓库及所存货物的管理办法》

《中华人民共和国海关对出口监管仓库及所存货物的管理办法》规定了出口监管仓库的设立、经营管理及对所存货物的管理要求，适用于已办结海关出口手续的货物的储存、保税物流配送等流通加工前的准备工作。

此外，虽然未直接提及流通加工，但《中华人民共和国海关法》及其相关行政法规也为货物的进出口、储存、运输等提供了法律框架和监管要求，这些规定间接影响了流通加工业务的进行，因为流通加工往往涉及货物的进出口和储存等环节。

综上所述，与货物仓储、流通加工有关的法律规范共同构成了货物仓储和流通加工业务的法律基础。

三、与货物运输相关的法律规范

（一）水路货物运输

1. 水路货物运输合同双方当事人的义务

（1）水路货物运输合同中托运人的义务。

①及时办理通关、检验、检疫和其他货物运输所需的各项手续。

②保证托运货物名称、件数、重量、体积、包装方式、识别标志与运输合同的约定相符。

③妥善包装货物。

④正确制作识别标志、储运指示标志。

⑤除另有约定，应当预付运费。

⑥在运输过程中有需要饲养、照料的活动物、植物，以及高端保密物品、稀有珍贵物品、有价证券、货币等，应当向承运人申报并随船押运。

⑦负责笨重、长大货物和船面货物所需的特殊加固、捆扎、烧焊、衬垫、苫盖物料和人工。

⑧在托运易腐货物和活动物、植物时，应当与承运人约定运到期限和运输要求。

⑨托运木（竹）排应当按照与承运人商定的单排数量、规格和技术进行编扎。

⑩承担相应的洗舱费用。

（2）水路货物运输合同中承运人的义务。

①使船舶处于适航状态。

②按照运输合同的约定接收货物。

③妥善地装载、搬移、积载、运输、保管、照料和卸载所运货物。

④按照约定、习惯或者地理上的航线将货物运送到约定的到达港。

⑤在约定或合理期间内将货物安全运送到约定地点。

⑥对于运输的活动物、植物，保证其在航行中所需的淡水。

⑦在货物运抵到达港后，向收货人发出到货通知，并将货物交给指定的收货人。

2. 运单

运单是水上运输的单证，是水路货物运输合同的证明，是承运人已经接收货物的根据。

（1）运单的内容。

运单一般包括以下内容：承运人、托运人和收货人名称；货物名称、件数、重量、体积（长、宽、高）；运输费用及其结算方式；船名、航次；起运港、中转港和到达港；货物交接的地点和时间；装船日期；运输期限；货物包装方式；货物识别标志；货物相关事项。

（2）运单的签发。

承运人接收货物应当签发运单。

（二）公路货物运输

1. 汽车货物运输

汽车货物运输合同是指汽车承运人与托运人之间签订的明确相互权利义务关系的协议。汽车货物运输是公路货物运输完成的一种重要方式。

汽车货物运输的种类如下。

（1）零担运输和整车运输。

（2）危险货物汽车运输和集装箱汽车运输。

（3）货物保险运输和货物保价运输。

（4）一般货物运输、快件运输和特快件运输。

（5）普通货物运输和特殊货物运输。

2. 汽车货物运输合同的种类

（1）定期运输合同。

（2）一次性运输合同。

（3）运单。

3. 汽车货物运输合同中双方当事人的义务

（1）托运人的义务。

①保证托运货物名称、性质、件数、质量、体积和包装方式等与运单记载的内容相符。

②按照国家有关部门规定须办理货运审批、检验等手续的货物，托运时应将准运证或审批文件提交承运人，并随货同行。

③不得夹带危险货物、贵重货物、鲜活货物和其他禁止托运的货物。

④托运货物的包装应当按照双方约定的方式进行。

⑤正确使用运输标志和包装储运图示标志。

⑥托运特种货物应按要求进行。

⑦对特殊货物进行照料。

⑧按照合同的约定支付运费。

（2）承运人的义务。

①提供适宜的车辆。

②保管相关文件并核对货物。

③合理安排运输车辆。

④按照约定的运输路线进行运输。

⑤在约定的运输期限内将货物运达。

⑥对货物的运输安全负责。

⑦通知收货人接货。

4. 汽车租用法律规定

（1）汽车租用合同。

汽车租用合同是指出租人将汽车交给承租人使用、收益，由承租人支付租金的合同。此时，物流企业不仅要对物流需求方尽到上述运输合同中所列的承运人的义务，还要依照汽车租用合同对汽车出租人尽到承租人的义务。

（2）汽车租用合同中承租人应承担的义务。

①在接收汽车时，应对租用的汽车进行检查。

②按照合同约定使用租用的汽车。

③妥善保管租用的汽车。

④按照合同约定承担燃料的费用。

⑤按照约定支付租金，在合理期限仍不支付的，出租人可以解除合同。

⑥未经出租人同意，不得将租用的汽车转租给他人。否则，出租人可以解除合同。

⑦租用期限届满后，返还所租用的汽车。逾期不及时返还，要承担违约责任。

（3）汽车租用合同中出租人应承担的义务。

①保持其适于约定用途的义务。

②维修汽车。

（三）铁路货物运输

1. 铁路货物运输合同

铁路货物运输合同是指铁路承运人根据托运人的要求，按期将托运人的货物运至目的地，交付收货人的合同。

2. 铁路货物运输合同双方的义务

（1）托运人的义务。

①应当按照合同的约定提供运输的货物。

②要如实申报货物名称、重量和性质。

③对货物进行包装，以适应运输安全的需要。

④托运零担货物要按照规定支付运费。

（2）承运人的义务。

①运输合同的订立：铁路运输合同应以书面形式订立，通常表现为运单、提单等凭证。运单是铁路货物运输合同的证明，应载明托运人、收货人、货物名称、数量、到站、运费等基本信息。

②承运人的责任及责任期间：承运人对运输过程中货物的毁损、灭失承担赔偿责任，但法律另有规定的除外。责任涵盖货物在装车、运输、卸车等全流程的安全保障。责任期间包括自货物接收时起至货物交付时止。具体而言，从托运人将货物交付承运人时开始，至收货人从承运人处提取货物或承运人将货物置于收货人可提取的状态时结束。

③承运人的留置权：托运人或收货人未按约定支付运费、保管费及其他运输费用时，承运人有权留置相应货物。留置货物的价值应与未支付费用相当。

④承运人的免责：不可抗力，如地震、洪水、台风等自然灾害。货物本身的自然性质及合理损耗，如煤炭的自然减重、气体的自然挥发。或者托运人、收货人的过错，包括包装不符合要求、申报货物信息不实等。

⑤承运人的赔偿责任：货物毁损、灭失的赔偿额，有约定的按约定计算，无约定或约定不明确的，按交付或应当交付时货物到达地的市场价格计算。

⑥托运人和收货人的权利和义务：托运人有支付运费的义务、收货人有收受货物的义务、双方有变更合同的权利等。

⑦诉讼时效：因铁路货物运输合同纠纷提起的诉讼，时效期间为3年，从当事人知道或应当知道其权利被侵害时起计算。

（四）航空货物运输

1. 航空货物运输合同

航空货物运输合同是指航空承运人与托运人签订的，由航空承运人通过空运的方式将货物运至托运人指定的航空港，交付托运人指定的收货人，由托运人支付运费的合同。

（1）航空货物运输合同的订立。

①托运：包含托运申请（托运人需填写航空货物托运书，明确货物名称、性质、数量、体积、包装方式、运输要求及收货人信息等内容，确保信息真实准确），货物包

装（托运人应按航空运输标准对货物进行包装，对于易碎、易腐、危险品等特殊货物，须按相关规定采取防护措施，并在包装上注明警示标志），提交文件（根据货物性质，提交商检、动植检、危险品运输许可证等必要文件，如运输活体动物须提供动物检疫合格证明），声明价值（托运人可自愿声明货物价值，若声明价值超过承运人规定限额，须支付额外费用，未声明价值的货物按法定限额赔偿）。

②承运：包含审核与接受（承运人对托运书及货物进行审核，检查货物包装、文件是否符合航空运输要求，对不符合规定的货物可拒绝承运），签发运单（审核通过后，承运人签发航空货运单，货运单是运输合同的证明，记载合同主要条款及货物信息，一式多联分发给托运人、承运人及相关部门），运输安排（承运人根据货物性质、目的地等因素安排舱位，合理规划运输路线，确保货物按时发运），告知义务（向托运人说明运输条件、运费计算方式、责任限额等关键信息，对托运人提出的运输疑问及时解答）。

（2）航空货物运输合同双方的义务。

①托运人的义务：如实申报义务（准确提供货物名称、数量、重量、性质等信息，不得匿报、谎报货物内容，如不得将危险品申报为普通货物，对货物包装、特殊运输要求等进行明确说明，因申报不实导致的运输事故，托运人承担全部责任），包装与标识义务（按航空运输标准包装货物，确保包装能承受正常运输过程中的装卸、搬运和仓储，防止货物损坏或泄漏，在外包装明显位置粘贴或悬挂运输标志，如易碎货物标注"易碎"标志，危险品按规定粘贴危险品种类标志），支付费用义务等。

②承运人的义务：安全运输义务（提供适合航空运输的运输工具和设施，确保飞机适航，货舱符合货物存放条件），按时交付义务（按合同约定的时间或合理期限将货物运至目的地，承运人原因导致货物延误的，须承担违约责任），告知与通知义务（向托运人、收货人告知运输过程中的重要事项，如货物延误、运输路线变更）等。

2. 包机合同

包机合同是指航空公司按照合同约定的条件把整架飞机或飞机的部分舱位租给包机人，把货物经一个或几个航空港运到指定目的地，并由包机人支付约定费用的合同。

（1）包机人的义务。

①提供包机合同中约定的货物，并对货物进行妥善包装。

②按照约定支付费用。

（2）出租人的义务。

①按照合同约定提供适宜货物运输的飞机或舱位。

②按照合同约定的期限将货物运到目的地。

③保证货物运输的安全。

3. 国际航空货物运输法律规定

①承运人的责任：国际航空运输承运人的责任主要依据《华沙公约》和《蒙特利尔公约》确立，核心内容包括货物/旅客损害赔偿责任、免责情形以及责任限额。承运人须对运输期间发生的货物灭失、损坏及延误负责，但可通过证明已采取必要措施或存在受害人过失等情形免责。

②承运人责任的免除与减轻：在国际航空货物运输中，承运人责任的免除与减轻须遵循相关国际公约和国内法规。承运人可因以下原因免除或减轻责任，如不可抗力（自然灾害、战争、政府行为等）、托运人过失（托运人包装不良、申报不实等）、货物特性或包装问题（货物固有缺陷或包装不符合要求）。

③承运人的责任限额：根据 1929 年《华沙公约》，承运人对货物损失的赔偿责任限额为每公斤 250 法郎（约 2246 元），但此限额可由托运人特别声明货物价值并支付附加费后提高。

④索赔期限和诉讼时效：国际航空货物运输索赔须在货物损坏或延误后 14~21 天内提出书面通知，诉讼时效为运输终止后 2 年内。

（五）多式联运

1. 多式联运合同

（1）多式联运合同的概念。

国际多式联运合同是指多式联运经营人凭以收取运费、负责完成或组织完成国际多式联运的合同。该合同由多式联运经营人与发货人协议订立。

（2）多式联运单据。

多式联运单据是证明多式联运合同及多式联运经营人接管货物并负责按合同条款交付货物的单据。多式联运单据不是多式联运合同，而是收货人提取货物和多式联运经营人交付货物的凭证，是货物所有权的证明，可以用来结汇、流通和抵押等。

2. 多式联运合同双方的义务

（1）发货人的义务。

①按照合同约定的货物名称、数量、时间、地点提供货物，并交付多式联运经营人。

②认真填写多式联运单据的基本内容，并对其正确性负责。

③按照货物运输的要求妥善包装货物。

④按照约定支付各种运输费用。

（2）多式联运经营人的义务。

①及时提供适合装载货物的运输工具。

②按照规定的运到期间，及时将货物运至目的地。

③在货物运输的责任期间保证货物的运输安全。

④在发货人或收货人按约定交付了各项费用后，向收货人交付货物。

3. 国际货物多式联运法律规定

《联合国国际货物多式联运公约》的主要内容包括以下几点。

（1）公约的适用范围。

（2）多式联运单据。

（3）多式联运经营人的责任期间。

（4）多式联运经营人的赔偿责任原则。

（5）多式联运经营人的赔偿责任限额。

（6）索赔与诉讼时效。

（7）管辖。

第四节　物流法律规范的作用

物流法律规范对物流活动的作用有以下三个方面。

1. 正确引导物流业的发展方向

国家通过立法及对现有法律的整理活动作为正确引导物流业发展的重要手段之一，主要方法是通过统一立法或针对物流的不同流程制定单行法规，对物流业进行规范和调整。

2. 促进物流市场体系的形成、发展

物流市场体系的形成、发展对促进物流业的发展具有至关重要的作用，它需要国家政策的引导，即需要法律规范的调整。

3. 为物流业创造有序竞争的环境，促进物流业健康发展

物流市场体系形成后，必然产生市场内部的竞争。部分物流经营者为了获取不正当利益，往往采取非法手段参与市场竞争，因此，必须有相关法律规范对不法经营者进行惩处，以净化市场竞争的环境，促进物流业向健康的方向发展。

第五节　我国物流法律规范的现状

我国物流法律规范散见于各类法律文件中，存在滞后性与不完善性。

我国现行的有关物流的法律法规，从法律效力角度来看，可分为以下三类。

1. 法律

国家直接为物流或与物流相关社会关系而制定的法律，如《中华人民共和国铁路法》《中华人民共和国海商法》《中华人民共和国公路法》等。

2. 行政法规

涉及物流的行政法规有《收费公路管理条例》《中华人民共和国航道管理条例》等。

3. 部颁规章

由中央各部委颁布的涉及物流的部分制度规章，如《道路货物运输及站场管理规定》《关于加快我国现代物流发展的若干意见》等。

这些法律规范虽然在一定程度上缓解了物流领域的"法律空白"状况，提高了法律调整效率，对物流业的高速、有序发展起到了保驾护航的作用，但仍存在滞后性与不完善性，主要表现在以下几个方面。

（1）缺乏系统性：物流法律规范之间存在不协调和冲突现象，缺乏物流行业系统专门的法律规定，导致市场机制不健全，秩序和价格等方面有待规范。

（2）层次较低：直接具有操作性的物流法律法规规范性不强，缺乏法律责任的制约作用，在具体运用中缺乏操作性。

（3）立法落后：物流立法相对落后，仍存在不少法律空白，难以适应物流业的快速发展。

综上所述，我国物流法律规范的现状是法律法规体系初步建立但尚不完善，需要进一步加强系统性、提高法律层次和加强立法工作。

第六节　我国物流法律规范中存在的问题及相关建议

我国物流法律规范中存在的问题主要包括法律法规普遍缺失、不适应产业发展、层次低下等，建议加强物流法律法规的建设，提高其适应性和执行力。

我国物流法律规范中存在的问题具体如下。

（1）法律法规普遍缺失：这包括物流市场准入机制、物流标准化制度与物流统计制度的缺失。市场上存在大量不具备法定条件的企业直接进入物流市场，同时物流标准分散在不同部门之间，导致配套性差、商品信息标准不统一、地域间协调运作困难。

（2）法律法规不适应产业发展：物流环节中的各类合同只能机械地参照《中华人民共和国民法典》中的相关规定进行调整，适用性较差。此外，随着物流业的快速发展，一些传统的法律已经无法满足现代物流系统的发展需求，新兴行业也缺少对应的法律。

（3）法律法规层次较低：除了《中华人民共和国民法典》等几部法律具有较高的法律效力，其他多数物流法规具有层次较低、法律强制性不足的缺点。

针对以上问题，有以下两点建议。

（1）加强物流法律法规的建设：建立健全与物流相关的法律法规体系，特别是针对现代物流系统发展的新需求，对传统的物流法律进行修订、补充或废除。

（2）提高物流法规的层次和执行力：提升物流法规的法律效力，加强执法力度，确保物流法规得到有效执行。

我国物流法律规范中存在的问题需要得到重视和解决，通过建设和完善相关法律法规体系、提高法律适应性和执行力等措施，推动我国物流业更加健康、有序发展。

📑 案例分析

2017年某日，某县水轮机厂向该县汽车运输公司托运一批产品，双方签订了运输合同，约定了双方的权利和义务。

某日，该厂接到汽车站通知，汽车运输队行进到武宁县一带时，由于突降暴雨，河水陡涨，水势过猛引起道路阻滞，汽车无法前行。汽车运输队向水轮机厂征求意见，是就近卸存、运回起运站还是绕道运输。水轮机厂厂长决定要把产品运回来。

5天后，汽车运输队将产品运回水轮机厂，并索取3800元运费。水轮机厂则认为，汽车运输公司非但未将货物送到站，交付收货人，而且耽误交货期近1个月，自己不向汽车运输公司追收赔偿就很礼让了，因而拒不交付运费，双方发生纠纷。

思考：

1. 汽车运输公司是否应收取运输费用，为什么？

2. 水轮机厂的损失应由谁来承担，为什么？

📍 本章小结

本章主要概述了商贸物流中的法律问题，其中第一节讲述了物流法律法规的含义、渊源及物流法律关系，第二节讲述了物流合同基础知识，第三节讲述了货物采购、仓储、流通加工及运输等方面的法律规范，第四节讲述了物流法律规范的作用，第五、第六两节主要阐述了我国物流法律规范的现状、存在的问题及相关建议。

思考题

1. 物流法律法规的含义是什么？
2. 物流法律关系的要素有哪些？
3. 物流合同的类型包括哪些？
4. 物流合同的终止包括哪些方式？
5. 什么是多式联运？请举例说明。
6. 请列举多式联运"一单制""一箱制"的意义并举例。

第四章　商贸物流地理

本章学习目标

1. 了解影响商贸布局的主要因素。
2. 了解商贸中心的基本特征、作用及分布特点。
3. 了解我国商贸中心的分布。
4. 了解我国的主要交通线路。

第一节　商贸布局

一、商贸布局的基本内容

商贸布局是指大到城市、小到城市综合体在内的各种商业设施（如酒店、超市等）的布置。通过科学合理的安排，旨在提升商业设施的价值和使用率，从而增加企业收入并满足目标消费人群的购物和生活需求。

商贸布局可以根据不同的空间设计分为多种类型，每种类型都有其特定的适用场景和优势。

（1）开放式布局：适用于零售店和展示厅，开放的空间设计让顾客自由流动，轻松浏览商品，享受更好的交互体验。

（2）格子式布局：适合百货商店和大型超市，将空间划分为多个区域，展示不同类型的商品，方便顾客选择和购买。

（3）线性布局：适用于长条形商业空间，如购物街和走廊，沿着一条线展示商品，让顾客一目了然。

（4）环形布局：适用于商场中心等大型商业场所，商品摆放在一个圆形或环形的空间中，顾客可以沿着环形路径浏览。

（5）岛屿式布局：适用于商场中央或大型商业场所，商品摆放在独立的"岛屿"或展示架上，增加展示面积。

（6）聚焦式布局：适用于专卖店和专柜，商品聚焦在一个区域，让顾客更加集中地浏览和购买。

（7）主题式布局：适用于主题店和特色店，根据不同的主题布置商品，营造特定的氛围和体验。

（8）混合式布局：将多种布局方式结合，适用于多功能商业空间。

（9）场景式布局：适用于特定场合的商业空间，通过场景设置吸引顾客。

（一）商流与物流的关系

前面提到，商流是指对象物所有权转移的活动，而物流则是物品从供应地向接收地的实体流动过程，包括运输、仓储、装卸搬运、包装、流通加工、配送、信息处理等基本功能。商流和物流都是流通的组成部分，二者结合才能有效地实现物品由供方向需方的转移过程。

在实际商业活动中，商流和物流的关系十分密切。商流的发生，即所有权的转移和交易的达成，通常会导致相应的物流活动出现。物流是产生商流的物质基础，因为有物流需求，才会有发生商流的契机。同时，商流也是物流的先导，只有在商流发生后，物品才会根据新货主的需要进行转移。

此外，商业格局的变化和商流趋势的发展也会影响物流的发展。例如，销售订单金额的大小、物流距离的远近、商业链条环节的不同等都会使物流运作特征产生差异。宏观商业格局的区域分布不均衡会导致物流格局存在差异，而微观的商业竞争则会使企业采用不同的供应链策略，从而决定物流是偏向仓配模式还是偏向直达模式。

所以，商业与物流之间存在着密不可分的关系，它们相互促进、相互配合，共同推动商品流通和商业运营的发展。

（二）商贸布局研究的内容

商贸布局研究的内容主要包括对商贸城或特定区域内商贸布局的分析、发展潜力的评估，以及这些因素如何影响市场竞争力。

具体来说，商贸布局研究需要从多个维度进行。

（1）商贸布局的分析：这通常涉及商贸城或特定区域内不同功能区的划分，如零售区、办公区、仓储区和服务区等。每个区域的功能和位置都应经过精心规划，以确保高效的物流和人流。例如，零售区应位于人流量大的地方，而仓储区则应靠近物流通道，以减少运输成本。

（2）发展潜力的评估：评估商贸城或特定区域的发展潜力时，需要考虑多个经济和社会因素。这些因素包括区域的经济增长速度、人口密度、交通便利性及政府政策等。一个具有高发展潜力的商贸城或区域通常位于经济增长迅速的地区，拥有良好的交通网络，并且能够吸引大量的人口流动。

（3）市场竞争力的影响：商业布局和发展潜力直接影响市场竞争力。一个布局合理、潜力巨大的商贸城或特定区域能够吸引更多的商家入驻，从而形成规模效应，提升整个区域的市场竞争力。

此外，商贸布局研究还可能涉及对特定行业或业态的布局规划，如小区内书店或商业街的布局与规划研究，这些研究旨在提升特定区域或企业的经营效率和服务水平。

故商贸布局研究是一个综合性的过程，涉及多个方面的分析和评估，旨在为商贸城或特定区域的发展提供科学合理的规划和建议。

二、影响商贸布局的主要因素

1. 自然地理因素

自然地理因素主要包括地理位置、气候和地形三个方面。地理位置是指地球上某一事物处在地球表面的什么空间区域，根据确定地理位置的不同方法，可分为以下内容。

（1）经纬位置：以地球仪上经线和纬线相交的坐标点表示的空间位置，也叫数理位置或天文位置。

（2）自然地理位置：以地球表面山川、河流等自然界的事物表示相互的空间关系叫自然地理位置，如天津位于渤海湾西岸、华北平原东北部。

（3）经济地理位置：以地球表面具有经济意义的地理事物表示的空间关系，如郑州位于京广、陇海两条铁路的交会处。

（4）政治地理位置：指国家与国家之间的空间关系，如蒙古位于中俄两国之间。

2. 生产布局因素

生产布局对商贸布局的影响主要表现在生产布局地区差异对商品购进地区差异的影响。

3. 人口因素

人口因素主要包括人口的数量、密度、年龄、性别、民族、文化素质、劳动技能和地区分布，它们是影响商贸布局的重要因素。从城乡人口分布来看，我国农村人口多，消费品的需求量大，需要合理设置商业购销网点，加快城乡物资交流。从地区分布来看，我国东部人口多、密度高，所以东部地区商业活动发达、商业网点稠密；而西部人口稀少，对商品需要量少，商品流量及商业网点分布均较少。

4. 交通因素

交通因素是商品购进和销售得以实现并以此影响购进和销售数量的重要因素。交通线路的分布决定了商品调运、商品流向及商业企业的布局。商品销售市场按销售总量及人均社会消费品零售总额划分为以下四类。

（1）全国重大商品销售市场，有广东、江苏、山东、四川、辽宁、河南及北京、上海、天津等地。

（2）全国商品销售重要市场，有河北、湖北、浙江、湖南、黑龙江、安徽、吉林等地。

（3）商品销售一般市场，有福建、山西、广西等地。

（4）商品销售次要市场，有青海、宁夏、西藏等地。

三、影响商贸中心成立的主要因素

影响商贸中心成立的主要因素包括优越的地理位置及交通条件、发达的商品生产、生产力布局的新发展、高度集中的人口，以及政治、历史条件。

首先，优越的地理位置及交通条件是商贸中心成立的基础。商品流通与交通运输是相互依存的，发达的交通运输使大规模的商品流通成为可能，从而形成商贸中心。

其次，发达的商品生产是商贸中心成立的物质基础。强大的工业生产实力和专业化的农业区域为商业提供了丰富的商品货源，使商贸中心能够组织起有效的商品流通。

再次，生产力布局的新发展对商贸中心的形成也有重要影响。生产力布局的新发展会促进商品经济向新开发区发展，从而催生出新的商贸中心。

又次，高度集中的人口也是商贸中心成立的重要因素。人口数量、密度和分布状况直接影响商贸中心的市场规模和消费潜力。

最后，政治、历史条件也对商贸中心的形成产生影响。例如，某些地区由于历史原因或政策扶持而成为商贸中心。

以上因素共同作用，影响着商贸中心的成立和发展。

四、商贸布局原则

1. 工业品批发网点布局原则

（1）工业品批发企业的区位设置应保证商品货源充足，流向合理，地理位置优越。

（2）工业品批发企业的设置，应按级别类型分别设置在商业经济中心、交通枢纽城市、商品集散地。

（3）工业品批发企业的设置，按各级企业经营商贸的种类、构成，流通额的大小及供应对象协调布局，做到方便生产单位交货、零售企业进货，避免在同一城市、同一行业多层次相互重复设置的现象。

2. 农产品收购及批发网点布局的原则

（1）农产品收购企业应按经济区域设置，便于合理组织商品流通。

（2）农产品基层收购企业要紧靠产地，以适应农产品生产的地域性、分散性和季节性。

（3）专业化程度较高的、生产较集中的农产品生产基地，应设置较大的采购站和专业收购站。

（4）农产品调拨供应企业要设在交通条件较好的区位，并在转换交通工具的物资集散地设立转运站、配送中心。

（5）农产品批发企业应选在商品交换发达、城镇人口较多的商业中心。

3. 零售商业网点布局的原则

零售商业网点布局的原则主要包括市场最优原则和交通最优原则。

（1）**市场最优原则**指的是商业网点往往在城市中心或人口密集的区域布局，以接近最大的消费人群，这些网点主要以零售业为主。这样的布局能够确保商业网点拥有稳定的客流量和高消费潜力。

（2）**交通最优原则**强调商业网点应在城市外围交通干线和环线交汇处，或交通便利的区域布局，这些网点通常占地面积较大，以批发城和仓储超市为主。这样的布局便于货物的集散和运输，同时也能够吸引来自不同区域的消费者。

此外，零售商业网点布局还可能涉及其他原则，如统筹考虑原则、各具特色原则、结构合理原则及适度超前原则等。这些原则要求零售商业网点布局应立足于城市经济和社会发展的全局，充分考虑消费水平和市场环境特点，体现层次化、多样化，并做到总量适度、结构合理，同时瞄准现代化国际大都市的目标，满足消费、引导消费，挖掘消费潜力。

零售商业网点布局的原则是多方面的，需要根据实际情况进行综合考虑和规划。

4. 饮食服务网点布局的原则

（1）**方便顾客**：布局合理，确保顾客在餐厅内的活动路线流畅，避免拥堵。座位安排要根据餐厅规模和顾客需求，合理设置座位数量，同时考虑厨房、洗手间、收银台等功能区的位置，确保顾客在用餐过程中能够方便地访问这些区域。

（2）**设施齐全**：提供足够的餐桌、椅子、餐具等，以满足顾客需求。同时，要注重营造舒适、温馨的用餐氛围，可以通过合理的照明设计、舒适的座椅和适当的绿植等打造宜人的用餐环境。

（3）空间利用合理：合理规划空间，根据餐饮店的面积和座位数量布局，确保每个座位之间有足够的空间，避免顾客感到拥挤。此外，还要灵活运用各种空间形式，如利用高低错落的座位设计增加空间感等。

（4）保持传统地方特点：在布局时，可以融入地方特色和文化元素，以吸引更多顾客，并提升餐饮店的独特性和竞争力。

故饮食服务网点的布局原则应综合考虑顾客需求、设施配备、空间利用及地方特色等多个方面，以提供优质的用餐体验和服务。

五、中国商业企业布局

按企业在商品流通中的地位和作用，商业企业可分为批发商业企业和零售商业企业两类。

1. 批发商业企业网点布局

批发商业企业处于商品流通的起点或中间环节，既联结着商品的生产企业，又与零售商业企业的网点紧密相连，发挥联系生产和指导消费的职能。中国批发商业又分为工业品批发商业和农产品收购/批发商业两类。

中国工业品批发商业网一般分为三级，即一级采购供应站（简称一级站）、二级采购供应站（简称二级站）和三级采购供应站（简称三级站）。

2. 零售商业企业网点布局

从中国零售商业企业网点的地区分布看，拥有网点较多的是四川、山东、广东、浙江、江苏、河北、湖南、河南等，较少的则是西藏、宁夏、青海，这反映人口稠密、经济较发达地区网点相对较多，边远、经济欠发达地区网点相对较少的特点。

在中国的大中型城市里，零售商业企业网点的分布一般以群式集中为主，零星分布为辅。

第二节　商贸中心

一、商贸中心的基本特征

1. 地区差异性

我国各地区的自然条件、经济技术条件、劳动地域分工不同，使商品生产在地区分布上存在很大差异。有的地区纺织产品生产和发展在全国居特殊/重要地位，如上海、天津、北京等地；有的地区以生产钢材为主，如鞍本地区、京津唐地区；有的是生产和调拨棉花的主要区域，如新疆、山东、河北、河南、江苏等地；还有的是产煤区，如山西、河南、内蒙古等地。

2. 综合性较强

商贸中心必须具备人口密集，工农业生产规模大，技术力量较强，经济活动集中，劳动生产率高，文教、科技水平先进，国民经济效益和社会效益综合发展的特征。

3. 聚集性较高

商贸中心交通方便，通信发达，商情信息灵通，货源流畅丰富，具有很强的吸引力和向心力。

4. 辐射能力大

商贸中心在周围经济区设置各类批发站、零售部和其他服务设施，交流货物、市场信息，对周围的各市场和经济地区形成较强的辐射面，从而使商贸中心联系范围越广，吞吐、集散作用越大，规模越大。

二、商贸中心的作用

（1）促进各地区间的横向经济联系。

各商贸中心不仅负责组织经济区域范围内的商品流通，而且在组织本地区或跨地区的商品交换、市场活动过程中，直接促进地区间的横向经济联系。

（2）促进生产，引导生产，调整区域经济结构。

通过商贸中心组织区域内或区域间的商业经济活动，能充分发挥各区域的经济优势，改善区域经济结构，促进经济区域内的经济迅速发展。

（3）促进商品交换，强化商品流通，推动经济贸易发展。

三、商贸中心的分布特点

（1）地区分布不均衡。商贸中心多数分布在东部沿海地区，在边疆地区分布较少。

（2）多数沿江河、铁路干线分布。长江和黄河流域是我国经济开发较早的地区，长江和黄河水道又是古代商品水运的干线，因此，商贸中心便沿江河两岸密集发展起来。

（3）以行政建制形成多层次分布。我国商贸中心分布具有与各级区域行政中心和经济中心相吻合的多层次分布的特点。

四、我国的三级商业区

1. 一级商业区

一级商业区的区域范围相当于大的经济协作区，以区内大型城市为商贸中心。

（1）东北商业区：包括辽宁、吉林、黑龙江和内蒙古东部地区，以沈阳、大连、长春、哈尔滨等为商贸中心。

（2）华北商业区：包括北京、天津、河北、山西、山东、河南及内蒙古西部，以北京、天津等为商贸中心。

（3）华中商业区：包括江苏、浙江、安徽、江西、福建及上海，以上海、南京和杭州为商贸中心。

（4）华南商业区：包括广东、广西和海南，以广州为商贸中心。

（5）西南商业区：包括四川、贵州、云南、西藏和重庆等地，以重庆、成都为商贸中心。

（6）西北商业区：包括陕西、甘肃、宁夏和青海，以西安、兰州为商贸中心。

（7）新疆商业区：位于西北边陲，以乌鲁木齐为商贸中心。

2. 二级商业区

二级商业区的区域范围相当于我国省级行政区，以区内起组织商品流通作用的大中型城市为其商贸中心。

3. 三级商业区

三级商业区的区域范围相当于省内的地区一级，以具有本省内部重要意义的中小型城市为其商贸中心。

五、我国商贸中心的分布

1. 大型商贸中心

上海，地处我国大陆海岸线的中部、长江入海口处，是我国重要的水陆交通枢纽，也是我国最大的商业中心。上海的商品流通量大，商业设施齐全，批发业和零售业都十分发达。上海的南京路、淮海路和金陵路等地是著名的商业区。

首都北京也是全国重要的大型商贸中心之一。北京位于华北平原北端，是东北平原、华北平原、内蒙古高原和渤海湾沿岸相互联结的纽带，地理位置十分重要，地处全国铁路和航空运输的枢纽位置。北京也是重要的工业生产基地，商品货源充足，商业设施齐全，商业网点众多。北京的王府井商业街、西单商业街和前门等地都是繁华的商贸中心。

天津水陆交通便利，是华北地区重要的经济中心和最大的港口，也是重要的工商业城市。

广州位于珠江三角洲北部，水陆交通条件优越，是我国南方最大的经济中心贸易港口。广州的轻工业生产在全国占有重要的地位，商品货源充足，商贸活动十分活跃，是华南地区最大的商贸中心。

沈阳位于辽河平原中部，有多条铁路线在此交会，是东北最大的交通枢纽。沈阳是我国重要的重工业基地、东北重要的物资集散中心，也是东北最大的商业中心。

武汉地处我国中部地区，位于长江中部、京广铁路线上，交通便利，素有"九省通衢"之称。武汉联系着西南、中南和华东等地区。其工业发达，是我国综合性的工业基地；其商业发达，是华中地区最大的商贸中心。

重庆地处长江上游，有多条铁路交会，历来就是西南地区的商品集散地和贸易中心。重庆工业生产发达，是西南地区重要的商品货源地，也是西南地区最大的商贸中心。

西安位于关中平原中部，地理位置优越，是西北地区最大的经济中心、交通枢纽和物资集散地，也是西北地区最大的商贸中心。

2. 中型商贸中心

中型商贸中心主要有以下三类。

（1）以省级行政中心为依托的商贸中心。这类商贸中心如哈尔滨、郑州、呼和浩特、兰州和成都等。

（2）以交通枢纽城市为依托的商贸中心。这类商贸中心的主要特点是交通便利、商品集散的功能强，如秦皇岛、蚌埠、柳州和梧州等。

（3）以商品生产中心城市为依托的商贸中心。这类商贸中心有利于组织较大规模的商品流通，如鞍山、无锡和温州等。

此外，还有边疆地区的少数民族商贸中心及新发展起来的经济特区等。

3. 小型商贸中心

小型商贸中心是指组织较小区域与一定范围内的商品流通的商贸中心。小型商贸中心大多设置在地级市或县级市，主要承担一个市或几个市范围内的商品流通组织工作。小型商贸中心数量很多，遍布全国各地。

六、商贸市场

我国的商品货源市场有以下四种。

（1）购进总额较大的货源市场，主要有上海、江苏、广州，也是我国主要的采购市场，主要货源对象是工业品、时装、高档消费品等。

（2）全国商品货源重要市场，主要有北京、山东、四川、辽宁、河南、湖北、浙江、河北、黑龙江、天津、安徽等，是工农产品供应的重要市场。

（3）农副产品及某些工业品货源市场，包括吉林、福建、云南、江西、陕西、广西、山西、新疆、内蒙古、甘肃、贵州等。这些地区工业不太发达，主要货源是特殊工业产品及农副产品，如山西的煤、福建的糖。

（4）土特畜产品货源市场，有青海、宁夏、西藏等，虽然货源量不大，但有其他地区没有的特点，如当地特有的手工艺品、藏红花、冬虫夏草等。

第三节　商贸交通

一、铁路

我国主要的铁路干线包括京哈铁路、京通铁路、京包铁路、京沪铁路、京九铁路、京广铁路、焦柳铁路、包兰铁路、兰新铁路、青藏铁路、陇海铁路、成昆铁路、宝成铁路、沪昆铁路等。

其中，京广铁路是一条连接北京与广州的国家Ⅰ级客货共线铁路，串联中国华北、华中和华南地区，是我国铁路建设规划"八纵八横"干线铁路网的"一纵"，是中国最重要的南北铁路交通大动脉。京沪铁路则是东西沿海地区交通的大动脉，贯穿京、津、沪三个直辖市和冀、鲁、苏、皖四省，途经煤炭资源丰富的工农业生产基地。

"八纵八横"高速铁路网是以沿海通道、京沪通道等"八纵"通道和陆桥通道、沿江通道等"八横"通道为主干，城际铁路为补充的高速铁路网。这些铁路干线在我国交通运输中发挥着重要作用。

铁路干线构成了我国铁路运输网络的基本框架，对于促进地区经济发展、加强民族团结、维护国家安全等方面都具有重要意义。

二、公路

我国干线公路主要分为国家干线公路（国道）和省级干线公路（省道）。

1. 国家干线公路（国道）

（1）定义：在国家公路网中，具有全国性的政治、经济、国防意义，并确定为国家级干线的公路。

（2）特点：连接各大港口、铁路枢纽、重要工农业生产基地、大中型城市、重要对外口岸、开放城市、历史名城、重要风景区等，具有国防意义。

（3）数量与编号：我国普通国道网路线中从首都北京出发的有 12 条，编号为 G101~G112。

2. 省级干线公路（省道）

（1）定义：省级干线公路网由各省、自治区、直辖市的交通运输部门，根据国家干线公路网的规划布局，结合本地区经济发展自行确定。

（2）特点：连接省内重要城市、工农业基地、港站枢纽等，与省内社会经济发展格局相适应。

此外，我国的公路干线系统还在不断完善和发展中。例如，2022 年来国家发展和改革委会同交通运输部印发了《国家公路网规划》，调整后国家公路网规划总里程约 46.1 万公里，其中，国家高速公路约 16.2 万公里（含远景展望线约 0.8 万公里），普通国道网规划里程约 29.9 万公里，进一步优化了公路干线的布局和覆盖范围。

我国公路干线系统是一个庞大而复杂的网络，由国家级和省级干线公路组成，连接全国各地的重要节点和区域，为我国的政治、经济和社会发展提供了重要的交通保障。

第四节　我国外贸发展情况

一、我国对外贸易结构

1. 我国出口商品贸易结构

（1）工业制成品出口比重不断上升，高于多数发达国家和世界平均水平。

（2）机电产品出口比重迅速增加到 50% 以上。

（3）高新技术产品贸易由逆差转为顺差，出口比重超过世界平均水平。

2. 我国进口商品贸易结构

（1）初级产品进口比重逐步上升，制成品比重逐步下降。

（2）大量进口短缺的资源型商品，如石油、粮食、橡胶等。

（3）以信息、通信类产品为主的高新技术产品进口高速增长。

（4）国内技术和生产能力逐步完善，进口商品大幅减少。

二、我国外贸主要海运航线

我国外贸主要海运航线可以分为近洋航线和远洋航线两大类。

1. 近洋航线

近洋航线主要包括中国—朝鲜航线、中国—日本航线、中国—越南航线、中国—俄罗斯航线、中国—菲律宾航线、中国—新马航线、中国—泰国湾航线、中国—印度尼西亚航线、中国—孟加拉湾航线、中国—斯里兰卡航线、中国—波斯湾航线、中国—澳大利亚航线、中国—新西兰航线等。

2. 远洋航线

远洋航线主要包括中国—红海航线、中国—东非航线、中国—西非航线、中国—地中海航线、中国—西欧航线、中国—波罗的海航线、中国—北美航线、中国—中南美航线等。

这些航线不仅连接中国与世界各地的港口，还极大地促进了国际贸易和文化的交流。

三、我国口岸物流发展现状和趋势

（一）我国口岸物流发展现状

口岸是国家对外开放的窗口，也是外贸进出口的通道。我国口岸物流发展现状表现为总体向好，进出口贸易额持续增长，物流效率和基础设施不断完善。

我国口岸物流行业近年来取得了显著发展。随着国家对外开放水平的不断提升，口岸物流作为连接国内外市场的重要桥梁，其重要性日益凸显。从口岸的繁忙景象可以看出，我国的口岸物流活动十分活跃，进出口贸易额持续增长。例如，吉隆口岸在2024年实现了较高的出口额，新能源汽车等高附加值产品逐渐成为出口的主力军。

此外，我国口岸物流的基础设施也在不断完善。全国万吨级及以上港口泊位数不断增加，智慧港口、绿色港口建设加快推进，这大大提升了口岸物流的效率和可持续性。同时，我国还与多个国家签署了政府间国际道路运输协定，主要陆路口岸的过货能力持续提升，为口岸物流的发展提供了有力保障。

在物流效率方面，我国口岸物流也在不断优化。由于数字化和电子商务的兴起，跨境物流需求不断增长，物流行业的集中度也在逐渐提高。未来，龙头企业将持续加强上下游资源的整合，不断优化资源配置，这将进一步推动我国口岸物流行业的发展。

我国口岸物流发展的成就不仅得益于国家对外开放政策的推进，也与口岸物流行业自身的努力和创新密不可分。

（二）我国口岸物流发展趋势

我国口岸物流发展趋势主要表现在智慧化、高效化、国际化及产业融合等方面。

首先，智慧化是口岸物流发展的重要趋势。随着人工智能、大数据、物联网等技术的广泛应用，口岸物流正在向智能化、自动化方向转型。这些技术的应用不仅提高了物流效率，降低了运营成本，还增强了物流的透明度和可追溯性。智慧口岸的建设，推动口岸智慧物流发展，是适应口岸格局不断深化发展的重要途径，也是加快培育新质生产力的有效抓手。

其次，高效化也是口岸物流发展的显著趋势。通过优化物流流程、提升物流设施水平、加强物流信息化建设等措施，口岸物流正在实现货物的高效流通。例如，我国正在不断完善综合交通运输体系，加强物流基础设施的资源集聚，以带动区域经济进一步转型升级。

再次，国际化方面，随着我国对外开放水平的不断提升，口岸物流的国际网络也在不断拓展。我国正在积极构建国际物流大通道，加强与"一带一路"沿线国家的物流合作，推动国际物流运行持续向好。这包括增加国际货运航线、开通中欧班列等，以及加强境外物流网络布局，如建设海外仓等。

最后，产业融合也是口岸物流发展的重要趋势。口岸物流正在与制造业、商贸业等产业深化融合，构建具有产业特色的物流服务链。这种融合不仅有助于提升物流服务的附加值，还能促进产业链与物流链的双链联动，实现共赢发展。

综上所述，我国口岸物流的发展趋势将推动口岸物流行业持续健康发展。

📍 本章小结

本章主要介绍了我国商贸物流的地理分布，其中第一节介绍了商贸布局的基本内容、影响因素及原则等内容，第二节详述了商贸中心的相关内容，第三节讲述了我国商贸交通的主要内容，第四节概述了我国对外贸易结构、外贸主要海运航线及我国口岸物流发展现状和趋势。

👤 思考题

1. 简述影响商贸布局的主要因素。
2. 我国商贸中心的基本特征有哪些？
3. 我国商贸中心的分布特点有哪些？
4. 如何优化商贸物流运输方式？
5. 列表汇总我国各市的特色商品批发市场和生产基地现状。

第五章　商贸物流定价

✏️ **本章学习目标**

1. 理解物流产品价格原理。

2. 了解物流运价的价值构成、特点与功能。

3. 了解物流企业的定价目标。

4. 掌握物流定价的影响因素。

第一节　物流产品价格原理

物流产品价格主要基于货物的重量与体积、运输距离、运输方式、货物类型与性质、服务要求及市场供需关系等多种因素综合确定。

1. 货物的重量与体积

物流公司通常会根据货物的实际重量或体积重量（通过货物的体积除以换算系数得出）中较大者作为计费重量。

对于重量较轻但体积较大的货物，按体积重量计费更为常见。

2. 运输距离

运输距离是影响物流产品价格的关键因素之一。一般来说，运输距离越远，所需时间和成本越高，因此价格也会相应提高。

3. 运输方式

不同的运输方式（如海运、空运、陆运）具有不同的特点，因此价格也会有所不同。

例如，空运虽然速度快，但成本较高；而海运则适用于大宗货物的长距离运输，成本相对较低，但速度较慢。

4. 货物类型与性质

特殊货物（如危险品、易碎品、鲜活货物等）可能需要额外的处理和保障措施，从而增加运输费用。

货物的性质还可能影响保险费用的计算，因为不同性质的货物在运输过程中面临的风险不同。

5. 服务要求

如果客户对运输时间有紧急需求，选择加急服务往往会导致运费上涨。

其他服务要求，如仓储服务、特定的送货时间等，也可能产生额外的服务费用。

6. 市场供需关系

在运输旺季，需求旺盛时，运费可能上涨；而在淡季，运费则可能相对较低。物流市场的竞争状况也会影响收费，竞争激烈的市场中，物流企业可能会采取不同的定价策略以吸引客户。

故物流产品价格原理是一个复杂而综合的系统，涉及多种因素的相互作用和影响。因此，在选择物流服务时，客户需要综合考虑各种因素，以找到最适合自己需求和预算的物流方案。

第二节　物流运价

一、物流运价的价值构成、特点与功能

1. 物流运价的价值构成

物流运价指物流企业为提供运输服务所收取的费用，是运输劳务价值的货币表现。

物流运价的价值构成主要包括基础运费、车型费用、保险费用等。

（1）基础运费：根据运输距离、货物重量和体积等因素进行计算，是物流运价的主要组成部分。

（2）车型费用：由于不同货物的尺寸和重量不同，所需的运输车辆也有所不同（如长大笨重货物需要的车辆尺寸大），因此会产生额外的车型费用。

（3）保险费用：在长途运输过程中，为货物购买运输保险可以提供一定的保障，保险费用通常根据货物的价值进行计算。

2. 物流运价的特点

（1）按距离计算价格：物流运价通常根据运输距离计算，距离越长，运价通常

越高。

（2）多种运价形式：物流运价包括公路运价、铁路运价、水路运价、航空运价等多种形式，每种运价形式都有其特定的计算方式和标准。

（3）运价随货物种类及运输方式变化：不同种类的货物及不同的运输方式，其运价也会有所不同。

3. 物流运价的功能

（1）调节物流需求和供给：物流价格在一定程度上可以有效调节物流需求，当物流服务价格上升时，物流企业会增加供给；反之，则会减少物流服务，甚至退出物流市场。

（2）影响物流企业的收入水平：物流运价是物流企业开展物流活动的目的，物流运价直接关系到物流企业的收入水平。

二、物流运价的种类及其结构

1. 物流运价的种类

按运输方式的不同，物流运价可以分为公路运价、铁路运价、水路运价、航空运价和管道运输运价。

2. 物流运价的结构

物流运价的结构相对复杂，主要包括以下几个方面。

（1）按距离划分的差别运价结构：这是根据运输里程而制定的运价结构体系。随着运距的增加，运输总支出也在增加，但单位运输里程的始发到达作业费会减少，因此运输成本可能降低。基于这种特点，运输部门会实行按距离划分的递远递减差别运价结构。

（2）按货物种类划分的差别运价结构：不同种类的货物由于其性质、重量、体积等不同，运输成本也会有所不同，因此会制定不同的运价。

（3）其他因素：除了距离和货物种类，物流运价还可能受到运输方式、运输时效、保险费用、节假日因素等多种因素的影响。例如，选择更快速或更安全的运输方式可能导致费用增加；购买保险也会增加一部分费用；节假日期间由于需求增加，费用也可能相应上浮。

物流运价的种类和结构是多样化的，受到多种因素的影响。在实际应用中，需要根据货物的性质、运输距离、运输方式等多种因素综合考虑和制定运价。

三、运输价格形成的理论

运输价格形成的理论主要包括以下八种。

1. 平均成本定价（运输成本定价）

按照平均成本定价时，单位成本（单位可变成本加上单位固定成本）加上平均利润等于运输价格。

2. 边际成本定价（边际贡献定价）

边际成本定价是为了追求社会经济效益而采取的一种定价方法。边际成本是指增加单位运量而引起的总成本的增加量，当生产规模不变（固定成本不变）时，边际成本实际上就是所增加的可变成本。

3. 完全成本定价

完全成本定价指既要考虑固定成本，又要考虑可变成本；既要考虑直接成本，又要考虑间接成本；既要考虑目前支付的成本，又要考虑将来可能需要支付的成本。

4. 劳动价值理论

劳动价值理论认为，商品（服务）的价格必须以价值为基础，价格是商品（服务）价值的货币表现形式。

5. 均衡价格理论

均衡价格理论源于微观经济学，认为在市场经济条件下，商品（服务）的价格由需求和供给共同决定，某种商品（服务）的需求和供给相等时的价格称为均衡价格。

6. 厂商价格理论

每个企业在决定产量的同时还要合理确定价格，以便实现利润最大化。利润是成本与收益的差额，因此，厂商价格理论从成本与收益的角度研究如何制定价格。

7. 供求关系定价理论

供求关系定价理论认为运价取决于运输产品的供求关系，运价应随着运输供给的增加而下降，随着运输供给的减少而提高；同时，运价也应随着运输需求的增加而上升，随着运输需求的减少而下降。

8. 从价理论

从价理论也称"货物对运价的负担能力理论"，是指以所运货物本身的价值为基础确定的运输价格。其本质是在货物运输供求双方进行价格竞争的条件下，按需求弹性确定货物运价的一种转化模式。

这些理论共同构成了运输价格的复杂机制，每种理论都有其特定的应用场景和局限性，实际定价过程中可能需要综合考虑多种因素。

第三节 物流定价影响因素分析

影响物流企业定价的因素众多，主要涉及如下三个方面。

1. 企业内部因素

（1）定价目标：企业的定价目标直接影响其定价策略。例如，如果企业以利润最大化为目标，可能采取高价策略；如果以市场份额为目标，则可能采取低价渗透策略。

（2）营销组合策略：企业的营销组合策略，包括产品、价格、促销方式和促销地点，它们之间是相互影响、相互制约的。定价策略需要与整体营销组合策略相协调，以达到最佳的市场效果。

（3）运输成本：运输成本是定价的基础，包括固定成本和变动成本。企业需要合理计算成本，以确保定价能够覆盖成本并获得合理的利润。

2. 市场因素

（1）市场和需求的性质：市场的需求量、需求弹性及货物交运频率等因素都会影响定价。例如，在需求旺季，企业可能提高价格；而在需求疲软时，企业则可能采取降价策略以刺激需求。

（2）市场竞争状况：市场竞争状况是影响定价的重要因素。在完全竞争市场中，企业无法自主定价，而只能接受市场价格。在垄断或寡头垄断市场中，企业则可能拥有更大的定价权。

（3）法律和政策因素：政府的价格管制政策、税收政策、反垄断法规等都会对企业的定价产生影响。企业需要遵守相关法律法规，确保定价的合法性和合理性。

3. 其他因素

（1）货币价值的变动：货币价值的变动会影响商品（服务）的价格水平。例如，通货膨胀会导致货币贬值，进而推高商品（服务）价格。

（2）运输需求的季节性：运输需求具有季节性特点，运输旺季运价会相应上升；而在淡季，运价则会下降。

（3）产品特性：产品的特性，如密度、装载性、搬运处理难度等，也会影响运输成本，进而对定价产生影响。例如，高密度产品能够相对固定地把运输成本分摊到更多重量上，从而降低单位重量的运输成本。

所以，物流企业在定价时需要综合考虑企业内部因素、市场因素及其他因素，以确保定价策略的合理性和有效性。

📍 本章小结

本章主要概述了商贸物流的定价问题，先介绍了物流产品价格原理，然后对物流运价和物流定价的影响因素进行了分析。

👤 思考题

1. 简述运输价格形成的理论。
2. 物流运价的价值构成包括哪些？
3. 物流企业的定价目标包括哪些？
4. 商贸物流定价方面存在的问题有哪些？
5. 如何优化商贸物流定价问题？

第六章 商贸物流技术

1. 了解条码技术的相关内容。
2. 掌握射频识别系统的组成及应用。
3. 掌握全球定位系统的应用。
4. 掌握电子交换的概念及其在物流中的应用。
5. 理解区块链的概念、特征及应用场景。
6. 学会综合运用各种物流技术知识分析配送信息系统的结构。

第一节 条码技术

一、条码技术的概念

条码是由一组规则的条、空及其对应字符组成的标记，用于表示一定的信息。它是一种以光电扫描方式识读并实现信息自动录入计算机系统的图形标记符号，是由不同粗细的平行线按特定格式安排间距的条码符号和字符组成的一种标记。条码结构示意如图 6-1 所示。

图 6-1　条码结构示意

条码技术（Code Technology）是在计算机的应用实践中产生和发展起来的一种自动识别技术。它是为实现对信息的自动扫描而设计的，是实现快速、准确、可靠地采集数据的有效手段。条码技术的应用解决了数据录入和数据采集的瓶颈问题，为物流管理提供了有利的技术支持。

条码技术的核心内容是利用光电扫描设备识读条码符号以实现机器的自动识别，并快速、准确地把数据录入计算机系统进行数据处理，从而达到自动管理的目的。

商品条码种类如图6-2所示。

图6-2　商品条码种类

二、条码的功能

条码的主要功能包括商品识别、库存管理、物流和供应链追踪、产品认证和品质控制等，它可以在商品流通过程中实现自动化，帮助企业提高管理效率和准确性。

在商品买卖中，条码并不是强制要求的。尽管条码在商品管理和销售中具有重要作用，但并非所有商品在所有情况下都必须具有条码。具体是否需要申请条码，取决于企业的注册地、所销售的产品类别，以及目标市场的管理要求。

此外，条码在在线销售、实体零售、餐饮服务、供应链管理等场景中发挥着重要作用。在线上平台和大型商超中，利用条码快速识别和购买商品，提高交易效率；在零售场所，条码是收银员快速结算的关键；在餐饮行业，条码确保食品的安全追溯和高效管理；在供应链管理中，条码贯穿生产到分销的各个环节，确保商品的顺畅流动和高效管理。

第二节 射频识别技术

一、射频识别的概念

射频识别（RFID）是通过射频信号识别目标对象并获取相关数据信息的一种非接触式的自动识别技术。

射频识别的基本原理是电磁理论（见图6-3），利用无线电波对记录媒体进行读写。射频识别系统的优点是不局限于视线，识别距离比光学系统远，射频识别卡（射频标签）具有读写能力、可携带大量数据、难以伪造等特点。较常见的应用为无线射频识别卡，常称为感应式电子晶片或近接卡、感应卡、非接触卡等。

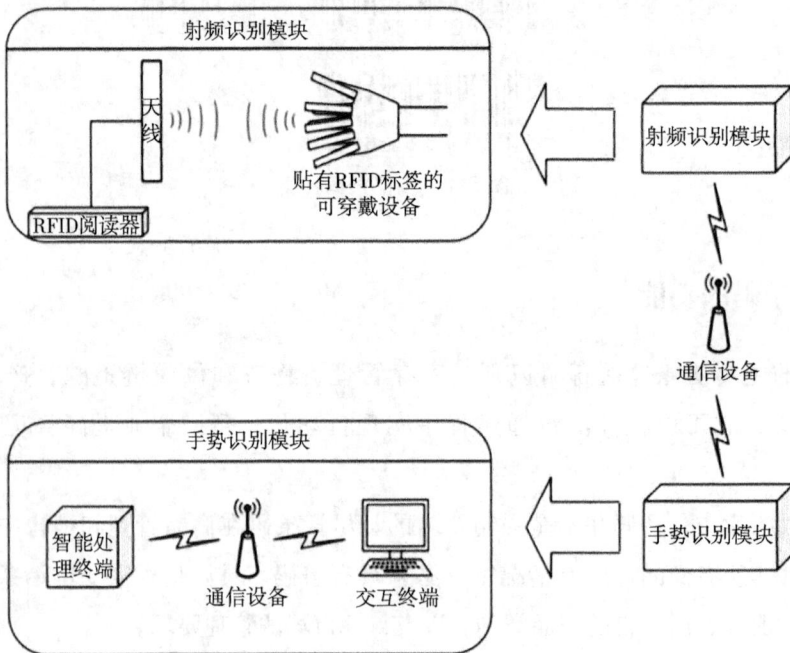

图6-3　RFID原理

二、射频识别系统的组成

1. 射频标签

按照不同的分类标准，射频标签可分为：有源射频标签与无源射频标签；只读标签与可读可写标签；标识标签与便携式数据文件。

2. 信号接收机（读写器）

信号接收机硬件包含控制模块（核心处理器负责协调接收机各部件工作，执行指令解析、数据处理及与后台系统通信）、射频模块、电源模块（为接收机各部件提供稳定的电力）。信号接收机软件包含固件程序（内置在控制模块中，实现信号发射、数据解码、协议处理）、应用接口软件（对接企业管理系统）。

3. 天线

天线主要包含辐射单元（由导电材料如铜箔、金属线圈构成，负责将电信号转换为电磁波发射，或接收电磁波转换为电信号）、馈线（连接天线与接收机，传输射频信号）、天线罩（保护辐射单元，防止外界环境影响性能）。

RFID 仓储管理系统示意如图 6-4 所示。

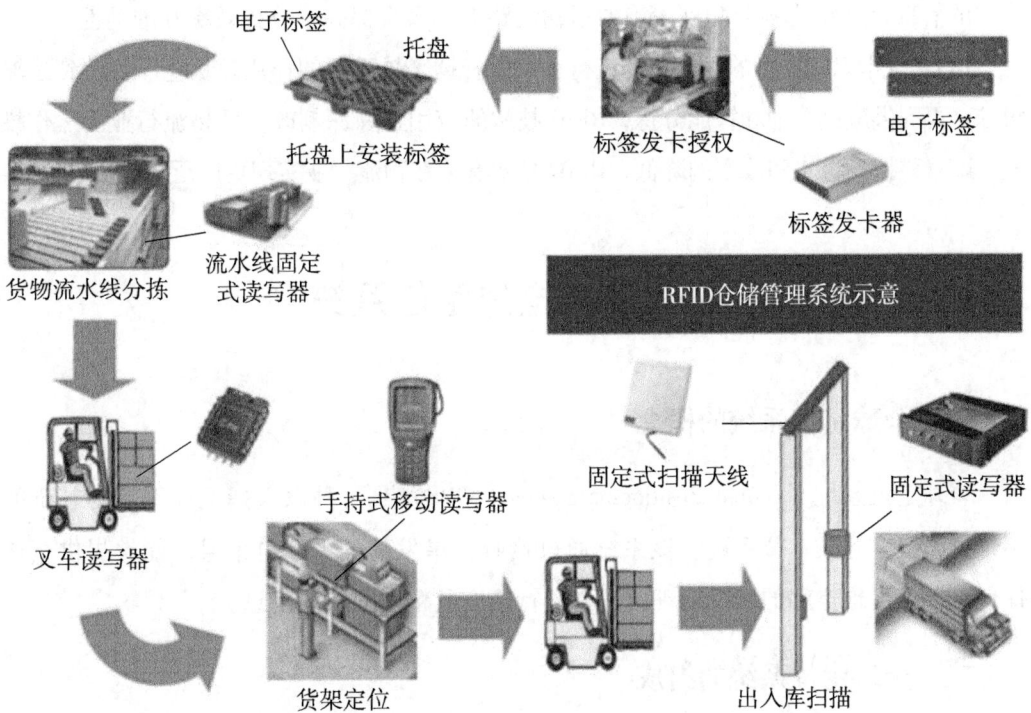

图 6-4　RFID 仓储管理系统示意

三、射频识别技术在物流领域的应用

1. 仓库管理

在仓库管理中，RFID 技术可实现商品的快速入库、出库和盘点。通过阅读器对标签的批量读取，能够实时掌握库存情况，减少人工操作失误，提高库存管理效率。同时，RFID 技术还有助于实现库存货物的可视化管理，为决策层提供准确的数据支持。

2. 运输跟踪

在物流运输过程中，通过在货物和车辆上粘贴 RFID 标签，可以实时跟踪货物的位置和状态。这不仅有助于提高运输的透明度和安全性，还能在出现问题时迅速定位并采取措施，减少损失。

3. 供应链管理

RFID 技术在供应链管理中的应用，可以实现从原材料采购到最终产品销售的全程跟踪。通过共享和整合供应链各环节的信息，能够加强企业间的协作与沟通，优化供应链流程，降低运营成本。

4. 智能分拣

在物流分拣环节，利用 RFID 技术可实现自动化、智能化的分拣。系统能够根据标签中的信息自动将货物分配到正确的运输线路上，大大提高了分拣效率和准确性。

RFID 技术以其独特的优势在物流行业发挥着越来越重要的作用。从仓库管理到运输跟踪，再到供应链管理和智能分拣，RFID 技术的应用正在深刻改变着物流行业的运作模式。随着科技的进步和成本的降低，RFID 技术有望在物流行业实现更广泛的应用。

第三节　全球定位系统

一、全球定位系统的概念

全球定位系统（Global Positioning System，GPS）是一种以人造地球卫星为基础的高精度无线电导航定位系统。该系统通过接收卫星发射的无线电信号，能够提供全球任何地方及近地空间的准确地理位置、车行速度及精确的时间信息。

二、全球定位系统的组成

全球定位系统主要由三部分组成。

（1）空间星座部分：包括绕地球运行的 24 颗卫星，均匀分布在 6 个轨道面上，每颗卫星距地面约 1.7 万千米。这些卫星负责发送导航和定位信息。

（2）地面监控部分：由一个主控站、三个数据注入站和五个监测站组成。主控站负责协调和管理所有地面监控系统的工作，注入站将卫星星历、钟差、导航电文等数据注入卫星，监测站则负责观测和接收卫星信号。

（3）用户设备部分：包括用户设备如 GPS 接收机，用于捕获和跟踪卫星信号，计算并显示用户的三维坐标、速度和时间。

三、全球定位系统的应用

全球定位系统自问世以来，以其高精度、全天候、全球覆盖的特点，吸引了众多用户。其主要应用领域如下。

（1）汽车导航：帮助驾驶者准确找到目的地。

（2）物流管理：用于货物跟踪和调度。

（3）军事应用：满足军事用户连续且精确的定位需求。

（4）科学研究：在地质勘探、气象观测等领域有广泛应用。

全球定位系统不仅是一个独立的导航系统，还与其他全球导航卫星系统（如中国的北斗系统、俄罗斯的格洛纳斯系统、欧盟的伽利略系统）一起，构成全球导航卫星系统（GNSS），为用户提供全天候的三维坐标和速度信息。

GPS物流监控系统如图6-5所示。

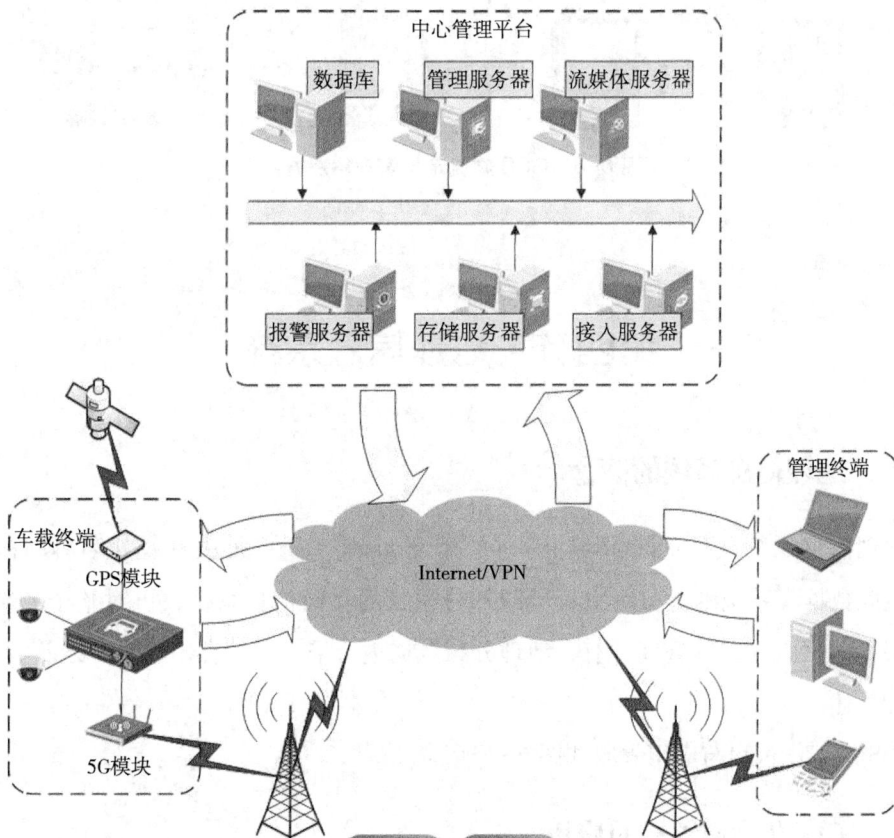

图6-5　GPS物流监控系统

注：5G为第五代移动通信技术；Internet为因特网；VPN为虚拟专用网络。

GPS 物流定位管理解决方案如图 6-6 所示。

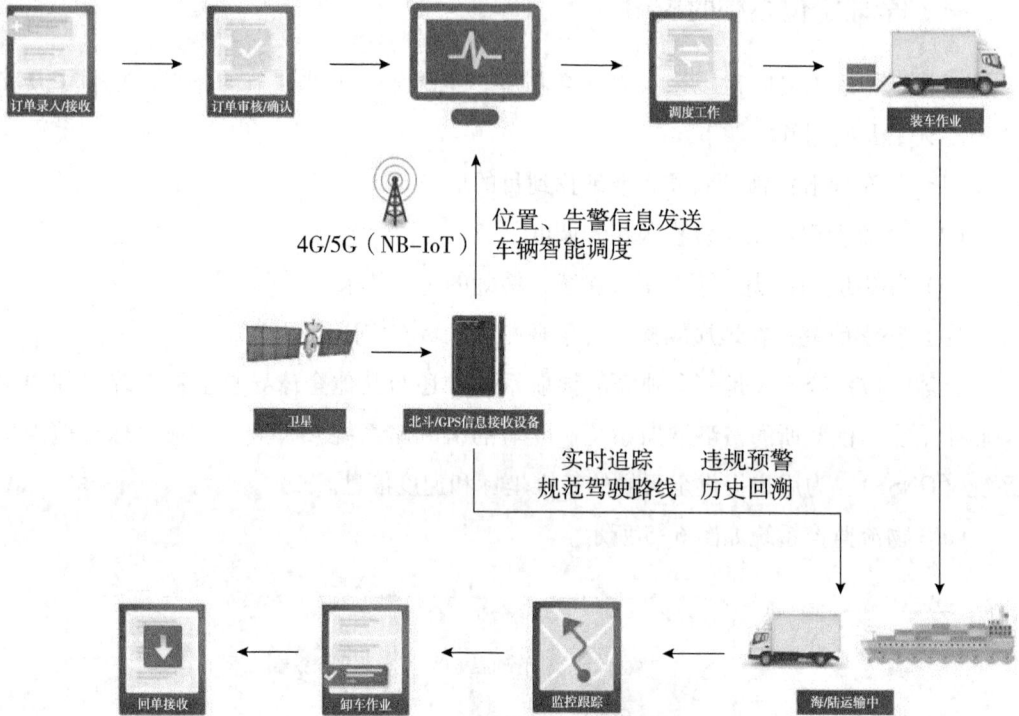

图 6-6　GPS 物流定位管理解决方案

注：NB-IoT 为窄带物联网。

第四节　地理信息系统

一、地理信息系统的概念

地理信息系统（Geographical Information System，GIS）是由计算机软/硬件环境、地理空间数据、系统维护和使用人员四部分组成的空间信息系统，可对整个或部分地球表层（包括大气层）空间中有关地理分布数据进行采集、储存、管理、运算、分析、显示和描述。

GIS 的工作过程与应用领域如图 6-7 所示。

二、GIS 在物流领域的应用

物流配送是将物资从供货点通过交通工具配置到需求点的空间位置的转移过程，而

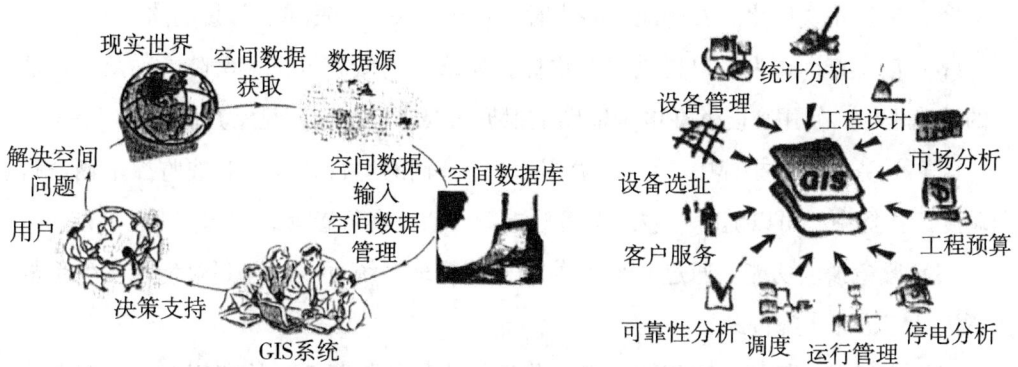

图 6-7　GIS 的工作过程与应用领域

GIS 可以实现对物流路线的优化和规划、对货物的跟踪和监控，同时还可以提供物流信息共享平台，方便物流企业之间的合作和协调。GIS 在物流领域的应用主要包括以下三点。

1. 物流配送管理

物流配送管理包括运输线路的确定，运费、仓库容量、物资状态的实时查询，合理的装卸策略，运输车辆的调度等。

2. 动态监管

动态监管是在 GIS 上即时掌握通过 GPS 获取的移动位置信息，是车辆移动状态的可视化，可以设定一个在一定时间内能够达到的区域，统计该地区的销售额和顾客数量，还可以依据道路成本（距离、移动时间）对物流据点的整合或新建进行仿真分析。

3. 信息管理

在 GIS 的可视化环境中对企业的物流进行可视化信息管理，在数据库中包括两种数据类型——基本型和导出型，前者包括企业的布局、各个工作岗位的需求物料、客户分布资料等；而后者是指需要经过计算的数据，如生产计划、岗位工作情况等。

（1）在物流配送中，超过 80% 的物流数据具有空间特征或者与空间位置有关。如厂家、仓库、客户的地理位置、道路交通状况等。配送过程中的理货、调度和配送路线优化等都是空间分析的具体应用。

（2）网络分析模型通常用于解决寻求最有效分配货物的路径问题，以及物流网点的布局问题。例如，将货物从 N 个仓库运到 M 个商店，每个商店都有固定的需求量，需要确定由哪个仓库提供货物给哪个商店，使总的运输代价最小。

（3）利用 GPS 测得汽车位置坐标，并与地图上的路线相匹配，在电子地图上显示汽车的正确位置，以指示出正确的行驶路线。

（4）车辆跟踪。实时显示出车辆的实际位置，对车辆进行实时跟踪，掌握车辆的基本信息，对车辆进行远程管理，有效避免车辆空载现象。

（5）配送路线优化。安排配送路线时，找出最快、最简单、最短的路线。

（6）信息查询。为客户提供主要物标，如重要的旅游景点、医院、宾馆、加油站等的精确坐标，使用户能够在电子地图上根据需要进行查询，显示其位置。

（7）话务指挥。指挥中心可以检测区域内车辆的运行状况，对被监控车辆进行合理调度，指挥中心可以随时与被跟踪目标进行通话，实行管理。

（8）紧急援助功能。通过 GPS 定位和监控管理系统可以对遇到险情或发生事故的车辆进行定位并实施援助。

（9）车辆路线模型可用于解决在货物运输中，如何降低运输费用并保证服务质量的问题，包括决定使用多少车辆、每个车辆选择哪条路线等。例如，以货物运输的安全性、及时性和低费用为目标，综合考虑，权衡利弊，选择合理的运输方式并确定费用最低的运输路线。

（10）设施选址模型。在物流系统中，仓库和运输路线共同组成了物流网络，仓库处于网络的节点上，节点决定着线路。根据需求的时间限制，结合经济效益等原则，在既定区域内设立多少个仓库，每个仓库的位置、规模如何，仓库、零售商店、加工中心等设施的最佳位置在哪里，它们之间的物流关系如何等问题，均可用此模型解决。

（11）物流网络模型用于解决寻求最有效的分配货物路径的问题，如将货物从 N 个仓库运送给 M 个客户，每个客户都有固定的需求量。由哪个仓库提货给哪个客户，所耗的运输代价最小，在考虑线路上车流密度的前提下，确定怎样把空的货车从所在位置调到货物所在位置。

第五节　电子数据交换技术

一、电子数据交换概念

电子数据交换（Electronic Data Interchange，EDI）是指按照规定的通用标准格式，将标准的经济信息通过通信网络传输，在贸易伙伴的电子计算机系统之间进行数据交换和自动处理。由于使用 EDI 能有效地减少贸易过程中的纸面单证，因而 EDI 也被称为"无纸交易"。

二、EDI 在物流中的应用

（1）订单处理：通过 EDI 技术，零售商可以向供应商发送采购订单，供应商可以迅速响应并处理订单，提高了订单处理的效率和准确性。

（2）运输管理：在运输管理中，EDI 技术可以实现运输计划和路线的自动下发，司机接单、始发、送达等信息的实时上传可以提高运输信息的可视化和掌控性。同时，EDI 还可以实现运输数据和订单数据的实时对接，从而实现自动化运输结算。

（3）库存管理：EDI 可以帮助企业实现库存数据的实时采集和更新，提高库存信息的准确性和可靠性。通过与销售数据和采购数据的实时对接，可以实现库存的智能预警和自动补货，大幅提高库存管理的效率和精准度。

（4）货物追踪：EDI 技术可以用于实时追踪货物的位置和状态，提高货物的可追溯性。这对于需要温度控制的商品（如食品或药品）尤为重要，可以确保其在整个供应链中保持适当的温度。

（5）文档管理：EDI 减少了纸质文档的使用，加快了信息流的同步，有助于避免调度和接收产品时的延迟。

（6）支付处理：一旦交货完成，承运人的系统会生成货运详情单和发票，EDI 系统将这些信息与采购订单和报价单中提供的信息进行匹配，并在检查完毕后自动支付发票。

（7）供应链协调：EDI 促进了供应链上所有环节的高效沟通和协调，包括供货方、需求方、运输、仓储和海关等，确保供应链各环节的信息共享和实时协作。

（8）国际贸易：在国际运输领域，EDI 系统用电子提单代替了传统的提单，实现运输途中货物所有权的转移，简化了国际贸易流程。

通过这些应用，EDI 技术极大地提高了物流管理的效率、准确性和可靠性，降低了运营成本，增强了企业的竞争力。

使用物流 EDI 平台前后对比示意如图 6-8 所示。

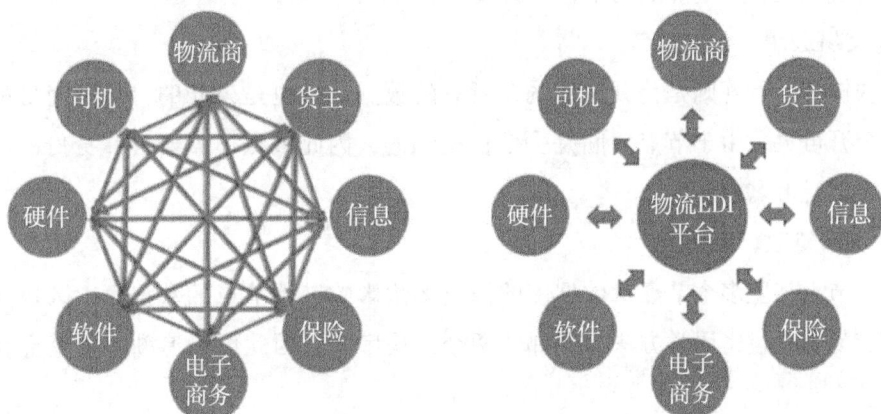

图 6-8　使用物流 EDI 平台前后对比示意

第六节　区块链

传统的网上交易需要借助可信赖的第三方机构处理电子支付信息，但是第三方机构介入存在交易成本高、暴露隐私等缺点。如果撇开第三方机构，由交易双方直接交易，需要如何保证交易生效呢？区块链技术的出现就是为了解决这种问题。

一、区块链的概念

区块链（Blockchain）是一个去中心化的分布式账本，由不可更改的数据包组成，这些数据包也称作"区块"，每个区块前后相连就形成"区块链"，是一种通过去中心化、去信任的方式集体维护一个可靠数据库的技术方案。

二、区块链的特征

1. 开放、共识

任何人都可以参与区块链网络，每一台设备都能作为一个节点，每个节点都允许获得一个完整的数据库，节点之间基于一套共识机制，通过竞争计算共同维护整个区块链。

2. 去中心化，去信任机制

区块链由众多的节点共同组成一个点对点的网络，不存在中心化的设备和管理机构，节点之间的数据交互通过数字签名技术进行验证，不需要信任机制，只需要按照设置好的规则运行，节点之间不存在欺骗和不信任的问题。

3. 交易透明，双方匿名

区块链的运行规则是公开透明的，所有的数据信息也是公开的，每笔交易都对所有节点公开可见。由于节点之间是去信任机制的，因此节点不需要公开身份，每个参与的节点都是匿名的。

4. 不可篡改，可追溯

单个节点甚至多个节点对数据库的修改无法影响其他节点的数据库，区块链中的每一笔交易都通过密码学方法与相邻的两个区块串联，因此可以追溯每一笔交易的所有记录。

三、区块链的应用场景

1. 业务开展需要进行跨主体协作

在业务参与方之间相对独立、平等的跨主体业务协作的场景下，利用区块链的数据共有、防篡改、分布式和数字化合约的特点，能够把一些以往需要在业务层面协调解决的问题，放到技术层面解决，使问题的解决过程更高效、灵活，更具客观性。

2. 业务开展需要参与方之间建立低成本信任机制

大多数业务开展都需要建立一定的信任基础，尤其是跨主体的场景下。对信任建立困难、信任维护成本高的应用场景，区块链可以提供非常有效的帮助。

四、区块链在物流领域的应用

（1）供应链管理：区块链技术通过信息流、物流和资金流，连接制造、组装、分销和零售企业，形成复杂的网链结构，提高供应链透明度和数据可信度。

（2）物流保密：利用区块链的数字签名和公私钥加解密机制，确保物流信息安全和寄件人、收件人的隐私。

（3）国际物流：通过区块链技术，实时记录所有组织的信息，提高供应链透明度和数据可信度，协助海关实现截面管理，提升通关效率。

（4）危险品监管：区块链的不可篡改特性，实时、准确、有效地监管危险物品的流向和状态，有利于监管部门进行事前监管。

（5）中小微企业融资：区块链记录整个流程信息，银行可实时查询仓单真实性，为中小企业贷款提供依据。

（6）终端消费品追溯：区块链技术记录有关信息，能轻松、有效地解决防伪溯源问题，保障消费者权益。

🈴 案例分析

当前，有数据显示我国公路运输空驶率高达40%，甚至有报道指出车辆空驶率接近50%。空驶率较高是运输效率低的一个重要表现，造成资源的极大浪费，也不利于交通运输行业碳减排。空驶率高的原因是多方面的，包括社会物流信息系统不健全、物流企业运输网络不健全、地理位置和城市经济差异化、车辆集中度低，以及受时间限制造成的货车找货、配货时间长等。国内物流业处于"小、多、散、弱"和服务功能单一的状态，社会化、专业化程度低，效率差，成本费用高，物流费用占商品总成本的比重高达40%。由于物流运营过程中人为和技术因素的影响，每年直接损失达500

亿元；运输行业中无序的运作，仅由于运力不足和运力浪费这种矛盾现象造成的直接损失将近 100 亿元。而西方发达国家的物流费用一般占商品总成本的 10% 左右，美国有代表性的运输公司车辆空驶率在 20% 左右。

国内专家通过对美国和欧洲一些发达国家和地区的考察发现，十几年前，美国公路运输的空驶率在 20% 左右，后来降到 10% 以下，其奥秘就在于应用了信息管理技术，通过卫星定位系统对车辆进行了有效的调度，GPS 在此展现了它的魅力。

本章小结

本章主要概述了常用的几种物流技术，其中第一节概述了条码技术的概念及条码的功能，第二节介绍了仓储过程中常用到的射频识别技术，第三节和第四节主要介绍了运输过程中常用的 GPS 和 GIS 技术，第五节和第六节主要介绍了 EDI 和区块链的相关概念及其广阔的应用前景。

思考题

1. 结合案例分析思考 GPS 在物流中的作用有哪些？
2. 简述条码的结构。
3. 物流企业如何在运输过程中对货物进行追踪？
4. EDI 在物流中的应用有哪些？
5. 物流企业目前还应用了哪些新的物流技术？
6. 列举区块链技术的应用场景。

第七章 商贸物流网络结构

✏️ **本章学习目标**

1. 掌握物流网络的内涵和基本特征。
2. 了解不同类型的物流网络结构。
3. 掌握物流节点的定义和功能。
4. 掌握物流节点的分类。
5. 了解逆向物流的定义及其内涵。

第一节 物流网络的基本内容

一、物流网络的概念与内涵

物流网络可以从不同的角度去理解。

（1）从物流服务功能的角度看，物流网络包括运输网络、仓储网络、配送网络等。

（2）从物流网络服务范围看，物流网络包括企业内部物流网络、企业外部物流网络和综合物流网络。

（3）从运作形态看，物流网络包括物流基础设施网络、物流信息网络和物流组织网络。其中物流组织网络是物流网络运行的组织保障，物流基础设施网络是物流网络高效运作的基本前提和条件，物流信息网络是物流网络运行的重要技术支撑。

二、物流网络的基本特征

物流网络的基本特征包括外部性和规模效应、服务性、先导性、开放性。

（1）物流网络具有外部性和规模效应。物流网络将各个分散的节点连接为一个有机整体，系统功能分散到多个节点处理，各节点之间通过交叉联系，形成有机的网状结构，从而产生了显著的规模效应。

（2）物流网络具有服务性。现代物流从服务内容上看已经从单纯的运输、仓储等服务，扩展到以现代科技、管理、信息技术为支撑的综合物流服务，以满足用户不断变化的需求。

（3）物流网络具有先导性，特别是信息先导性。信息流在物流网络运作过程中起到引导和整合作用，确保了物流活动的顺畅进行。

（4）物流网络还具有开放性。物流网络的运作建立在开放的网络基础上，每个节点可与其他任何节点产生联系，快速交换信息，协同处理业务。

这些特征共同构成了物流网络的基本框架，使其在现代经济中发挥着越来越重要的作用。

三、物流网络的构成要素

物流网络是物流过程中相互联系的组织与设施的集合。物流网络由厂商、客户、物流节点、运输线路、信息系统和物流网络组织等要素构成。

（1）厂商：作为产品或原材料的生产者和供应者，厂商是物流网络的起点。厂商的分布不仅影响物流网络的结构，还决定了物流网络的其他要素配置。

（2）客户：作为物流网络的终点，客户是物流服务的主要对象。客户的特征和分布直接影响物流网络的内部结构，完善的内部结构才能确保物流网络高效地为客户服务。

（3）物流节点：物流节点是物流网络中货物中转、组织、调节和管理的关键位置。它们不仅承担货物的包装、装卸、存储和配送等任务，还连接不同的运输线路。

（4）运输线路：运输包括铁路运输、公路运输、水路运输和航空运输等多种类型，运输线路负责将厂商、物流节点和客户有效地连接起来，实现产品的空间转移。

（5）信息系统：在物流网络中，信息的及时传递和处理对系统效率有重大影响。信息系统的建设是物流网络高效运行的重要支撑。

（6）物流网络组织：包括人力资源和组织管理，确保物流网络的持续良好运转。

这些要素之间的关系和作用如下。

（1）厂商、客户、物流节点：这些要素构成了物流网络的基本框架，厂商生产产品，通过物流节点进行中转和配送，最终到达客户手中。

（2）运输线路：负责将各个节点和客户连接起来，实现产品的空间转移。

（3）信息系统：支持物流信息的传递和处理，提高整个系统的效率。

（4）物流网络组织：确保物流网络的顺畅运行。

通过这些要素的相互协作和配合，物流网络能够高效地实现原材料或产品从产地到需求地的空间转移。

第二节　物流网络结构

一、按照空间结构形态划分物流网络

物流网络根据空间结构，可以分为"增长极"物流网络，"轴—辐"物流网络，多中心、多层次物流网络和复合物流网络。

（1）"增长极"物流网络："增长极"是指经济社会集中在一点形成的经济增长点，也是经济集聚与扩散相互协同形成的一种地域经济社会结构。

（2）"轴—辐"物流网络：所谓"轴—辐"物流网络，是指以主要物流节点（物流枢纽城市、枢纽港口、车站、空港等）为轴心，以次要物流节点为辐，形成具有密切联系的类似"自行车轮子"的空间网络系统。

（3）多中心、多层次物流网络：它是不同地域之间相互关联密切、紧密合作所构成的一种物流空间结构形式。

（4）复合物流网络：它是由两种或两种以上的物流网络结构形态综合而成的一种物流空间结构形式，其主要特征是物流网络的协同效应。

二、按照地域范围划分物流网络

按照地域范围划分，可以将物流网络划分为国际物流网络、区域物流网络和城市物流网络，它们之间相互联系，有机组成一个现代物流网络系统，如图7-1所示。

三、按照功能形态划分物流网络

按照功能形态划分，可以将物流网络划分为企业物流网络、供应链物流网络和社会物流网络。

1. 企业物流网络

企业物流网络是指以单一企业为主体构建的物流网络，聚焦企业内部及上下游有限合作方的物流需求，服务于企业生产、销售等核心业务。核心功能是优化企业内部物流效率，降低运营成本。

2. 供应链物流网络

供应链物流网络是指由供应链上下游企业协同构建的物流网络，整合从原材料采购到产品交付的全链条物流资源，强调节点企业间的协作。核心功能是提升供应链整体效率，实现资源共享与风险共担。

3. 社会物流网络

社会物流网络是指由政府、行业协会、社会物流企业等多方主体共同构建的公共物流网络，覆盖全社会物流需求，具有公益性与开放性。核心功能是优化区域/全国物流资源配置，服务于宏观经济与民生需求。

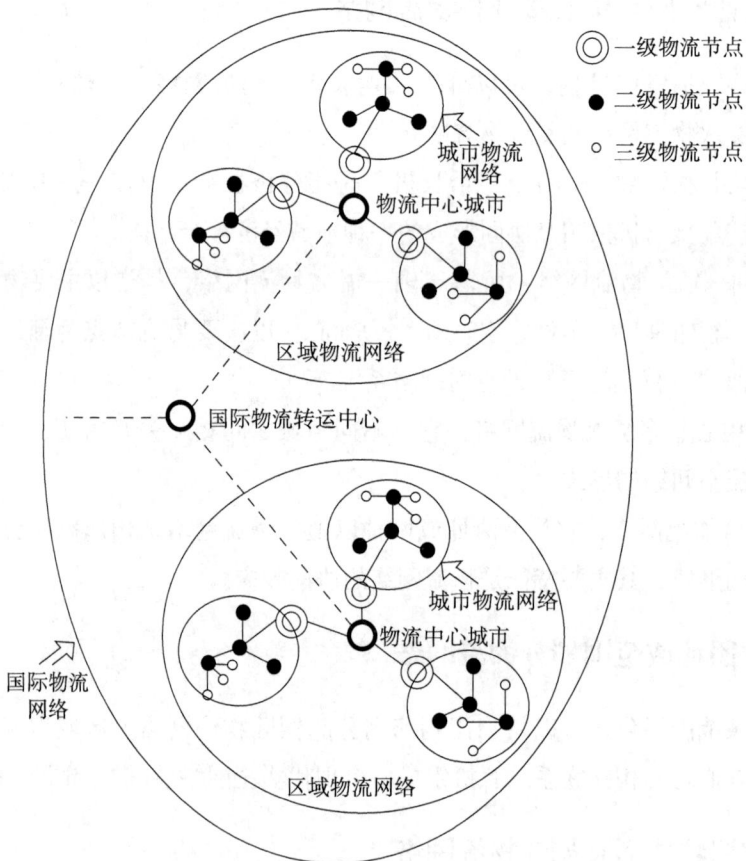

图 7-1　按照地域范围划分的物流网络

第三节　物流节点

一、物流节点的定义

物流节点（Logistics Node）是物流网络系统中一个重要的组成元素，是物流网络中连接物流线路的结节之处，是进行仓储、装卸、包装、流通加工和信息处理等物流活动的场所。

　　具体来讲，它是物流网络中从事货物仓储、装卸、包装、流通加工和信息活动的场所，包括物流园区、物流中心、配送中心和传统的集散点（如仓库、车站、码头、港口、货运站、包装公司、加工中心等）。

二、物流节点的功能

1. 衔接功能

物流节点的衔接功能可以通过多种方法实现，主要包括以下四个。

　　（1）通过转换运输方式，衔接不同的运输手段。各种运输工具的运输能力差别很大，需要不同规模和类型的物流节点与之有机结合，形成高效的物流网络系统。

　　（2）通过加工，衔接干线物流及配送物流等不同目的的物流。

　　（3）通过储存，衔接供应物流和需求物流等不同时间的物流。

　　（4）通过集装箱、托盘等集装处理，衔接整个"门到门"运输，使之成为一体。

2. 信息功能

物流节点是整个物流网络中物流信息传递、收集、处理、发送的集中地。

3. 管理功能

物流网络的管理设施和指挥机构往往集中设置于物流节点。物流节点大多是集管理、指挥、衔接及货物处理为一体的物流综合设施。整个物流网络运转的有序化和正常化及其效率和作业水平取决于物流节点的管理功能的实现情况。

三、物流节点的分类

　　现代物流发展了若干类型的物流节点，这些物流节点在物流的不同领域起着不同的作用。将物流节点按照功能的不同分类，可分为以下几种类型：转运型物流节点、储存型物流节点和流通型物流节点。

1. 转运型物流节点

转运型物流节点是以连接不同运输方式或相同运输方式为主要功能的节点，是处于运输线路上的节点，如铁路货运站、公路货运站、公铁联运站、水陆联运站、空运转运站以及综合转运站等。

2. 储存型物流节点

储存型物流节点是以存放货物为主要职能的节点，货物在这种节点停滞时间较长。在物流网络中，储备仓库、营业仓库、中转仓库、货栈等都属于此种类型的节点。

3. 流通型物流节点

流通型物流节点是以组织物流快速流转为主要职能，连接干线物流与末端物流，促进货物的流通，加快物流速度，主要包括以下七种。

（1）流通仓库。

（2）集货中心：它是将一定范围内分散的、小批的，但总数较大的货物集中起来，以便进行大批量处理或大批量运输的物流节点。

（3）分货中心：分货中心是将集中到达的大批量货物进行处理，以满足小批量、多频次物流需求的场所。

（4）加工中心。

（5）配送中心。

（6）物流中心：物流中心通常是指综合性的物流场所，它既具备配送中心的功能，又具有货物运输中转功能。

（7）物流园区。物流园区是指多个物流（配送）中心在空间上集中布局的场所或指社会物流企业共同使用的物流空间场所，它是具有较大规模和综合服务功能的物流节点，是社会化的公共物流园区，是多种运输方式汇集、物流产业积聚发展的大型物流转运枢纽。

此外，物流节点还可以按其他方式进行分类，主要有以下三种方式。

（1）按衔接的运输方式分类，主要有：铁路物流节点、航空物流节点、港口物流节点、集装箱物流节点、邮政物流节点等。

（2）按地域活动范围分类，主要有：国际型物流节点、全国型物流节点、区域型物流节点及城市型物流节点。

（3）按温度层次分类，主要有：常温物流节点、低温物流节点。

四、物流节点配置模式分析

1. 一元模式

一元模式是最简单的物流节点配置模式，在这种模式下，通过单一类型的物流节点完成物流配送，如图7-2所示。

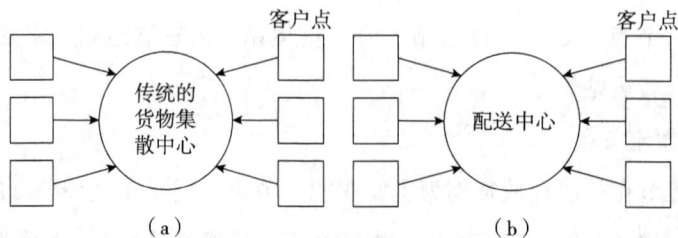

图 7-2　一元模式

2. 二元模式

在二元模式下，由两种不同的物流节点共同完成物流配送任务，如图 7-3 所示。

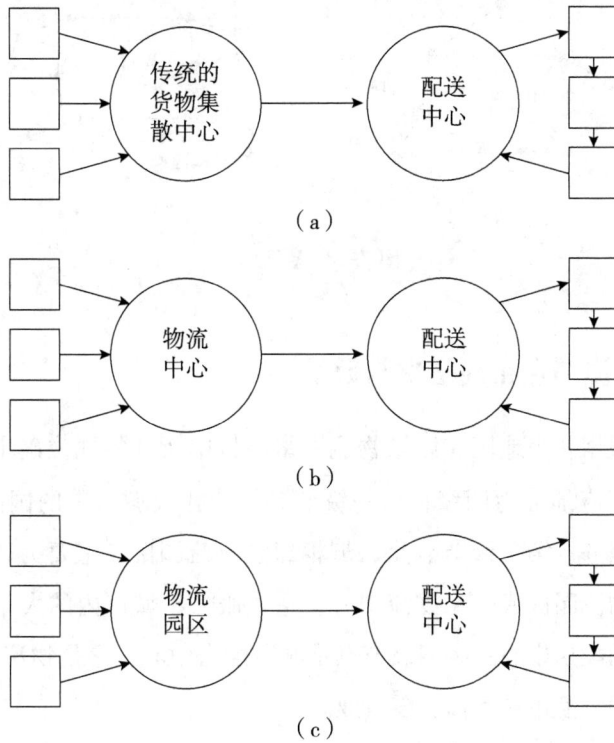

（a）

（b）

（c）

图 7-3　二元模式

3. 三元模式

三元模式是一种较为完善和理性的物流节点配置模式，由三种不同类型的物流节点共同完成物流配送任务，如图 7-4 所示。

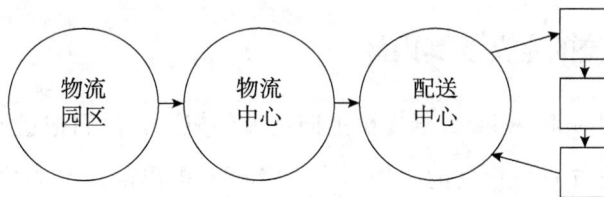

图 7-4　三元模式

4. 多元模式

多元模式是一种最为复杂的物流节点配置模式，由多种不同的物流节点互相协调完成物流配送任务，如图 7-5 所示。

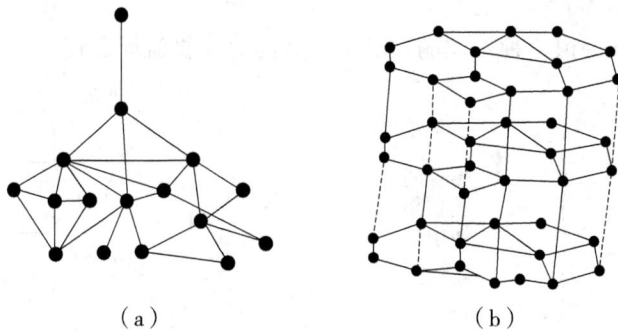

（a）   （b）

图 7-5　多元模式

五、区域物流节点布局层次与数量

物流节点应根据各个地区在区域物流网络结构中所处的地位确定。物流节点按功能和服务范围可相应地分为四级，第一级节点是依托大型口岸的国际枢纽物流园区，主要为国际物流服务；第二级节点是区域枢纽型物流园区，主要为区域物流服务；第三级节点是专业物流园区或大型物流中心，主要服务于城市内的大型专业市场或产业基地，以及市区的配送中心；第四级节点是城市配送中心，它是物流系统网络的末端，主要服务于市区的大型市场和商贸零售业。

对物流节点进行抽象，区域物流节点布局层次可以表述为物流园区（LP）—物流中心（LC）—配送中心（DC）三层的物流网络结构。

第四节　逆向物流网络

一、逆向物流的定义及其内涵

1981 年，Lamber 和 Stock 最早提出逆向物流的概念，他们把逆向物流定义为：与极大部分货物流动方向是相反的。1986 年，Muphy 提出的定义与之前类似。1988 年 Stock 精确地给出了逆向物流的概念：物流在产品回收、产品循环使用、物流替代、物料循环使用、废物处理和维修、整修和再制造中的作用。

逆向物流（Reverse Logistics）这个名词最早是由 Stock 在 1992 年给美国物流管理协会（现已更名为：美国供应链管理专业协会）的一份研究报告中正式提出的。在报告中，Stock 将逆向物流定义为：通常用来指代物流在循环利用、废物处理和管理危险物质中的，广泛地包括在进行原料缩减、循环利用、替代、材料再利用和处理等过程中所有与物流相关的活动。

1998年，Rogers博士和Tibben-Lembke博士将逆向物流描述为：逆向物流是对原材料、加工库存品、产成品及相关信息从消费地到起始地的高效率、低成本的流动而进行规划、实施和控制的过程，其目的是恢复物品价值或使其得到正确处置。

1998年，欧洲逆向物流工作委员会对逆向物流的定义是：逆向物流是指原料、在制品及成品从制造厂、配送站或消费地向回收点或其他处置场所的流动而进行的规划、实施和控制的过程。

2004年，Steve Butler在 *Reverse Logistics Moves Forward* 一文中更为全面地把逆向物流概括为：逆向物流包括计划、执行和控制材料的流动，以及管理通过供应链反馈回来的和以获取价值为主要目的的相关信息，其服务包括转移、回收以翻新或循环利用，从而安全处理产品。

《中华人民共和国国家标准物流术语》（GB/T 18354—2021）对逆向物流的定义如下：为恢复物品价值、循环利用或合理处置，对原材料、零部件、在制品及产成品从供应链下游节点向上游节点反向流动，或按特定的渠道或方式归集到指定地点所进行的物流活动。逆向物流也称反向物流。

2014年，RLA（美国逆向物流协会）定义逆向物流为：逆向物流是各行业和各学科的任何部门管理资产的过程。

逆向物流通常包含回收物流和废弃物流。

（1）回收物流（Returned Logistics）：退货、返修物品和周转使用的包装容器等从需方返回供方所引发的物流活动。

（2）废弃物流（Waste Material Logistics）：将经济活动中失去原有使用价值的物品，根据实际需要进行收集、分类、加工、包装、搬运、储存等，并分送到专门处理场所的物流活动。

逆向物流与正向物流的对比如表7-1所示。

表 7-1 逆向物流与正向物流的对比

比较项目	正向物流	逆向物流
预测	比较简单	比较困难
分销和运输方式	一对多	多对一
产品质量	统一	不统一，差异较大
产品包装	统一	不统一，多已损坏

比较项目	正向物流	逆向物流
运输目的地	明确	不明确
产品处理方式	明确	不明确，依产品而定
价格	相对一致	不一致，取决于多种因素
服务速度/时效的重要性	广泛重视	常常不受重视
分销成本	相对透明，可由财务系统监控	多为隐性的
库存管理	统一	不统一
产品生命周期	可控	比较复杂
供应链上的各方协商	比较直接和容易	比较困难
营销方式	有现成模式	没有现成模式，受多因素影响
运营流程	较透明，便于控制	透明度低，不便控制
运营网络设计	复杂但明确	更复杂，受多个不明确因素影响
跟踪物品	自动信息系统	自动和手动信息系统

二、逆向物流的系统功能

1. 物品收集

物品收集是逆向物流的基本功能，其成本占据了逆向物流总成本的重要部分。从市场上收集物品时，经常涉及数目大、批量小的运输任务，因而运输费用较高。同时，收集物品的运输往往会对环境产生不良影响。因此，物品收集是逆向物流管理的重要内容。

2. 检测与分类

回收物品的种类繁多，相应价值也不相同，必须进行有效分类才能进行后续处理。如果回收的商品只是由于顾客偏好或多余库存而不是质量因素，则可以继续出售。终端顾客向零售商退货，零售商向分销商退货，而接受退货的一方都可以把退货作为新的库存。当产品确有质量问题需要返回制造商时，制造商进行相应的处理，如削价处理或再制造和再加工；对于无法再利用的物品，分解并返回原料供应商或焚烧、填埋等；对于包装材料，终端用户的包装材料可以返回经销商或直接至包装材料的制造企业，而中间客用的托盘等装运设备则可以多次利用。

3. 再加工

分类完成后，部分物品进入再加工过程。一般再加工设备投资较大，在很大程度上影响整个逆向物流的经济可行性。因此，一般要求再加工物品的数目很大，从而降低再加工设施平均运营成本。

4. 重新配送和运输

跟正向物流中的配送过程类似，逆向物流主要是在快速反应和运营成本之间做出权衡。

三、逆向物流网络结构

人们通常所说的物流是指正向物流（Forward Logistics），是为满足消费者需求，对原材料、在制品库存、产成品及其相关信息从生产地到消费地有效率和有效益的流动进行计划、管理和控制的过程。事实上，一个完整的闭环供应链系统（Closed Loop Supply Chain System）不仅包括正向物流，还包括逆向物流。正向物流与逆向物流示意如图 7-6 所示。

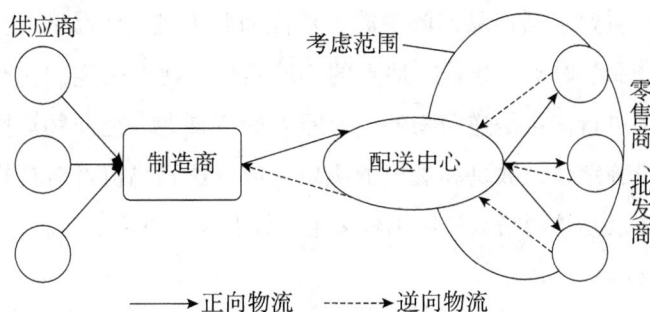

图 7-6 正向物流与逆向物流示意

由于逆向物品的种类不同形成了不同的逆向物流网络结构，如重新利用（Reuse）、重新制造（Remanufacturing）、回收（Recycling）及商业退货（Commercial Returns）等。

1. 重新利用的逆向物流网络

在食品和化学工业里广泛使用可重新利用的包装、容器，如玻璃瓶、塑料瓶、托盘。重新利用的逆向物流网络的设计问题包括保管、收集设施的定位、数量和规模，以及运输配送的费用，以确立新包装投入量。

2. 重新制造的逆向物流网络

典型的重新制造的物品包括汽车、飞机的贵重部件和工具，复印机和计算机部件。收集使用后的物品经过检测和拆分，再重新制造为新的产品，最后进行销售。重新制造的逆向物流网络设计涉及重新制造设施的定位、规模，以及使用最低回收物品物流费用的计算。在进行计算和决策时，必须考虑到投资、运输、处理和库存的费用等。

3. 回收物流网络

典型的回收物品包括纸张、玻璃、金属、地毯、塑料等。在这种物流网络里，收集的物品价值一般很低，而专门处理的设备却很昂贵。因而回收处理场所往往比较集中，处理量很大。在网络设计时，回收处理场所定位、能力设计及经济分析都非常重要。

4. 商业退货逆向物流网络

商业退货多发生在零售业、制造业。例如，超额库存、根据合同的退货、发送错误的货物、损坏的货物等。退回的货品如果质量好，将作为正常的营业库存，再次销售；质量不好的进行回收处理。该逆向物流网络设计的重要内容包括网络结构流程设计及其有关的合同管理。

四、逆向物流优化的关键技术

1. 产品回收技术

产品回收技术主要包括产品回收策略、产品回收模型、产品回收分类方法。考虑逆向物流中回收产品的时间、数量、地点的不确定性，建立了逆向物流网络模型。对逆向物流网络模型进行优化是逆向物流一个重要研究课题。逆向物流网络设计的内容包括回收物品的设施定位，数量和规模的确定，以及达到物流经济规模最小流量的计算。混整数规划方法是该网络设计使用较多也比较有效的决策工具。

2. 库存控制技术

逆向物流的库存管理比传统的库存管理更为复杂，因此，研究逆向物流库存控制问题一般借鉴传统库存论中的模型方法和解决技巧，推广并建立了各种逆向物流库存模型。总体说来，在成本结构上，逆向物流和再制造库存模型增加了再制造成本、回收库存成本、可维修件库存成本；在决策结构上，增加了再制造批量决策、报废率决策等。这些模型按照是否考虑需求的随机性分为两大类：确定性模型和随机需求模型。

🅄 案例分析

菜鸟集团作为中国领先的电子商务供应链和逆向物流解决方案提供商，菜鸟依托阿里巴巴的电商生态，构建了全球智慧物流网络，服务范围覆盖 200 多个国家和地区。在逆向物流方面，菜鸟裹裹是其专注于逆向物流和包裹递送的服务平台。通过与多家物流提供商合作，利用平台算法实现与快递网络的高效匹配，为电商平台的消费者提供及时、便利的退换货服务，同时也为消费者和小商家提供包裹递送服务。例如，消费者在淘宝、天猫等平台购物后，可通过菜鸟裹裹便捷地发起退货申请，享受上门取件等服务。此外，菜鸟在全球运营着关键物流设施，拥有全球最大的跨境电商仓网和数字化驿站网络，利用先进的技术实现物流运营的智能化，处理各类逆向物流业务。

思考：

谈谈为什么菜鸟集团要重视逆向物流。

📍 本章小结

本章主要介绍了商贸物流网络结构。第一节介绍了物流网络的基本内容，第二节介绍了物流网络结构，第三节介绍了物流节点的定义、功能、种类、配置模式等，第四节介绍了逆向物流网络的基本知识。

👤 思考题

1. 物流网络的概念是什么？列举当地代表性物流公司的网络组建情况。
2. 物流网络的基本特征是什么？
3. 物流网络的构成要素包括什么？
4. 物流节点主要分为哪些类别？
5. 转运型物流节点主要包括哪些？
6. 试分析物流网络和物流节点在降低社会物流成本中的作用。

第八章　商贸运输

✏️ **本章学习目标**

1. 掌握商贸运输的概念及特征。

2. 掌握商贸运输的功能。

3. 理解商贸运输方式选择考虑的因素。

4. 掌握商贸运输合理化的重要作用。

5. 了解典型的不合理运输形式。

6. 了解甩挂运输的概念和发展现状。

7. 了解模块化运输的概念。

第一节　商贸运输的概念及特征

一、商贸运输的概念

运输是指"物"的载运及输送。它是在不同地域范围，以改变"物"的空间位置为目的活动，是对"物"进行的空间位移。商贸运输则专指在商品流通环节中的运输。

二、商贸运输的特征

1. 具有生产的本质属性

商贸运输服务的生产（提供）过程是以一定的生产关系联系起来的、具有劳动技能的人们使用劳动工具（如车、船、飞机及其他设施）和劳动对象（货物）进行生产，并创造服务的生产过程。对货物运输来说，是货物的空间位移。显然，商贸运输是以改变"物"的空间位置为目的的生产活动，这一点和通常意义下以改变劳动对象的物理、化学等属性为主的工农业生产不同。

2. 在流通过程中完成

运输是把产品从生产地运往消费地的活动，因此从整个社会生产过程来说，商贸运输则是在流通领域内继续的生产过程，并在其中完成。

3. 商贸运输服务是无形的

商贸运输不像工农业生产那样改变劳动对象的物理、化学性质和形态，而只改变劳动对象的空间位置，并不创造新的实物形态的产品。因此，在满足社会运输需求的情况下，多余的运输产品或运输支出都是一种浪费。

4. 属于边生产边消费

工农业产品的生产和消费在时间和空间上可以完全分离，而商贸运输的生产和消费在时间和空间上都是不可分离的，属于边生产边消费。

5. 具有非储存性

由于运输产品是无形的，不具有物质实体，又由于它的边生产边消费属性，商贸运输产品既不能调拨，也不能储存。

6. 运输产品的同一性

对不同的运输方式来说，虽然使用不同的运输工具，具有不同的技术经济特征，在不同的线路上进行运输生产活动，但它们对社会具有相同的效用，即都实现了物品的空间位移。运输产品的同一性使各种运输方式之间可以相互补充、协调、替代，形成一个有效的综合运输系统。

第二节　商贸运输的功能

商贸运输主要具有以下功能。

1. 商贸运输是物流的主要功能要素之一

按物流的概念，物流是"物"的物理性运动，这种运动不但改变了物的时间状态，也改变了物的空间状态。而运输承担了改变空间状态的主要任务，运输是改变空间状态的主要手段，运输再配以搬运、配送等活动，就能圆满完成改变空间状态的全部任务。

2. 商贸运输是社会物质生产的必要条件之一

物质生产后的产品进入流通环节，商贸运输在这一过程中充当了重要的角色。没有商贸运输，市场流通将会停滞，进而物质生产也将倒退到原始社会状态。所以说，商贸运输是社会化大生产过程中不可或缺的重要环节。

3. 可以创造"场所效用"

"场所效用"的含义是：同种"物"由于空间场所不同，其使用价值的实现程度不同，其效益的实现也不同。由于改变场所而最大限度发挥使用价值，最大限度提高了投入产出比，这就是"场所效用"。通过运输，将"物"运到场所效用最高的地方，就能发挥"物"的潜力，实现资源的优化配置。从这个意义来讲，也相当于通过运输提高了"物"的使用价值。

4. 商贸运输是"第三利润源泉"的主要来源

节约原材料为"第一利润源泉"，提高劳动生产率为"第二利润源泉"，建立高效的物流系统被誉为企业建立竞争优势的"第三利润源泉"。运输是物流中主要的环节，所以可以认为运输是"第三利润源泉"的主要来源。

第三节　商贸运输方式的选择

运输方式是完成货物运输的手段、方法，是为完成货物运输任务而采取一定性质、类别的技术装备（运输工具）和一定的管理手段。现代运输方式有铁路运输、公路运输、水路运输、航空运输和管道运输等。商贸运输方式的选择，可以在考虑具体条件的基础上，对下述五个具体项目认真研究。

1. 货物品种

关于货物品种及性质、形状，应在包装项目中加以说明，选择适合这些货物特性和形状的运输方式，另外也要将货物本身的价值与运费进行比较，综合考虑。

2. 运输期限

运输期限必须与交货日期相联系，应保证运输时限。必须调查各种运输工具所需要的运输时间，根据运输时间选择运输工具。运输时间由快到慢的顺序一般情况下依次为航空运输、汽车运输、铁路运输、船舶运输。各运输工具可以按照它的速度编组安排日程，加上两端及中转作业时间，就可以算出所需的运输时间。在商品流通过程中，要研究这些运输方式的特点，有计划地进行运输，以便准时交货。

3. 运输成本

运输成本因货物的种类、重量、容积、运距不同而有所不同。而且，运输工具不同，运输成本也会发生变化。在考虑运输成本时，必须注意运输与其他物流子系统之间存在着互为利弊的关系，不能只考虑运输费用，要由总成本决定运输方式。

4. 运输距离

从运输距离看，一般情况下可以依照以下原则选择运输方式：300 千米以内，选择公路运输；300～500 千米，选择铁路运输；500 千米以上，选择船舶运输。一般这样选择是比较经济合理的。

5. 运输批量

因为大批量运输成本低，故应尽可能使商品集中到最终消费者附近，选择合适的运输工具进行运输是降低成本的良策。一般来说，15～20 吨以下的商品用公路运输；20～100 吨的商品用铁路运输；数百吨以上的原材料等应选择船舶运输。

第四节　商贸运输合理化

一、商贸运输合理化的重要作用

（1）合理组织货物运输，有利于加速社会再生产的进程，促进国民经济持续、稳定、协调发展。

（2）货物的合理运输，能节约运输费用，降低物流成本。

（3）合理的运输，缩短了运输时间，加快了物流速度。

（4）运输合理化，可以节约运力，缓解运力紧张的状况，还能节约能源。

二、商贸运输合理化的影响因素

对商贸运输合理化起主要作用的有以下五个方面，也称作合理运输的"五要素"。

1. 运输距离

运输过程中，运输时间、运输费用等若干技术经济指标都与运输距离有一定的关系。运输距离是运输是否合理的基本影响因素。

2. 运输环节

每增加一个运输环节，势必增加运输的附属活动，如装卸、包装等，各项技术经济指标也会因此发生变化，故减少运输环节对商贸运输合理化有一定的促进作用。

3. 运输工具

各种运输工具都有其优势领域，对运输工具进行优化选择，最大限度地发挥运输工具的特点和作用，是运输合理化的重要的一环。

4. 运输时间

在全部物流活动中运输占大部分时间，尤其是远距离运输，因此，运输时间的缩短对整个流通时间的缩短起决定性作用。此外，运输时间缩短，还能加快运输工具的周转，充分发挥运力效能，提高运输线路通过能力，不同程度地改善不合理运输。

5. 运输费用（运费）

运费在全部物流费用中占很大的比重，运费在很大程度上决定整个物流系统的竞争能力。实际上，无论对货主还是对物流企业运费都是运输合理化的一个重要标志。运费也是各种合理化措施实施效果的最终判断依据之一。

三、商贸运输中不合理运输的表现

1. 返程或起程空驶

空车无货载行驶，可以说是不合理运输的最严重形式。在实际运输组织中，有时必须调运空车，从管理上不能将其看成不合理运输。但是，因调运不当、货源计划不周、不采用运输社会化形式而形成的空驶，是不合理运输的表现。造成空驶的不合理运输主要有以下几种原因。

（1）能利用社会化的运输体系而不利用，却依靠自备车送货、提货，往往会出现单程重车、单程空驶的不合理运输。

（2）由于工作失误或计划不周，造成货源不实，车辆空去空回，形成双程空驶。

（3）由于车辆过分专用，无法搭运回程货，只能单程实车，单程回空周转。

2. 对流运输

对流运输也称"相向运输""交错运输"，指同一种货物或彼此间可以互相代用而又不影响管理、技术及效益的货物，在同一线路上或平行线路上做相对方向的运送，而与对方运程的全部或一部分发生重叠交错的运输形式。已经制定了合理流向图的产品，一般必须按合理流向的方向运输，如果与合理流向图指定的方向相反，也属对流运输。

在判断对流运输时需要注意的是，有的对流运输是很不明显的隐蔽对流，如不同时间的相向运输，从发生运输的那个时间看，并未出现对流，于是可能做出错误的判断，所以要注意隐蔽的对流运输。

3. 迂回运输

迂回运输是舍近求远的一种运输。可以选取短距离进行运输而不选，却选择路程较长线路进行运输的一种不合理形式。迂回运输有一定的复杂性，不能简单处之，只有因计划不周、地理位置不熟、组织不当而发生的迂回运输，才属于不合理运输，如果最短路程线路有交通阻塞、道路情况不好或有对噪声、排量等特殊限制而不能选择时发生的迂回运输，不能称为不合理运输。

4. 重复运输

本来可以直接将货物运到目的地，但是在未达目的地之处或在目的地之外的其他场所将货卸下，再重复装运送达目的地，这是重复运输的一种形式。重复运输的另一种形式是，同品种货物在同一地点一边运进，同时又向外运出。重复运输的最大问题是增加了非必要的中间环节，这就延缓了流通速度，增加了费用，增大了货损。

5. 倒流运输

倒流运输是指货物从销地或中转地向产地或起运地回流的一种运输现象。其不合理程度要甚于对流运输，其原因在于，往返两程的运输都是不必要的，形成了双程的浪费。倒流运输也可以看成隐蔽对流的一种特殊形式。

6. 过远运输

过远运输是指调运物资舍近求远，近处有资源不调而从远处调，这就造成可采取近程运输而未采取，拉长了货物运距的浪费现象。过远运输占用运力时间长、运输工具周转慢、物资占压资金时间长、远距离自然条件相差大，又易出现货损，增加了费用支出。

7. 运力选择不当

运力选择不当指未发挥各种运输工具优势，不正确地利用运输工具造成的不合理现象，常见有以下若干形式。

（1）弃水走陆。在同时可以利用水运及陆运时，不利用成本较低的水运或水陆联运，而选择成本较高的铁路运输或公路运输，使水运优势不能发挥。

（2）铁路、大型船舶的过近运输。主要不合理之处在于火车及大型船舶起运及到达目的地的准备、装卸时间长，且机动灵活性不足，在过近距离中利用，发挥不了运速快的优势。

（3）运输工具承载能力选择不当。不根据承运货物数量及重量选择，而盲目决定运输工具，造成过分超载、损坏车辆及货物不满载、浪费运力的现象。尤其是"大马拉小车"现象发生较多。由于装货量小，单位货物运输成本必然增加。

8. 托运方式选择不当

对于货主而言，托运方式选择不当指在可以选择最好托运方式而未选择时，造成运力浪费及费用支出加大的一种不合理运输。例如，应选择整车托运未选择，反而采取零担托运，应当选择直达运输而选择了中转运输，应当中转运输而选择了直达运输等都属于这一类型的不合理运输。

四、商贸运输合理化的实现方法

1. 分区产销合理运输

分区产销合理运输，就是在商品运输活动中，对某种货物，使其一定的生产区固定于一定的消费区。根据产销的分布情况和交通运输条件，在产销平衡的基础上，按照近产近销的原则，使货物走最少的里程，组织货物运输。它的适用范围主要是品种单一、规格简单、生产集中、消费分散或生产分散、消费集中、调运量大的商品，如建材、粮食、生猪等生产技术不太复杂且原材料不太短缺的低值产品。实行这一办法，对于加强产、供、运、销的计划性，消除过远、迂回、对流等不合理运输，充分利用地方资源，促进生产合理布局，降低物流费用，节约国家运力，都有十分重要的意义。

2. 直达运输

直达运输，就是在组织货物运输过程中，越过商业、物资仓储环节或铁路、交通中转环节，把货物从产地或起运地直接运到销地或用户处，以减少中间环节。在商业部门，则根据不同的商品，采取不同的运输方式。有些商品规格简单可以越过二级批发站，由生产工厂直接供应到三级批发站、大型商店或用户，如纸张、肥皂等；也有些商品规格、花色比较复杂，可由生产工厂供应到批发站，再由批发站配送到零售商店或用户。

3. "四就"直拨运输

"四就"直拨运输，是指各商业企业、物资批发企业，在组织货物调运过程中，对当地生产或由外地到达的货物，不运进批发站仓库，采取直拨的办法，把货物直接分拨给市内基层批发站、零售商店或用户，减少一道中间环节。其具体做法有就厂直拨、就车站（码头）直拨、就库直拨、就车（船）过载等。就车过载是指货物不进园区、不进库，到达某一地区后直接通过配送，送达目的地。

这里注意的是，"四就"直拨和直达运输是两种不同的合理运输形式，它们既有区别又有联系。直达运输一般是指运输里程较远、批量较大、往省（区、市）外发运的货物运输业务。"四就"直拨运输一般是指运输里程较近、批量较小，在大中型城市批发站所在地办理的直拨运输业务。

4. 合装整车运输

合装整车运输，也称"零担拼整车中转分运"，主要适用于商业、供销等部门的件杂货运输，即物流企业在组织货运过程中，由同一发货人将不同品种但发往同一到站、同一收货人的零担托运货物，由物流企业自己组配在一个车辆内，以整车运输的方式，托运到目的地，或把同一方向不同到站的零担货物，集中组配在一个车辆内，运到一个适当的车站，再中转分运。这是因为在货运过程中，有两种托运方式，一种是整车运输，另一种是零担运输，二者之间的运价相差很大。采取合装整车的办法，可以减少一部分运输费用，并节约社会劳动力。

第五节 甩挂运输

一、甩挂运输的基本概念

甩挂运输是带有动力的机动车将随车拖带的承载装置，包括半挂车、全挂车，甚至货车底盘上的货箱，甩留在目的地后，再拖带其他装满货物的装置返回原地或者驶向新的地点的运输形式。这种一辆带有动力的主车，连续拖带两个或两个以上承载装置的运输方式被称为甩挂运输。

甩挂运输的基本原理实质上是平行作业原则的最大应用，它是利用汽车列车的行驶时间完成甩下挂车的装卸作业。具体来说，甩挂运输是指汽车列车（包括牵引车和挂车）按计划，在各装卸作业点甩下并挂上指定的挂车，继续运行的一种组织方式。这种运输模式可以使载货汽车（或牵引车）的停歇时间缩短到最低限度，从而最大限度地利用牵引能力，提高运输效能。

在甩挂运输中，"甩"指的是把拖车的承载装置（如半挂车、全挂车、货箱等）"留"在某个目的地，很快又"挂"上别的已经提前装满货物的承载装置返回原地或者拖向别的目的地。这样，一辆带有动力的主车（牵引车）可以连续拖带两个或两个以上承载装置，大大提高了运输效率。

此外，甩挂运输通过充分利用主车的动力，对挂车等承载装置进行提前装货，大大减少了司机和主车的等待时间，显著提高了单车利用率，节约了人工成本。同时，由于一个拖头可以配备多个承载装置，这也减少了拖头的购置费用和运行费用，以及司机数量，对缓解交通压力也有积极作用。

二、甩挂运输模式

1. 基本型甩挂

基本型甩挂主要分为：一线两点，两端甩挂；一线多点，循环甩挂；客户端甩挂等模式。

（1）一线两点，两端甩挂：主要适用于线路两端的货源相对稳定和均衡的情况。

（2）一线多点，循环甩挂：主要适用于货物流量流向较为固定的情况。

（3）客户端甩挂：主要适用于集货点与工厂距离较近（20千米以内）的情况。

2. 网络型甩挂

网络型甩挂主要分为网络分拨甩挂和网络循环甩挂，适用于具有良好的运输网络基础、众多网点（如分拨中心、集货点）和先进的信息系统等情况。

3. 集装箱甩挂

集装箱甩挂是较为特殊的一种甩挂模式，主要在港口周边以"甩箱"的形式出现。该模式适用于无水港或与厂家较近的集装箱场地，且应该具有集装箱起吊设备。

4. 多式联运甩挂

依托铁路、港口等多式联运枢纽节点，围绕公铁联运、公水联运，开展与铁路、水路对接的集疏运甩挂。甩挂组织主要采用"一线两点"甩挂作业，从甩挂网络形态看主要呈现以铁路、港口等为核心的一点多线的放射状分布特点。

三、甩挂运输的优势

1. 车辆装备方面

（1）挂车具有良好的兼容性。

（2）车辆的投入产出率高。

（3）运载能力大，特别是容积的扩展空间大。

（4）可以实现运输网络节点上的暂时储存。

2. 经济社会效益方面

（1）提高运输效率。

甩挂运输能够减少装卸等待时间，加速牵引车周转，提高牵引车利用率，加快货物周转，缓解库存压力。

（2）降低物流成本。

甩挂运输能够节省牵引车购置费用，减少相应的人工、维修、管理成本；加快货物周转，减少仓储成本；能够使单车完成运量增加，单位运输成本下降。

（3）促进节能减排。

甩挂运输能够实现集约化合理调度，保证来回重载，减少空驶，促进车辆大型化发展，减少单位周转量油耗。

3. 行业发展方面

甩挂运输有助于推动道路运输企业向集约化方向发展，促进运输场站的建设。甩挂运输能够促进多式联运的发展，加快现代物流体系的构建。

四、我国甩挂运输的发展现状

甩挂运输在许多发达国家和地区早已成为主流运输方式，其甩挂运输的货物周转量占公路货物周转量的 70%~80%，甩挂运输的拖挂比普遍达到 1∶5 以上。而在我国，甩挂运输占整体货运量之比不到 1%，原因主要在于以下几个方面。

（1）货源集中度低：货运集中度低，虽然我国货物总周转量巨大，但货物相对分散，企业各自经营。

（2）标准化程度低：半挂车的尺寸，以及连接装置、控制装置的标准化程度低。

（3）专业挂车运营商空白：要有资产的人组织产品标准化和推广，需要大规模资金投入，100 万台挂箱需要投入约 200 亿元。

（4）甩挂运输场站缺失：缺少有服务能力的挂车场站，运输设备共享程度低。

（5）资源及信息化不足：道路运输保险制度不健全，市场需要规范竞争，需要提升信息化服务支持。

制约我国甩挂运输的几点问题：一是制度性障碍，包括不适宜的双挂列车不让上高速公路、挂车车船税制度、挂车检测制度、挂车强制报废制度等，这些因素在一定程度抑制了需求的释放和甩挂运输优势的发挥；二是技术性障碍，包括车型标准化、包装标准化、托盘标准化及挂车检验检测标准落后，造成挂不上，甩不下；三是基础设施落后，由于我国道路货运业组织化、集约化、网络化程度低，适宜甩挂作业的站场设施不足，物流信息平台建设相对滞后，甩挂运输发展的基础较薄弱。

第六节　模块化运输

一、模块化运输的概念

模块化运输是以标准化的车辆、箱体等运输、储存载体为基本作业单元，通过单元的组合、分解及更换，实现更优化的运输管理与组织，提升运输效率。在模块化运输下，各个模块化单元可以独立工作，也可以组合运输，具备较高的灵活性，可适应不同运输需求。

二、模块化运输的优势

模块化运输基于已有的标准模块化单元。通过模块化运输，原本需要三个车头拉动的四个箱子，现两个车头即可拉动完成，使货物运输量不变的同时大幅降低了采购成本和人力成本，有效地提升运输效率，节约油耗，减少拥堵。模块化使运输更为灵活，可根据不同国家的需求进行不同的运输安排，而无须进行新的车辆投资。模块化运输对推动车型标准化、多式联运、甩挂运输、挂车共享等模式也有很好的促进作用，对物流行业的整体升级有积极意义。

三、国外模块化运输的特点

模块化运输在欧洲应用最为成熟、广泛，应为我国重点借鉴。目前，EMS（Europe Modular System）是最常用的组合形式，主要有以下特点。

（1）基于已有的标准模块化单元。模块化单元——交换箱长度的由来（7820/7450）是根据 96/53/EC 的规定，欧洲货运列车的最大总长度是 18.75 米，驾驶室最大长度不能超过 2.35 米，同时根据 ISO（国际标准化组织）11407：2004 的相关规定，在中置轴挂车形式下，两个交换箱之间的安全距离最小在 0.76 米。

（2）根据具体的需求安排组合形式，并不是路程越长、载重量越大越好。不同的模块组合形式，在不同等级的公路上运营，确保安全。

（3）标准模块单元均可实现多式联运。

四、我国模块化运输面临的挑战

1. 法规的限制

（1）《中华人民共和国道路交通安全法实施条例》第 56 条第（一）款规定，载货汽车、半挂牵引车、拖拉机只允许牵引 1 辆挂车。模块化汽车运输本就是以双挂和多挂列车的组合形式为主，受此条款限制双挂和多挂汽车列车无法上路行驶。

（2）《中华人民共和国道路交通安全法》第 67 条规定，行人、非机动车、拖拉机、轮式专用机械车、铰接式客车、全挂拖斗车以及其他设计最高时速低于七十公里的机动车不得进入高速公路。受此限制，作为模块化汽车列车中的一种组合方式，全挂汽车列车被禁止上高速公路。

2. 市场障碍

由于模块化运输与市场上使用的主流车型在容积和载重相差不大，但是其售价、运营费用相对较高，在目前的运价体系下，模块化汽车列车的可接受度仍倍受考验。

第七节 驮背运输

驮背运输也被称为载驳运输，是一种公路和铁路联合运输的方式，货运汽车或集装箱直接开上火车车皮进行运输，到达目的地后再从车皮上开下。

这种运输方式在北美和欧洲地区已经十分普遍，其基本方法是在多式联运各运输工具的联结点，由牵引车将载有集装箱的底盘车或挂车直接开上铁路平板车，停妥摘挂后离去，集装箱底盘车或挂车由铁路车辆载运至前方换装点，再由到达地点的牵引车挂上集装箱底盘车或挂车，直接运往目的地。驮背运输组织方式加速了车辆周转，扩大了货物单元，节约了装卸或换载作业时间，提高了作业效率。

在中国，有专门的驮背运输专列正在为国家的能源运输贡献力量。这些专列利用铁路和公路的双重优势，为长距离运输提供了高效、便捷的解决方案。目前，这种驮背运输专列主要在国家能源集团的铁路线路上使用。

驮背运输具有经济便捷、节能环保、安全可靠等优点，是一种"门到门"运输的公铁联运方式，具有良好的社会和经济效益。它解决了铁路运输"最后一公里"的运输问题，实现了"门到门"运输服务，将公路和铁路运输各自的优势有机结合，提高了运输效率和服务质量。

总地来说，驮背运输是一种高效、便捷的运输方式，对于促进物流行业的发展和提高运输效率具有重要意义。

第八节 我国公路货运车辆现状

我国公路货运车辆规模庞大且保持平稳增长。近年来，得益于电商、快递及冷链等新业态的迅猛发展，公路货运需求持续攀升，市场规模不断扩大。根据交通运输部发布的数据，2023 年我国公路货运量累计完成约 403.4 亿吨，占全国货运总量的73.7%，显示出公路货运在我国货运市场中的主体地位。同时，公路货运车辆平均吨位也在逐年提升，2023 年全国公路货运车辆平均吨位约为 36.1 吨，为 2019—2023 年来最高值，这反映出我国货运车辆在单车载运能力方面的显著提升态势。

公路货运效率也在不断提升。这得益于智能化、信息化的手段在公路货运行业的广泛应用，以及行业管理水平的提升。例如，通过优化运输路线、提高车辆利用率、加强车辆管理等方式，公路货运行业正在逐步实现降本增效，提高运输效率。

然而，我国公路货运车辆也存在老龄化现象。车辆平均车龄的增加，意味着市场更新换代速度放缓，这可能会带来维护成本上升和运营效率下降的挑战。老龄化车辆不仅可能增加故障率，影响运输任务的顺利完成，还可能因为技术落后而无法适应新的运输需求和环保要求。

此外，公路货运车辆还面临着驾驶水平参差不齐、燃料浪费严重等问题。这些问题不仅增加了运营成本，还加速了车辆的损坏，缩短了车辆的使用寿命。

我国公路货运车辆现状既有机遇也有挑战。在保持货运规模与效率双提升的同时，也需要关注车辆老龄化现象，以及驾驶水平、燃料利用等方面的问题，才能推动公路货运行业的持续健康发展。

交通运输部发布《2023 年交通运输行业发展统计公报》的相关数据如表 8-1 所示。

表 8-1　　《2023 年交通运输行业发展统计公报》的相关数据

指标	单位	年末数	比上年末增长（%）
公路营运汽车合计	万辆	1226.20	0.3
其中：载客汽车			
车辆数	万辆	55.24	-0.3
客位数	万客位	1638.29	-0.5
载货汽车			
车辆数	万辆	1170.97	0.4
吨位数	万吨位	17216.71	1.5
其中：货车			
车辆数	万辆	427.39	-5.3
吨位数	万吨位	5252.26	-4.0
牵引车	万辆	370.37	4.6
挂车			
车辆数	万辆	373.20	3.3
吨位数	万吨位	11964.45	4.1

1. 从车辆运力变化来看

2023 年末全国拥有载货汽车 1170.97 万辆、17216.71 万吨位，分别增加 4.30 万辆、249.38 万吨位。

其中，普通货车 358.71 万辆、4434.51 万吨位，分别减少 28.98 万辆、281.68 万吨位；专用货车 68.68 万辆、817.75 万吨位，分别增加 5.25 万辆、64.03 万吨位；牵引车 370.37 万辆、增加 16.19 万辆；挂车 373.20 万辆、增加 11.84 万辆。

2. 从货运量变化来看

2023 年全年完成营业性货运量 547.47 亿吨，比上年增长 8.1%，完成货物周转量 240646 亿吨公里、增长 6.3%。

其中，公路全年完成营业性货运量 403.37 亿吨，比上年增长 8.7%，完成货物周转量 73950 亿吨公里、增长 6.9%。

3. 从 2023 年营业性货运量构成（按运输方式分）来看

公路运输占比 73.7%，水路运输占比 17.1%，铁路运输占比 9.2%，民航运输占比仅 0.01%。

📖 案例分析

近年来，随着物流业在我国经济社会发展中的作用越来越重要，各个领域都在规划自己在物流方面的发展，并逐步形成具有本领域特点的物流系统。但这些物流系统之间缺乏沟通和协调，很难使之体系化、一体化。以铁路和公路为例，在各自规划的节点中，大部分是"分立"的，也就是说有铁路及铁路站点的地方没有规划相应的公路及公路站点，有公路及公路站点的地方没有规划铁路及铁路站点。只有少数地区同时具备了铁路、公路及其站点的条件，但是也没有将两者"一体化"规划。

思考：

1. 分析这样做可能出现的弊端及其产生的后果。

2. 请提出解决这些问题的方案。

📍 本章小结

本章先介绍了商贸运输的概念、特征及功能、商贸运输方式选择考虑的因素；然后分析了商贸运输合理化的重要作用和实现方法，介绍了典型的不合理运输的表现；最后分别讨论了甩挂运输、模块化运输、驮背运输及我国公路货运车辆现状等内容。

👤 思考题

1. 商贸运输的概念是什么？

2. 商贸运输具有哪些特征？

3. 商贸运输的功能包括什么？

4. 影响运输合理化的主要因素包括什么？

5. 列举典型的不合理运输的表现形式。

6. 典型的甩挂运输模式包括哪些？

7. 了解我国运输车辆的种类有哪些，各自尺寸参数是什么？

8. 调研了解我国货车运输的成本构成情况。

第九章　商贸仓储

📝 **本章学习目标**

1. 理解仓库的概念及功能，了解仓库的分类，了解自动化立体仓库的特点。

2. 熟悉商贸仓储流程，掌握商贸仓储合理化措施。

3. 能够结合实践分析不同企业仓储需求的特点，掌握我国仓储行业现状，理解电商仓储新模式。

4. 掌握商贸库存控制的内容，掌握库存计划的方法。

第一节　商贸流通仓库

一、仓库

（一）仓库与仓储

仓库是保管、储存物品的建筑物和场所的总称。仓库的概念可以理解为是用来存放货物，包括商品、生产资料、工具和其他财产，以及对其数量和价值进行保管的场所或建筑物等设施。从社会经济活动看，无论是生产领域，还是流通领域都离不开仓库。

仓储是指通过仓库对物品进行储存和保管。一般来说，它指的是从接收储存物品开始，经过储存、保管作业，直至把物品完好地发放出去的全部活动过程，其中包括存货管理和各项作业活动。

仓储的各项活动大致可以分为两大类：一类是基本生产活动；另一类是辅助生产活动。基本生产活动是指劳动者直接作用于储存物品的活动，如搬运、验收、保养、分拣等。辅助生产活动，是指为保证基本生产活动正常进行所需完成的各项活动，如设施保管、工具维修、储存设施的维护、物品维护所用技术的研究等。

（二）仓库的功能

仓库作为物流服务的据点，在物流作业中发挥着重要的作用。它不但具有储存、保管等传统功能，还具有拣选、配货、检验、分类、信息传递等功能，并具有多品种小批量、多批次小批量等配送功能，以及粘贴附加标签、重新包装等流通加工功能。一般来讲，仓库具有以下功能。

1. 储存和保管的功能

储存和保管是仓库最基本的传统功能，仓库具有一定的空间，用于储存货物，并根据货物的特性，仓库内还配有相应的设备，以保持储存货物的完好性，如储存精密仪器的仓库需要防潮、防尘、恒温，应设置空调、恒温设备等。

2. 配送和加工的功能

现代仓库的功能已由保管型向流通型转变，即仓库由原来的储存、保管货物的中心向流通、销售的中心转变。仓库不仅具有仓储、保管货物的设备，还增加了分袋设备、配套设备、捆装设备、流通加工设备、移动设备等。这样，既扩大了仓库的经营范围，提高了物资的综合利用率，又方便了消费者，提高了服务质量。

3. 调节货物运输能力的功能

各种运输工具的运输能力差别较大。船舶的运输能力很大，海运船舶一般在万吨级以上；火车的运输能力较小，每节车厢能装载 $10 \sim 60$ 吨货物，一列火车的运量多达几千吨；汽车的运输能力相对较小，一般在 40 吨以下。各种运输工具之间运输能力的差异，也是通过仓库调节和衔接的。

4. 信息传递的功能

信息传递功能总是伴随着以上三个功能发生的。在处理有关仓库管理的各项业务时，需要及时而准确的仓库信息，如仓库利用水平、进出货频率、仓库的地理位置、仓库的运输情况、顾客需求状况，以及仓库人员的配置等，这对仓库管理来说至关重要。

（三）仓库的保管方式

仓库的保管方式一般有以下五种。

（1）地面平放式：将保管货物直接堆放在地面上。

（2）托盘平放式：将保管货物直接放在托盘上，再将托盘平放于地面。

（3）直接堆放式：将货物在地面上直接码放堆积。

（4）托盘堆码式：将货物直接堆码在托盘上，再将托盘码堆在地面上。

（5）货架存放式：将货物直接码放在货架上。

（四）仓库的基本服务

1. 现场储备

在实物配送中经常需要现场储备服务，尤其是那些产品品种有限或产品具有高度季节性的制造商偏好这种服务。这些制造商不是按照年度计划在仓库设施中安排各种存货，而是直接从制造工厂进行装运，并在战略市场中获得提前存货的承诺，可以大大减少递送时间。于是，在这种概念下，将某个厂商一定数量的产品堆放在仓库里或在仓库里进行现场储备，以满足顾客在至关重要的营销期内的订货。利用库存设施进行现场储备，可以在季节销售的旺期到来之前，把各种存货堆放到最接近关键顾客的各种市场中。

2. 仓库组合

仓库组合类似于仓库分类。当制造业在地理上被分割，通过长途运输组合，有可能降低运费和仓库需求量。在典型的组合运输条件下，从制造工厂装运整卡车的产品到批发商处，每次大批量的装运可以享受较低的费率，一旦产品到达了组合仓库，卸下从制造工厂装运来的货物后，就可以按照不同顾客的要求或市场需求，选择一种产品的运输组合。

通过运输组合进行转运，在经济上通常可以得到特别运输费率的支持，即给予各种转运优惠。在仓库组合概念下，内向的产品可以与定期储存在仓库里的产品相结合。提供转运组合服务的仓库所能获得的净效果，就是降低物流系统中整个产品的储存量。组合之所以被分类为服务利益，是因为存货可以按照顾客的精确分类进行储备。

3. 生产支持

制造经济会证明具体的零部件对长时间生产的重要意义，而生产支持仓库则可以向装配工厂提供稳定的零部件和材料供给。由于前置时间较长或使用过程中易出现重大变化，所以对向外界采购的项目进行安全储备是完全必要的。对此，大多数总成本解决方案都建议，经营一个生产支持仓库，以经济而又适时的方式，向装配厂供应或"喂给"加工材料、零部件和装配件。

4. 市场形象

尽管市场形象利益也许不像其他服务利益那样明显，但是它常常被营销经理看作地方仓库的一个主要优点。市场形象因素基于这样的见解和观点，即地方仓库比起距离更远的仓库对顾客的需求反应更敏感，提供的配送服务也更快，而产生这样的想法——地方仓库将会提高市场份额，并有可能增加利润。尽管市场形象因素是频繁讨论的一个战略，但很少有扎实的研究来确认它对实际利益的影响。

（五）仓库的分类

1. 按运营形态分类

（1）营业仓库。

营业仓库有：保管杂货的Ⅰ类仓库；保管小麦、肥料的Ⅱ类仓库；保管玻璃、瓷砖的Ⅲ类仓库；保管水泥、缆线的露天仓库；保管危险物品的危险品仓库；温度10℃以下，保管农产品、水产品和冷冻食品的冷藏仓库等。

（2）自备仓库。

自备仓库指各生产或流通企业，为了本企业物流业务的需要而修建的附属仓库。

（3）公用仓库。

公用仓库属于公用服务的配套设施，是为社会物流服务的仓库。

2. 按保管类型分类

（1）普通仓库。

普通仓库指常温下的一般仓库，用于存放一般物资，没有特殊要求。

（2）冷藏仓库。

冷藏仓库指具有冷却设备并隔热（10℃以下）的仓库。

（3）恒温仓库。

恒温仓库指能够调节温度（10~20℃）、湿度的室外仓库。

（4）露天仓库。

露天仓库指露天堆码、保管的室外仓库。

（5）储藏仓库。

储藏仓库指保管散粒谷物、粉体的仓库，以简仓为代表。

（6）危险品仓库。

危险品仓库指保管危险品、高压气体的仓库，以油罐仓库为代表。

（7）水上仓库。

水上仓库指漂浮在水上的用于储存货物的泵船、囤船、浮驳或其他水上建筑，以及把木材在划定水面保管的室外仓库。

（8）简易仓库。

简易仓库指没有正式建筑，如使用帐篷等简易构造的仓库。

3. 按功能分类

（1）贮藏仓库。

贮藏仓库主要对货物进行保管，以解决生产和消费的不均衡，如季节性生产的大米储存到次年销售。

（2）流通仓库。

流通仓库除具有保管功能，还能进行流通加工、装配、包装、理货及配送，具有周转快、附加值高、时间性强等特点。

（3）专用仓库。

专用仓库指保管钢铁、粮食等某些特定货物的仓库。

（4）保税仓库。

保税仓库指经海关批准，在海关监管下，专供存放未办理关税手续而入境或过境货物的场所。

（5）其他仓库。

其他仓库包括制品仓库、商品仓库、零件仓库、原材料仓库等。

（六）自动化立体仓库

自动化立体仓库简称高架仓库，一般是指采用几层、十几层乃至几十层的货架储存单元货物，并用相同的搬运设备进行货物出入库作业的仓库。由于这类仓库能充分利用空间储存货物，故常形象地将其称为"立体仓库"。根据国际自动化学会的定义，所谓自动化立体仓库就是采用高层货架存放货物，以巷道堆垛起重机为主，结合出入库周边设备进行作业的一种仓库。它把计算机与信息管理和设备控制集成起来，按照控制指令自动完成货物的存取作业，并对库存货物进行管理。它是物流系统的核心之一，并在自动化生产系统中占据了非常重要的地位。

1. 自动化立体仓库的构成

自动化立体仓库一般由高层货架、巷道堆垛起重机、周边搬运系统和控制系统构成。

①高层货架。高层货架一般为钢铁结构构成储存物品的单元格，单元格内放置托盘装载物品。一个货位的位置由其所在的仓库编号、货架的排数、列数及层数唯一确定，自动出入库系统据此对所有货位进行管理。

②巷道堆垛起重机。巷道堆垛起重机沿仓库轨道水平方向移动，载货平台沿巷道堆垛起重机支架上下移动，巷道堆垛起重机货叉可借助伸缩机构向平台的左右方向移动存取货物。巷道堆垛起重机由机架、运行机构、升降机构、货叉伸缩机构和电气控制设备组成。

③周边搬运系统。周边搬运系统包括搬运机、自动导向车、叉车、台车和托盘等，其作用是配合巷道堆垛起重机完成货物运输、搬运、分拣等作业，还可以临时取代其

他主要搬运系统，使自动存取系统维持工作，完成货物出入库作业。

④控制系统。自动化立体仓库的控制形式有手动控制、随机自动控制、远距离自动控制和计算机自动控制四种。

自动存取系统的计算机中心或中央控制室接收到出库或入库信息后，通过对输入信息的处理，由计算机发出出库或入库的指令，巷道堆垛起重机及周边搬运系统按指令启动，协调完成自动存取作业，管理人员在控制室对整个过程进行监控和管理。

2. 自动化立体仓库的优缺点

（1）自动化立体仓库的优点。

①自动化立体仓库可以节省劳动力，节约占地。

由于自动化立体仓库采用计算机技术等先进的控制手段，采用高效率的巷道堆垛起重机，使仓库的生产效率得到较大的提高，一个很大的仓库只需要几个工作人员，节省了大量的劳动力。同时，仓库的劳动强度也大大减轻，劳动条件得到改善。自动化立体仓库的高层货架能合理地使用空间，使单位土地面积存放货物的数量得到提高。在相同面积的土地上，自动化立体仓库比普通仓库的储存能力高出几倍，甚至十几倍。在相同储存量的情况下，自动化立体仓库节约了大量的土地。

②自动化立体仓库出入库作业迅速、准确，缩短了作业时间。

现代化的物品流通要求快速、准确。自动化立体仓库采用了先进的控制手段和作业机械，采用最快的速度、最短的距离送取物品，使物品的出入库时间大大缩短。同时，仓库作业准确率高，仓库与供货单位、用户能够有机地协调，这有利于缩短物品流通的时间。

③提高仓库的管理水平。

由于计算机控制的自动化立体仓库结束了繁杂的台账手工管理办法，仓库的账目管理及大量资料数据通过计算机存储，随时需要，随时调出，既准确无误，又便于情报分析。自动化立体仓库可以将库存量控制在最经济的水平，在完成相同的货物周转量的情况下，自动化立体仓库的库存量可以达到最小。

④自动化立体仓库有利于物品的保管。

在自动化立体仓库中，存放的物品多、数量大、品种多样。由于采用货架—托盘系统，物品在托盘或货箱中，搬运作业安全可靠，避免了物品包装破损、散包等现象。自动化立体仓库有很好的密封性能，为调节库内温度，对物品的保管、养护提供了良好的条件。在自动化立体仓库中配备报警装置和排水系统，可以预防和及时扑灭火灾。

（2）自动化立体仓库的主要缺点。

①其结构较为复杂，配套设备较多，需要的建设费用和各种设备的投资高。

②仓储作业流程要求非常严格，弹性较小，柔性较差，整体配套水平要求高。

③货架安装时的精度要求很高、施工比较困难、施工周期长，而且成本较高。

④建成后，各种设备的保管、保养要求非常高。

3. 自动化立体仓库的使用条件

自动化立体仓库具有普通仓库不可比拟的优点，但是建立和使用自动化立体仓库需要具备一定的条件。

（1）物品出入库要频繁和均衡。

自动化立体仓库具有作业迅速、准确的特点，一般出入库频繁的物品使用自动化立体仓库较合适，否则上述特点便不能得到充分体现。自动化立体仓库要求均衡作业，出入库频率不可忽高忽低，否则仓库作业停顿的时间过长或过短都不利于自动化立体仓库发挥应有的效用。应当看到，影响仓库作业频率和均衡程度的因素不在仓库本身，而主要取决于存货、供货和用货部门。因此，建立和使用自动化立体仓库时应有充分的准备。

（2）要满足仓库建设的一些特殊要求。

自动化立体仓库的建设要求比普通仓库的建设要求特殊一些，因为使用高层货架，仓库地坪的承载能力要比普通仓库大几倍。要建造具有相当承压能力的地坪，就必须考虑建库地址的地质状况。自动化立体仓库进行自动作业，巷道堆垛起重机自动从货架中送取货箱和托盘，对货架的规格尺寸有严格的要求，对巷道堆垛起重机前进与后退、上升与下降、水平与垂直偏差要求也非常严格，从被存放的物品本身看，要求其外部规格形状不能变化太大。所有这些特殊要求，在设计时就必须充分考虑到，否则就不能保证仓库作业的正常进行。

（3）一次性投资大。

建造自动化立体仓库一次性投资大。自动化立体仓库的建设不仅要消耗大量的钢材等材料，而且设备费用也高。因此，要建造自动化立体仓库必须慎重考虑资金情况，以及材料、设备的供应情况。

（4）自动化立体仓库的建设需要专业技术队伍。

自动化立体仓库的建库、使用都需要一支专业队伍。自动化立体仓库的设计、材料、资金预算，以及对投产后经济活动的分析预测等大量的基础工作必须在建库前完成。从计算机的安装，仓库作业程序的编制、调试和运转，以及出现故障后的排除，都要求专业人员进行操作。另外，如机械设备的管理、维修等也需要配备相应的技术人员。

二、仓储合理化

（一）商贸仓储流程

商贸仓储的核心环节包括订单处理、采购、入库、盘点、拣货及出库作业。

1. 订单处理作业

订单处理始于客户的询价和业务部门的报价。接收客户订单后，业务部门需要了解库存状况、装卸能力、流通加工能力、包装能力和配送能力等，以满足客户需求。

2. 采购作业

采购作业的目的是控制仓库存货水平，寻求订货批量、时间和价格的合理关系。采购作业基于客户订单、历史销售数据和仓库存货量展开，包括统计商品需求数量、查询供货厂商交易条件、提出采购单等。

3. 入库作业

仓库发出采购订单后，库房管理员根据预定入库日期安排作业。入库时进行商品资料查核、商品检验，记录不符情况，并向采购部门反馈信息。按规定方式安排卸货、托盘码放和货品入位。

4. 盘点作业

定期对仓库在库货品实际数量与账面数量进行核查，目的是掌握仓库真实货品数量，为财务核算、存货控制提供依据。

5. 拣货作业

拣货作业指工作人员根据客户订单的品种及数量进行商品拣选。

6. 出库作业

业务部或采购部开具出库单或调拨单。仓库收到单据后，对出库商品进行实物明细点验，核对无误后签字认可出库。分清实物负责人和承运者的责任，办清交接手续。出库后根据正式出库凭证销账并清点货品结余数，做到账货相符。

这些环节共同构成商贸仓储的完整流程，确保了仓储作业的高效、准确和安全。

（二）商贸仓储合理化

1. 商贸仓储不合理现象

（1）仓库数量大，但布局不够合理。

由于各行业、各部门为了满足各自的需要纷纷建立自己的仓库，导致仓库数量大，且各负责人都在经济发达地区和交通便利的地方建设仓库，以致仓储布局极不合理，造成部分地区仓储大量剩余和部分地区仓储能力不足的两极分化局面。

（2）仓储技术发展不平衡。

很多企业对提高仓库作业自动化、机械化的认识不足。一些大型企业的现代化仓库拥有非常先进的仓储设备，包括各种先进的装卸搬运设备、高层货架等。而很多仓库作业仍旧靠人工操作。这种仓储技术方面发展的不平衡状态会严重影响我国仓储行业整体的运作效率。

（3）仓储方面的人才缺乏。

发展仓储行业，既需要掌握专业技术理论的人才，也需要操作型人才，更需要仓储管理型人才，而我国目前这几个方面的人才都很匮乏。中国物流与采购联合会2023年的数据显示，我国物流市场规模连续多年位居全球第一，物流相关法人单位超过40万家，物流从业人员超过5500万人，每年会新增100多万人的就业需求。而院校物流专业的毕业生，每年仅有17万人，难以满足行业发展需求。

（4）仓储管理方面的法律法规不够健全。

随着生产的发展和科学水平的提高，我国已经建立的仓储方面的规章制度已经不适合实际情况。目前我国还没有一部完整的关于仓库的法律，我国仓储管理人员的法治观念不强，仓储内部的依法管理水平也比较低下，所以仓储企业很难运用法律手段维护企业的利益。

2. 商贸仓储合理化的影响因素

影响商贸仓储合理化的主要因素有：质量、数量、时间、结构、分布、费用等。

（1）质量指储存货物的品质保障能力。合理的仓储要确保货物在储存期间无变质、损坏或污染，通过控制仓储环境（如温湿度、通风、防潮）、规范装卸操作、采用合适的包装与养护技术，避免因质量问题导致货物价值下降或损失。

（2）数量指储存货物的库存规模的合理性。须根据市场需求、生产周期、运输效率等因素确定最佳库存量，避免库存过多导致资金积压、仓储成本上升或库存过少引发缺货风险。

（3）时间指货物在储存过程中的时间控制，包括入库、储存、出库的时间效率。合理仓储须缩短货物滞留时间，加快周转速度，减少仓储成本。例如，通过优化订单处理流程、采用先进先出（FIFO）原则，确保货物快速流转，避免长期积压，对生鲜产品采用"快进快出"策略，减少储存时间以维持新鲜度。

（4）结构指储存货物的品类搭配与布局合理性。须根据货物属性（如尺寸、重量、危险性）、周转率、销售优先级等规划储存结构。例如，将高频出库货物放置在靠近出入口的区域，易碎品与重物分区存放，危险化学品单独隔离仓储，以提升作业效率并降低安全风险。

（5）分布指储存设施的空间布局与网络规划。合理分布须考虑货源地、消费市场、交通枢纽的位置，确保仓储节点靠近主要需求区域，缩短运输距离。例如，电商企业在全国核心城市布局分仓，实现"就近储存、快速配送"，减少长途运输成本与时间损耗。

（6）费用指仓储运营的成本控制能力，主要包括仓储租金、设备投入、人力成本、能耗费用等。合理化须通过优化仓储规模（如共享仓储、租赁替代自建）、采用自动化设备（如智能分拣系统）、降低能耗（如节能照明）等方式，在保证服务质量的前提下降低总成本。例如，使用货架提高空间利用率，减少单位货物的仓储成本。

（三）商贸仓储合理化措施

1. 实行 ABC 分类控制法

ABC 分类控制法是指将库存货物按重要程度细分为特别重要的库存（A 类货物）、一般重要的库存（B 类货物）和不重要的库存（C 类货物）三个等级，针对不同类型级别的货物进行分别管理和控制的方法。

2. 适当集中库存

适当集中库存指利用储存规模优势，以适度的集中储存代替分散的小规模储存实现商贸仓储合理化。

3. 加速总周转效率

储存现代化的重要课题是将静态储存变为动态储存，周转速度一快，就会带来一系列的合理化好处，如资金周转快、资本效益高、货损小、仓库吞吐能力增加、成本下降等。

4. 采用有效的"先进先出"方式

保证每个库存货物的储存期不致过长，"先进先出"是一种有效的方式，这一方式也成了仓储管理的准则之一。有效的"先进先出"方式主要有贯通式货架系统储存、"双仓法"储存、计算机存取系统储存等。

5. 提高仓容利用率

（1）采取高垛的方法。

（2）缩小库内通道宽度以增加储存有效面积。

（3）减少库内通道数量以增加储存有效面积。

6. 采用有效的储存定位系统

储存定位的含义是库存货物位置的确定。如果定位系统有效，能大大节约寻找、存放、取出货物的时间，则节省了不少物化劳动及活劳动，而且能防止差错，便于清点及实行订货点等管理方式。

7. 采用有效的监测清点方式

监测清点的有效方式主要有"五五化"堆码（以五为计量单位，对仓库储存的货物，按其不同的形状特征分别码成不同的货垛，每垛总数为五的倍数的一种货物堆码方法）、应用光电识别系统、应用计算机监控系统等。

三、商贸仓储发展概述

（一）我国仓储行业现状

我国仓储行业是以国有企业为主导，民营企业与外资企业共同发展的竞争格局。

1. 主营业务营收贡献低

从盈利模式看，传统仓储行业是以仓储租赁服务为主，增值服务为辅的经营模式。其盈利模式主要分为以下三个部分。

（1）储存和简单加工业务：企业主要的利润来源于入库商品的存放、配套加工等收入。企业将自有仓库出租给中小型制造企业、零售企业，然后收取租金和出入库费用。

（2）配套增值服务：仓库同时提供配套的装卸、简单加工和配送等增值服务。

（3）特殊配套服务：如金融租赁等金融服务，企业与银行等机构合作，提供供应链金融业务。

我国传统龙头企业中储发展股份有限公司目前主营业务分为经销和物流仓储业务，传统的简单仓储业务营收贡献度低。

2. 高端物流设施稀缺

我国现代仓储设施在所有物流设施中所占的比重很低。

从仓库种类来看，传统仓储业的仓库类型以通用仓库为主，占仓储总面积的97%，通用仓储的平均利润只有9%；冷库和危险品仓库等专业仓库所占的比重极低。

3. 仓储用地供不应求，高端、专业的物流设施的需求不断增强

仓储用地紧张，供不应求。全国建设用地中工矿仓储用地占比持续减少。

现代物流地产企业的经营范畴主要包括物流园区、物流仓库、配送中心、分拨中心等物流业务的不动产载体，并为一些企业提供回租融资服务，同传统仓储企业相比，它更强调仓储管理的现代化、规模效应、协同效应。

4. 电商改变物流模式，拉动现代仓储需求

在消费市场不断扩大的同时，互联网时代催生了网络消费模式，也使电商迅速崛起。随着电商平台的不断发展，消费者的消费习惯发生了改变，这使传统物流逐渐向现代物流转变。在转变的过程中，仓储的重要性凸显。随着电商平台的不断发展，电商仓储的形态也在发生改变。

5. "仓储+配送"成为商贸物流新的业务方向

传统模式下，电商企业负责订单汇总、制订发货计划、拣货、进行配货包装，而快递企业只负责取件、中转和配送。而在"仓储+配送"模式下电商企业所要做的只有一个"动作"——下单，其他的均由快递企业运作，可以说是一条龙解决方案服务。

（二）电商仓储新模式

传统的物流模式是商品从工厂生产出来，整车运输到总仓，再运到各级代理商，然后运到门店，最终消费者上门店消费。从供应链上看，商品依然由工厂整车运输到总仓，这时候零担运输起到的作用只是把商品送到各级代理商的分仓，而最终将商品送到消费者手中的则是快递企业。传统的"整车+零担"模式的时效性很低，需要 40~60 天，而现在的"分仓"模式物流只需要 3~7 天就可以把商品送到消费者手上，满足消费者对时效的需求。

从传统物流到现代物流，仓储的形态发生了改变，导致整个物流流程也发生了改变。仓储形态和管理方式改变的阶段如图 9-1 所示。

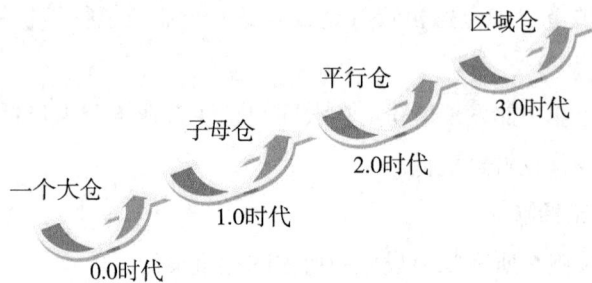

图 9-1　仓储形态和管理方式改变的阶段

案例分析

亚马逊与京东的电商仓储模式

配合自身的进出货速度，电商龙头企业亚马逊使用的是平行仓模式，该模式可以称为 2.0 模式。企业通过供货商的协调平台，可以让供货商把货平均分到几个主要干线城市的平行仓内，再通过企业内部的调拨和调配，尽可能使几个平行仓的库存货品达到 80% 以上的同质率，保证某一类产品在每个仓库都有存货。但是平行仓的成本较高，虽然它可以最大限度保证货源充足，但是不能对实效性进行统一承诺。

京东的区域仓可以称为 3.0 模式。在此模式下，企业在主要干线城市建立一级仓库，同时把二级仓库下沉到三、四线城市区域，多点布局。单个仓又被细分成 10~20 个小片区域，一个区域仓覆盖本地的一大片供货。这使仓库距离顾客又更近了一步，顾客可以体验到更快的配送，同时企业的配送成本也可以降低。由于下沉式多点分布，区域仓可以对消费者做到时效的统一保证，这也是京东可以保证"211 限时达""定时达""次日达"等服务的基础。区域仓同样成本很高，而且由于库存分散分布，区域仓对仓储管理系统的要求也很高。

四、商贸云仓

（一）云仓的优越性

在物流行业中，如何才能把货物更快更好地送到客户的手中是核心的问题，云仓就是为了解决这个问题应运而生的。随着电子商务与 O2O（线上线下电子商务）的发展，企业和消费者也越来越重视前后端的客户体验，云仓成为解决效率问题的关键方法，其优势非常明显，主要如下。

（1）时效快：就近匹配与仓配一体，减少出库时间与中转时间。

（2）成本低：提前备货与分仓库存共享，降低了干线转运成本与库存成本。

（3）系统智能：能够实现库存共享、需求预测、智能匹配最优路径等。

（4）体验提升：物流环节减少，降低了货物的破损率，缩短了流转作业时间。

（二）云仓智能化系统

云仓智能化系统主要表现为设备（如装卸设备、搬运设备、拣货设备、智能穿戴设备、复核设备、打包设备等）智能化、系统连接智能化、信息共享智能化、仓库监管智能化等。

苏宁云仓运行模式如图 9-2 所示。

（三）云仓的发展趋势

云仓的发展趋势如下。

（1）时效竞争持续深化。

未来物流体系将围绕时效提升展开持续优化，云仓会通过智能调度算法、自动化仓储设备及高效配送网络的协同创新，进一步压缩物流响应时间，构建分钟级配送能力。

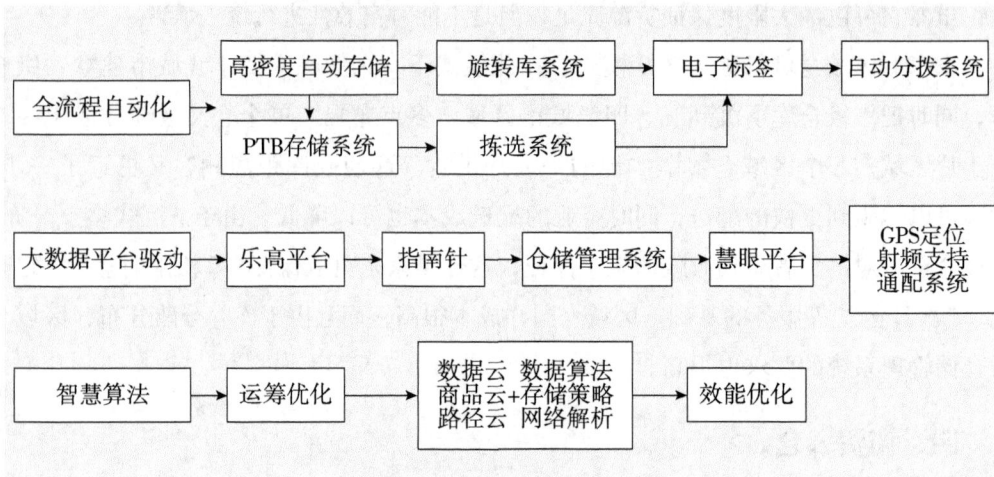

图9-2 苏宁云仓运行模式

注：PTB 是指"Petabyte"，即千万亿字节，是一种用于衡量存储容量的单位。1PTB 等于 1024TB，在数据存储领域，PTB 级别的存储常用于描述大规模的数据存储需求，如大型数据中心、科研机构的数据存储等。随着数据量的快速增长，PTB 这样的大容量单位使用越来越普遍。

（2）市场集中度加速提升。

作为技术驱动型物流形态，云仓运营需要兼具大数据处理和标准化服务输出能力。在行业洗牌过程中，技术薄弱、规模不足的中小型服务商将逐步退出市场，具备全链服务能力的头部企业通过并购整合形成规模化优势，最终建立技术与服务双重壁垒的行业格局。

（3）网络布局立体化演进。

为匹配市场下沉需求与提升客户体验，云仓体系将形成"核心枢纽+区域节点+末端网点"三级网络布局——一级枢纽仓聚焦战略集散，二级区域仓强化本地覆盖，三级前置仓深耕社区服务，通过空间层级递进实现全域服务渗透。

（4）数据协同生态构建。

云仓的核心价值在于供应链数据的资产化应用。未来将打通全链条数据孤岛，构建实时可视化的物流数字孪生系统，通过数据智能实现库存精准预测、路径动态优化和资源弹性调度，最终形成数据驱动的智慧物流生态。

五、商贸库存控制

（一）库存控制的定义

库存控制（Inventory Control）是对制造业或服务业生产、经营全过程的各种产成品及其他资源进行管理和控制，使其储备量保持在经济合理的水平上。库存控制是使用控制库存的方法，得到更高盈利的商业手段。

库存控制是仓储管理的一个重要组成部分，它是在满足顾客服务要求的前提下通过对企业的库存水平进行控制，力求降低库存水平，提高物流系统的效率，以提高企业的市场竞争力。

（二）不合理库存的影响

1. 库存量过大产生的问题

（1）增加仓库面积和库存保管费用，从而提高了产品成本。

（2）占用大量的流动资金，造成资金呆滞，既加重了贷款利息等负担，又会影响资金的时间价值和机会收益。

（3）造成产成品和原材料的有形损耗和无形损耗。

（4）造成企业资源的大量闲置，影响其合理配置。

（5）掩盖了企业生产、经营全过程的各种矛盾和问题，不利于企业提高管理水平。

2. 库存量过小产生的问题

（1）造成服务水平的下降，影响销售利润和企业信誉。

（2）造成生产系统原材料或其他物料供应不足，影响生产过程的正常进行。

（3）订货间隔期缩短，订货次数增加，使订货（生产）成本提高。

（4）影响生产过程的均衡性和装配时的成套性。

（三）正确理解库存控制

在谈到库存控制时，很多人将其理解为仓储管理，这实际上是很大的曲解。传统的狭义观点认为，库存控制主要是针对仓库的物料进行盘点、数据处理、保管、发放等，通过执行防腐、温湿度控制等手段，实现保管的货物保持最佳状态。这只是库存控制的一种表现形式，或者可以将其定义为实物库存控制。

（四）库存管理模型的分类

1. 按订货方式分类

（1）定期定量模型：订货的数量和时间都固定不变。

（2）定期不定量模型：订货时间固定不变，而订货的数量依实际库存量和最高库存量的差别而定。

（3）定量不定期模型：当库存量低于订货点时就补充订货，订货量固定不变。

（4）不定量不定期模型：订货数量和时间都不固定。

以上 4 种模型属于货源充足、随时都能按需求量补充订货的情况。

（5）有限进货率定期定量模型：货源有限制，需要陆续进货。

2. 按供需情况分类

库存管理模型按供需情况分类可分为确定型和概率型两类。确定型模型的主要参数都已确定；概率型模型的主要参数有些是随机的。

3. 按库存管理的目的分类

按库存管理的目的分类，库存管理模型又可分为经济型和安全型两类。经济型模型的主要目的是节约资金，提高经济效益；安全型模型的主要目的则是保障正常的供应，不惜加大安全库存量和延长安全储备期，使缺货的可能性降到最低。

库存管理的模型虽然很多，但综合考虑各个相互矛盾的因素求得较好的经济效果则是库存管理的共同原则。

第二节　库存计划

一、定量库存控制方法

定量库存控制方法是指当库存量下降到预定的最低库存数量（订货点）时，按规定数量（一般以经济订货批量为标准）进行订货补充的一种库存管理方式。定量库存控制方法以库存费用与采购费用总和最低为原则，事先确定出相对固定的经济订货批量和订货点。每当库存量低于订货点时，即按预定的经济订货批量组织订货。

1. 订货点的确定

在定量库存控制方法中，当库存水平降低到某个数值时就发出订货信息。因此，发出订货的库存水平称为订货点。订货点不能取得太高，如果太高，库存量过大，占用资金就多，导致库存费用较高，成本增加。同时，订货点也不能取得过低，如果过低，则可能导致缺货损失。

订货点的计算公式如下：

$$订货点 = 提前时间需求量 + 安全库存量$$

$$= 订货提前期 × 平均日需求量 + 安全库存量$$

$$安全库存量 = （预计日最大消耗量 - 平均日需求量）× 订货提前期$$

【例 1】某企业一批物资的订货批量为 6000 个，平均日需求量为 180 个，预计日最大消耗量为 250 个，则订货提前期为 10 天。则，该企业的安全库存量和订货点分别为：

安全库存量=（250-180）×10=700（个）

订货点=180×10+700=2500（个）

2. 订货批量的确定

订货批量是一次订货的货物数量。定量库存控制方法每次订货量都是相同的，通常是经济订货批量。

3. 定量库存控制方法的特点

定量库存控制方法的每次订货量相同，能经常性地掌握库存储备状态，不易出现缺货，便于包装、运输和保管作业。但是要严格控制订货点库存，占用了一定的人力和物力；同时订货模式过于机械，不具有灵活性。因此，定量库存控制方法适用于单价比较便宜，不便于少量订货的 C 类物品的库存控制。

二、定期库存控制方法

定期库存控制方法是进行订货补充的一种库存管理方式。它要求按固定的检查周期对库存量进行盘点，并根据盘点的实际库存量和下一个进货周期的预计需求量确定订货批量。

1. 订货周期的确定

订货周期是定期库存控制方法的订货点，其订货间隔期是相等的，订货间隔期的直接决定最高库存量，因而决定了库存成本。所以订货周期不能太长，否则会使库存成本上升，订货周期也不能太短，太短会增加进货次数，使订货费用增加，进而增加库存总成本。

定期库存控制方法以存货成本和采购成本总和最低为原则，因而采用经济订货周期的方法确定订货周期。其公式为：

$$T = \sqrt{\frac{2C}{HR}}$$

式中：T——经济订货周期；

C——每次订货成本；

H——单位商品年储存成本；

R——单位时间内库存商品需求量。

2. 订货量的确定

定期库存控制方法每次的订货数量不固定，订货量是由当时的实际库存量决定的。可按下述公式确定订货量。

订货量＝平均日需求量×（订购时间+订货间隔期）+安全库存量-订购日当天实际库存量-订货余额

注：订货余额是上次已订货但尚未出仓的库存数量。

【例2】某种物资每日的需求量为80t，订购时间为15天，订货间隔期为30天，即一个月订购一次，安全库存量为2000t，订购日当天实际库存量为1000t，订货余额为25t，则：

订货量＝80×（15+30）+2000-1000-25＝4575（t）

由上例可见，当订货间隔期为30天时，通常情况下，一次订购量应为2400（80×30）t，考虑到订货周期、安全库存量、订购当天实际库存及订购余额等情况，本次订购批量应调整为4575t。

3. 定期库存控制方法的特点

定期库存控制方法中每次订购量不同，其平均库存量避免了在盘点期发生缺货的现象，只在盘点期进行盘点，工作量相对较少。但是定期库存控制方法的安全库存量设置较大，每次订货的批量不固定，无法确定经济订货批量，因而运营成本较高。该方法适合于品种少、占用资金大的贵重物品的库存控制。

三、经济订货批量

所谓经济订货批量，即 EOQ（Economic Order Quantity），是通过平衡采购进货成本和仓储保管成本，以实现总库存成本最低的最佳订货量。当订购成本与储存成本恰好平衡时，总成本最小，这时所得的订货量就是经济订货批量。

商贸企业存货的最优化，是使订购成本和储存成本的合计最小，即经济订货批量，其公式为：

$$EOQ = \sqrt{\frac{2CD}{H}} = \sqrt{\frac{2CD}{PF}}$$

式中：EOQ——经济订货批量；

C——每次订货成本；

D——年需求总量；

H——单位物品年储存成本；

P——购入物品单价；

F——年仓储保管费用率。

存货总成本的公式为：

$$TC = DP + HQ$$

式中：Q——变动的 EOQ。

【例3】已知某企业每年订购某种商品 1000 件，每次订购成本为 20 元，单位商品的年储存费用为 4 元，则数据代入公式后：

$$EOQ = \sqrt{\frac{2 \times 20 \times 1000}{4}} = 100 \text{（件）}$$

📍 本章小结

本章主要介绍了商贸仓储相关知识，主要包括仓库的基础知识、仓储合理化问题、商贸仓储发展问题、云仓和库存控制等问题，同时对库存计划相关方法和案例进行了讨论。通过本章的学习，同学们可以对商贸仓储有全面的了解。

👤 思考题

1. 观察学校所在城市常见的企业仓库类型，并试分析其存在的合理性。

2. 结合现实谈谈你对不合理仓储现象的理解，并提出具体可行的解决方案。

3. 通过查阅资料，谈谈还有哪些仓库类型和仓储管理的新模式。

4. 观察身边企业现有的自动化立体仓库，分析其类型和特点。

5. 什么是经济订货批量？查询资料拓展经济订货批量模型的其他补充条件。

6. 了解我国物流仓储的相关标准。

第十章 商贸配送

📝 **本章学习目标**

1. 掌握商贸配送相关概念，掌握配送中心的作业流程。

2. 了解配送中心布局规划方法，掌握配送管理制度。

3. 了解现实中不合理的配送现象，掌握配送合理化的措施。

第一节 商贸物流配送

一、商贸配送相关概念

《中华人民共和国国家标准物流术语》（GB/T 18354—2021）对配送（Distribution）的定义是：根据客户要求，对物品进行分类、拣选、集货、包装、组配等作业，并按时送达指定地点的物流活动。

随着竞争加剧，企业对服务能力及减轻库存压力的要求提升，"最后一公里"配送成为研究的热点。"最后一公里"配送是指客户通过电子商务途径购物，购买的物品被配送到配送点后，通过一定的运输工具，将货物送到客户手中，实现"门到门"的服务。配送的"最后一公里"并不是真正的一公里，而是指从物流分拣中心到客户手中这一段距离，通过运输工具，将货物送至客户手中的过程。由于属于短距离配送，俗话称为"最后一公里"配送。这一短距离配送，是整个物流的末端环节，也是唯一直接和客户面对面接触的环节，意义重大。

Scott M. 和 Anderka 界定了"最后一公里"配送后，Linder 针对城市货物配送、电子商务和便利店配送等领域，给出了"最后一公里"配送的定义。Gevaers 等通过调查研究进一步明确了"最后一公里"配送的定义：将商品配送到最终接收人指定的地址或提货点，即商品从物流中心配送到分流中心后，从分流中心送达客户手中。

目前"最后一公里"配送的瓶颈问题主要如下。

（1）交通运输设施建设与物流配送的需要不适应。

（2）信息技术与设备装备落后，导致信息难以匹配，对于员工私自重复收费行为难以管控。

（3）物流系统标准化程度低。

（4）市场竞争机制和市场管理法规不健全，纠纷多。

二、配送管理制度

（一）配货

配送的货物根据其数量不同可分为大宗货物和散装货物，其来源也是多样的，如大宗货物通常来源于制造业和服务业，散装货物除来自制造业和服务业，还常见于个人业务。

入库配货时应严格执行仓位路线的指示，配货时不能从车厢的底部抽货。

（二）单据处理

用表格记录需调货及未能及时发货的订单号，并跟踪至发货完成；用表格记录各类操作失误情况，并统计经济损失；月底与客服主管的订单异常记录表核对（如提货质量有问题、运费不符、发错地址、不按流程操作等）。

（三）后台操作

确认订单时有客户留言的需做好记录并按要求操作；发货后在配送后台点击"确认发货"并录入物流单号或根据需要留言；合理选择、使用包装箱，避免包装浪费；封箱时尽可能地把纸箱的缝隙封死（防止雨雪天气，包装内进水或运输途中受到污染）。

（四）日常业务操作

当日发生的业务必须做到日清日结。做好商品的日常核查工作，须定期进行盘点，做到商品数据与商品实物数量一致；管理好包装箱、包装胶带等。

（五）验收货物操作要求

验收货物前准备好洁货专用的小桶装干净水、干净毛巾、刷子等；接触货物时必须洗净双手或按实际操作需要戴上干净的手套；验收员结合各类货物质量问题确定检验比例，在货物验收量超过20箱时可安排抽检。验收员要做好未验标记，平时须利用理货时间检验或在出货时加强验货力度。

三、配货人员职责

配货人员的职责主要如下。

（1）负责订单的配货。

（2）按要求核对所有的出货单据。

（3）所有入库产品（数量、款式）的核对及验收。

（4）入库产品的归类及新产品的库位登记。

（5）库存产品的及时归位。

（6）配合上级领导进行定期或不定期的盘点工作。

（7）不定期地对所有产品进行保养。

（8）熟练掌握并运用产品质检标准。

（9）到货时对货品进行核对、整理、分区、上架管理。

（10）货品的收货、发货及配货工作。

（11）配送、运输任务的安排。

（12）协助处理仓库其他事宜。

（13）利用计算机和进销存软件做好基础统计。

四、车辆配装要点及原则

在车辆配装作业过程中，首先要准备好物品，其次是确定装载次序。原则上，客户的配送顺序安排好后，只要按货物"后送先装"的顺序装车即可。但有时为了有效地利用空间，还应考虑货物的性质（怕震、怕压、怕湿）、形状、体积及质量等做出某些调整。

（一）车辆配装要点

（1）根据订单情况，制订配装作业和车辆调度计划，有效组织人力、物力和运输车辆，保证发货物品能够及时配齐并装车。

（2）根据订单与物品类别，规定可以混装及不可以混装的物品。

（3）明确装车物品的堆码、加固要求。

（4）完成配送单证流程及物品转移交接程序。

如果能使用恰当的装卸方法，并能合理地进行车辆配装工作，则可使货物在配送过程中减少货损、货差，既能保证货物完好和安全运输，也能使车辆的载重能力和容积得到充分利用。

（二）车辆配装原则

1. 轻重搭配原则

车辆装货时，必须将重货置于底部，轻货置于上部，避免重货压坏轻货、货物重心下移，从而保证运输安全。

2. 大小搭配原则

货物包装的尺寸有大有小，为了充分利用车厢的容积，可在同一层或上下层合理搭配不同尺寸的货物，以减少箱内的空隙。

3. 货物性质搭配原则

拼装在一个车厢内的货物，其化学性质、物理属性不能互相抵触。如不能将散发臭味的货物与具有吸臭性的食品混装；不将散发粉尘的货物与清洁货物混装。

4. 合理积载原则

到达同一地点的适合配装在一起的货物应尽可能一次积载；确定合理的堆码层次及方法（可根据车厢的尺寸、容积，货物外包装的尺寸确定）；积载时不允许超过车辆所允许的最大载重量；积载时车厢内货物质量应均匀分布，应防止车厢内货物之间碰撞、相互污染。

第二节　商贸物流配送中心

一、配送中心作业流程

配送中心（Distribution Center，DC）的定义为：具有完善的配送基础设施和信息网络，可便捷地连接对外交通运输网络，并向末端客户提供短距离、小批量、多批次配送服务的专业化配送场所。

商贸物流配送中心的作业流程主要有收货作业、库内作业、出库作业。

（一）收货作业

建立规范化的收货通道，从源头把关，杜绝将问题带入下一个环节。可以利用条码技术，防止人为错误的发生，对加工商或者各车间的送达货品进行扫描检测。若存在整箱或者标准包装的货物，可以直接录入收货数量，但这种做法必须基于供求双方的互相信任，以免发生数量偏差时无法追究责任，否则采取按收货计划逐一扫描的方式进行收货。

（二）库内作业

1. 库存查询

通过库存查询可以实时获取各个货位、卡板（托盘）、货箱的库存情况。同一货物可以有不同有存放货位，同一货位也可同时存放不同的货物，在系统中可以清晰地识别货物与货位之间的关系。可以结合 PC（个人计算机）端的操作，全面查询库存状态。采用射频识别技术，员工无须用纸张记录，系统可自动精确记录货物的存放位置。库内整理时，可随时移动货物，并将目的位置实时反映到主体系统中。对所有的位置变换进行跟踪记录，并明确到作业人员，加强库内的管理工作，为配货及拣货作业做好准备。

2. 盘点

利用 RF 设备实时进行盘点，可在不封闭仓库的情况下，对指定区域随时随地进行盘点，可采用盲盘和循环盘点。盘点以任务的方式下达到终端，无须纸张通知。盘点完成后，仓库管理系统（Warehouse Management System，WMS）给出盘点差异清单。

3. 定架

随着季节的变化，店铺将未销售的货品退回仓库。利用 RF 设备可进行智能定位，自动找出仓库内尚有库存的货位，以免同一货物放置于不同的货位，减少管理难度。此功能应用范围广泛，可用于不同场合，如可提供"类 GPS"的功能，实现工作人员的定位，首先确定"我的位置"，系统按照"我的位置"寻找距离最近的货位，并按照货品的编号自动寻找最合适的货位。

（三）出库作业

出库作业最重要的步骤就是拣选。从成本分析的角度看，物流成本占商品最终售价的 20%~30%，其中包括配送、搬运、储存等产生的成本，而拣货成本占搬运成本的很大比例。若要降低搬运成本，从拣货作业着手改进可起到事半功倍的效果。从人力需求的角度看，合理的拣货作业可以将所需人力减少 30%~40%。

在拣货的过程中应用信息技术（IT），实现了"不要等待""不要思考""不要寻找""不要书写""不要检查"，使得拣选的方式走向"单纯化""标准化""模块化"

"自动化""整合化"。

商贸物流配送中心所有的拣选工作以任务单的方式下达到终端，不需要任何纸张的传递，工作人员即可获取拣选信息。

1. 拣货作业的次序

拣货作业的次序如下：

制定出货日程→决定拣选方式→自动分配/优化拣选路径→分派拣选人员→接受任务并拣选。

拣选过程中，为每个发货纸箱指明店铺编号及纸箱编号，终端显示屏自动显示需要拣选的货品。终端指示拣选人员的行走路线（由系统自动制定最佳路线），并提供完全定位功能，对拣选人员所处的位置进行定位跟踪，完全避免拣选人员行走重复路线，提高拣选效率。

2. 拣货作业合理化的原则

（1）存放时应考虑易于出库和分拣。要了解和记录各种货物的存放位置，出入库频繁的货物应放在距离出口较近的地方，这样可以缩短取货时间。

（2）提高保管效率，充分利用存储空间。在现实中存储空间不能充分利用的情况是常见的，除了采用立体化储存方式，可以通过减少通道所占用的空间提高保管效率，还可以采用一些有特色的保管和搬运设备。

（3）减少分拣错误。分拣作业中，误发货是最大的浪费，应加以避免。为解决这一问题，除了实现分拣机械化和自动化，还要求作业者尽可能减少目视及取物操作上的错误。为此，在作业指示和货物的放置方面要仔细研究。

（4）作业应力求平衡化，避免忙闲不均的现象。重视收货入库、出库和进出卡车的装卸作业的时刻表的调整。通常从卡车卸货到入库前的暂存，以及出库和卡车装载之间的理货作业，是不能均衡调节的重要环节，应合理安排。通常在物流作业之前要进行信息处理，如在发货时先要根据发货通知将货物取出，在出库区进行理货作业，再填写出库单。这些事务工作完成后，配送车辆的司机再拿着出库单来提货，避免车辆有过长的等待时间。

（5）分拣作业的安排要和配送路线的顺序一致。配送车辆装货时必须考虑配送顺序，在出库区理货时要考虑装载方便，分拣作业的安排要缩短配送车辆（如卡车）等运输设备的滞留时间，尽量使作业均衡化，事务处理和作业环节协调配合，缩减车辆等待时间。

（6）减少卡车的装卸时间，尽可能采用单元化集装系统，有效地应用各种托盘进行装卸作业。

二、配送中心整体布局规划

配送中心根据具体的功能需要划分成不同的管理区域，如收货区、质检区、入库区、储存区、分拣区、备货区、包装区、发货区、退货区、次品区、办公区等。拣选流程是所有库内子流程中最复杂的，拣选流程包含了若干相互联系、紧密衔接的过程，主要包括取货下架、传送带或其他设备传送、分拣系统分拣、拣选包装台打包、自动分拨系统分拨等。下面主要介绍分拣区的规划。

（一）分拣区规划

分拣区需要实现取货、打包、分拣、分拨四个主要操作环节。规划的内容包括流程实现方式设计，作业供需能力匹配，设备、人员数量计算，设备布局及分区域面积计算，商品回库流程的设备规划及方案汇总等。其中流程实现方式设计、设备布局及分区域面积计算为其中的关键要点。

1. 流程实现方式设计

在规划过程中，不仅需要确定分拣实现类型（摘取式、播种式等），还需要确定操作的人机互动方式。

2. 作业供需能力匹配

单位时间自动分拨系统对于包裹的分拨能力需要大于打包台产生包裹的数量。

3. 设备、人员数量计算

利用作业供需能力匹配关系，计算出人员和设备数量。完全机械化操作环节，可通过作业需求能力与单位设备工作效率计算出设备数量。人机操作环节不仅需要计算设备数量，还需要依据设备数量计算出操作人员数量。

4. 设备布局及分区域面积计算

对计算出的确定数目的设备进行布置，并进行操作人员分配。其中传送带作为全自动化传输设备，其布置方式会影响传送带的最终长度，同时也会影响分拣区和转包装台的位置。因此，在设备布局时应当优先考虑传送带。

5. 商品回库流程的设备规划

如果拣选完成后原存储容器已掏空，则需要对空箱进行返箱作业，将空箱返回至入库转包装区；如果拣选完毕后原存储容器还有存货，则需要进行封箱作业，将纸箱返回至货架区存储。

6. 方案汇总

方案汇总主要包括设备及人员汇总、设备布置图或设备布置说明。分拣区设备及分拣流程应分别与设备选型和流程规划的内容保持一致。

（二）其他设施设备管理

1. 货位管理

每个货位有独立的编号，货位与各品项之间动态绑定，支持一个货位多个品种，以及一个品种多个货位。货位按货架的摆放次序进行编号。

2. 托盘管理

托盘采用流水号形式管理，可以监督到托盘的动态。

3. 货箱的管理

货箱无论是用于出货，还是用于货物的存放，都通过统一的流水号进行管理，以便对货物进行跟踪，同时，出货单中也印有此编号，以防拿错货箱。

4. 锁扣管理

利用统一印制的锁扣可以防止在运输过程中货物丢失。

第三节 商贸配送合理化

一、商贸配送不合理现象

（一）资源筹措不合理

配送通过批量筹措资源形成规模效益，从而降低资源筹措成本，使其低于用户自行筹措的成本，以此取得优势。如果不是集中多个用户需要进行批量筹措资源，而仅仅是为某一两户代购代筹，对用户来讲，不仅不能降低资源筹措费，相反却要多支付一笔配送企业的代筹代办费，因而是不合理的。资源筹措不合理还有其他表现形式，如配送量计划不准，资源筹措过多或过少，在资源筹措时不考虑建立与资源供应者之间长期稳定的供需关系等。

（二）库存决策不合理

配送应充分利用集中库存总量低于各用户分散库存总量的优势，从而大大节约社会财富，同时降低用户实际平均分摊的库存负担。因此，配送企业必须依靠科学管理实现一个低总量的库存，否则就会出现单是库存转移，而未取得库存总量降低的效果。配送企业库存决策不合理还表现在储存量不足，不能保证随机需求，失去了应有的市场等方面。

（三）价格不合理

配送的价格应低于不实行配送且用户自己进货时产品购买价格加上自己提货、运输、进货的成本总和，这样才会使用户有利可图。有时候，由于配送有较高服务水平，价格稍高，用户也是可以接受的，但这不是普遍的原则。如果配送价格普遍高于用户自己进货的价格，损伤了用户利益，就是一种不合理表现。价格过低使配送企业处于无利或亏损状态下运行，会损害配送企业的利益，这也是不合理的。

（四）配送与直达的决策不合理

一般的配送总是增加了环节，但是这个环节的增加可降低用户平均库存水平，这不但抵消了增加环节的支出，还能取得剩余效益。但是如果用户进货批量大，那就可以直接通过社会物流系统均衡批量进货，较之通过配送中转送货则可能更节约费用，所以，在这种情况下，不直接进货而通过配送进货就属于决策不合理范畴。

（五）送货中的不合理运输

配送与用户自提相比，尤其对于多个小用户来讲，可以集中配装一车货送至多家，这比一家一户自提节省运力和运费。如果不能利用这一优势，仍然是一户一送，而车辆达不到满载（即时配送过多、过频时会出现这种情况），则属于不合理。

（六）经营观念不合理

在配送领域里，有许多企业的经营观念不合理，致使配送优势无从发挥，反而损坏了配送企业的形象。这是开展配送时尤其需要注意和克服的不合理现象。例如，配送企业利用配送手段，向用户转嫁资金、库存困难；在库存过大时，强迫用户接货，以缓解自己的库存压力；在资金紧张时，长期占用用户资金；在资源紧张时，将用户委托资源挪作他用并获利等。

二、商贸配送合理化影响因素

（一）库存

库存是判断配送合理与否的重要标志。具体指标有二，一是库存总量，在实行配送后，配送中心库存数量加上实行配送后各用户库存数量之和，应低于实行配送前各用户库存量之和；二是库存周转率，由于配送企业的调节作用，以低库存保持高供应能力，库存周转一般要快于原来各企业的库存周转。比较各用户在实行配送前后的库存周转率，也是衡量配送合理与否的指标。

（二）资金

资金周转是否加快，是衡量配送合理与否的重要指标。实行配送应有利于减少资金占用，提高资金运用的科学性。具体判断指标如下：一是资金总量，用于资源筹措的资金所占用流动资金总量的比例，随储备总量的下降及供应方式的改变而降低；二是资金周转，由于节奏加快，同样数量的资金，过去需要较长时间才能满足一定的供应要求，实行配送之后，在较短时期内就能达此目的。

（三）成本和效益

总效益、宏观效益、微观效益、资源筹措成本等都是衡量配送合理化的重要指标。

例如，配送企业、用户企业都是独立以利润为中心的企业，既要看配送的总效益，也要看配送对社会的宏观效益及对两个企业的微观效益。忽略任何一方，必然出现不合理现象。

又如，配送活动由用户自己组织，主要强调保证能力和服务性，那么，效益主要从总效益、宏观效益、用户企业的微观效益几个方面进行判断，不必过多顾及配送企业的微观效益。

总效益及宏观效益难以计量，实际判断以"完成国家税收、配送企业及用户企业的微观效益"为标准。对于配送企业，企业利润反映配送合理化程度。对于用户企业，供应成本反映配送合理化程度。

（四）供应保证

用户对配送的最大担心是供应保证程度降低，配送企业只有提高对用户的供应保证能力，才算实现了合理配送。供应保证能力从以下几个方面判断：缺货次数，配送必须减少缺货次数才算合理；配送企业集中库存量，应使该库存量所形成的供应保证能力高于配送前单个企业的保证能力；即时配送的能力，保障用户特殊供应的能力，必须高于未实行配送前用户紧急进货的能力才算合理。

（五）社会运力

配送合理化可以避免末端运输中运能、运力的不合理使用及浪费。运力使用合理化可以依靠以下两点建议。

（1）送货运力规划。针对送货运力的规划问题，运力使用合理体现为：社会车辆总数减少，而承运量增加；社会车辆空驶减少；一家一户自提自运减少，社会化运输增加。

（2）配送系统流程合理。配送系统应与社会运输系统合理衔接。

（六）人力

配送的重要作用是以配送代劳用户自提自运。因此，实行配送后，各用户库存量、仓库面积、仓库管理人员要减少才合理；用于订货、接货、供应的人员要减少才合理。真正解除了用户的后顾之忧，配送的合理化程度才算提高。

三、商贸配送合理化的做法

1. 推行综合程度的专业化配送

采用专业设备、设施及操作程序，提高配送效果；降低配送过度综合化的复杂程度及难度。

2. 推行加工配送

加工和配送结合，利用现有的中转点进行加工，不增加新的中转点；借助配送，加工目的更明确，更紧密联系用户，避免了盲目性。加工、配送两者有机结合，不增加太多投入，是配送合理化的重要经验。

3. 推行共同配送

通过共同配送以最近的路程、最低的配送成本完成配送，实现配送合理化。

4. 实行送取结合

配送企业与用户建立稳定、密切的协作关系。配送企业既是用户供应代理人，又是用户储存据点，甚至是产品代销人。配送时，送给用户所需物资，再将用户生产产品同车运回。用户产品也成了配送中心的配送产品，或者由配送中心代为存储，减轻了生产企业的库存压力。送取结合，充分利用运力，使配送企业功能有更大的发挥空间，实现配送合理化。

5. 推行准时配送

准时配送是配送合理化的重要内容。实行配送准时，用户才可把握资源，放心地实施低库存或零库存，有效地安排接货的人力、物力，追求高效率工作。

6. 推行即时配送

即时配送是计划配送的应急手段，可以解除企业断供之忧，是大幅提高供应保证能力的重要手段，是配送企业快速反应能力的具体化，也是配送企业能力的体现。

🔲 案例分析

上海益阳物流公司对公司 9 月的装载车进行了配载分析。资料显示：9 月，A 车（核定吨位为 5 吨）总行程为 6400 公里，共完成货物周转量 22160 吨公里；B 车（核定吨位为 5 吨）总行程为 6300 公里，共完成货物周转量 18160 吨公里；C 车（核定吨位为 10 吨）总行程为 6000 公里，共完成货物周转量 36000 吨公里。发现三辆车的吨位利用率比较低，公司总经理比较苦恼。

根据案例分析：

（1）A 车、B 车、C 车的吨位利用率及总的吨位利用率是多少？

（2）运输车辆亏载的原因有哪些？

（3）提高吨位利用率的方法有哪些？

解析：

（1）A 车 9 月的载运行程载质量＝6400×5＝32000（吨公里）

A 车 9 月的吨位利用率＝22160÷32000＝69.25%

同理：

B 车 9 月的吨位利用率＝18160÷（6300×5）≈57.65%

C 车 9 月的吨位利用率＝36000÷（6000×10）＝60%

A、B、C 三车 9 月货物周转量＝22160＋18160＋36000＝76320（吨公里）

A、B、C 三车 9 月总载运行程载质量＝6400×5＋6300×5＋6000×10＝123500（吨公里）

A、B、C 三车 9 月吨位利用率＝76320÷123500≈61.80%

A、B、C 三车 9 月的吨位利用率都低于 100%，说明亏载，载运能力没有得到充分的利用，有提升的空间。

（2）我们说配送车辆的吨位利用率应保持在 100%，即按车辆的核定吨位积载，但是现实生活中经常出现亏载的现象，车辆亏载的原因如下。

①货物特性因素。

如轻泡货物，由于车辆容积的限制和运行限制（主要是超高），而无法满足吨位，造成吨位利用率低。

②货物包装情况。

车厢尺寸与货物包装容器的尺寸不成整倍数关系，无法装满车厢，如货物宽度为 80cm，车厢宽度为 220cm，将会剩余 60cm 不放货物。

③不能拼装运输。

应尽量选派核定吨位与所配送的货物数量接近的车辆进行运输，或按有关规定必须减载运行，比如有些危险品必须减载运送才能保证安全。

④装载技术的原因，造成不能装足吨位。

（3）提高吨位利用率的方法：

①研究各类车厢的装载标准，根据不同货物和不同包装体积的要求，合理安排装载顺序，努力提高装载技术和操作水平，力求装足车辆核定吨位。

②根据客户所需要的货物品种和数量，调派适宜的车型承运，这就要求配送中心根据经营商品的特性，配备合适的车型结构。

③凡是可以拼装运输的，尽可能拼装运输，但要注意防止差错，注意货物之间的物理性质和化学性质及配送线路。

本章小结

本章主要介绍了商贸配送的相关概念、配送管理制度、配货人员职责、车辆配装要点及原则，同时对商贸物流中心的作业流程、配送中心整体布局规划、商贸配送合理化问题进行分析，为做好商贸配送提供了借鉴。

思考题

1. 简述配送中心的作业流程。

2. 谈谈不合理配送的主要表现。

3. 结合切身经历谈谈你对"最后一公里"配送的认识。

第十一章　商贸零担物流

✏️ **本章学习目标**

1. 掌握商贸零担物流的概念及特征。

2. 了解商贸零担物流运作流程。

3. 了解商贸零担物流面临的问题。

4. 学会分析商贸零担物流的发展趋势。

第一节　商贸零担物流概述

一、商贸零担物流的概念

零担物流是物流的一种，与整车物流相反，它是多种货物放在一起进行运输的方式。零担货物是指一张货物运单（一批）托运的货物重量或容积不够装一车（不够整车运输条件）的货物。当一批货物的重量或容积不够装一辆货车时，可与其他几批、几十批甚至上百批货物共用一辆货车，这种运输方式称为零担货物运输，也称零担物流。

货主需要运送的货不足一车，则作为零担货物交运，承运部门将不同货主的货物按同一到站凑整一车后再发运。零担物流需要等待凑整车，因而速度慢，为克服这一缺点，已发展出定线路、定时间的零担班车，也可利用汽车运输的灵活性，发展上门服务的零担物流。零担物流与整车物流的主要区别如表 11-1 所示。

表 11-1　　　　　　　　　　零担物流与整车物流的主要区别

项目	零担物流	整车物流
服务对象	服务的货主众多	服务的货主单一

项目	零担物流	整车物流
运输流程	以点对点服务为主，货主将货物送至承运人的收货点，并凭有效单证自承运人的取货点取货；流程较为复杂，包括集货、分配、搬运、中转、装卸、分拨等一系列操作	以"门到门"服务为主，流程较为简单

二、商贸零担物流的特征

商贸零担物流的特征主要包括以下几点：货源的不确定性和广泛性、组织工作的复杂性、单位运输成本较高、适应性强及运输环节多。

1. 货源的不确定性和广泛性

商贸零担物流的货源在一定程度上是不确定的，受地区产品差异、季节性及交通状况等多种因素影响。其范围广泛，涉及多个发货人和收货人。

2. 组织工作的复杂性

由于商贸零担物流涉及多种货物、多个环节，如货物的种类和规格、操作过程、装载要求等，因此，其组织工作相当复杂。这包括零担货物质量的确认、货物的运量分配等。

3. 单位运输成本较高

相对于整车运输，商贸零担物流由于货物分散、中转环节多，其单位运输成本通常较高。主要原因是为满足零担运输的要求，需要设置一定的仓库、装卸工具等，且更容易出现货物损坏和货源短缺等问题，导致赔偿费用高。

4. 适应性强

商贸零担物流适用于各种类型、小批量、多批次的货物，特别是那些不急于送达的货物。其灵活的运输方式可实现上门取货、送货上门，手续简单，能有效缩短货物的交付时间，加快资金周转。

5. 运输环节多

商贸零担物流涉及多个环节，如提货、仓储、分拣、积载、运输等，这导致效率相对较低，管理也较为复杂。同时，由于转运、交接、装卸等环节众多，货物毁损、短少时有发生。

三、商贸零担物流的分类

商贸零担物流主要分为普通零担物流、易碎品零担物流、大件物品零担物流（笨重零担物流）、危险品零担物流等几类。

1. 普通零担物流

这是最常见的零担物流类型，主要涉及日常生活用品和其他一些小件物品的运输。这类货物通常数量多但重量较轻，对运输速度和稳定性要求不高，适合大多数物流公司承接。

2. 易碎品零担物流

易碎品需要小心搬运和包装，如玻璃制品、陶瓷器等容易破损的物品。它们价值较高且易于损坏，因此，需要使用专业的包装材料以防止碰撞或挤压变形，在整个运输过程中要确保其平稳和安全。

3. 大件物品零担物流（笨重零担物流）

大件物品通常指的是体积较大或者重量较重的家具、家电等物品，这类物品一般需要通过特殊的设备进行装卸操作。它们可能涉及拆卸与组装服务，对于运输车辆的装载空间有要求。有时也将重量超过1吨，体积或长度较大的货物称为笨重零担货物。

4. 危险品零担物流

危险品可能具有易燃易爆炸等特性，比如各种化学药品、气体、液体等，需要特别小心处理。

此外，根据运输方式的不同，零担物流还可以分为公路零担物流、铁路零担物流、水路零担物流及多式联运零担物流等类型。不过，这些分类方式更多是基于运输手段的差异，而非货物本身的特性。在商贸领域，货物的特性和运输需求通常是决定选择哪种零担物流类型的主要因素。

第二节　商贸零担物流运作流程

一、受理托运

受理托运是指零担货物承运人根据营运范围内的线路、站点、运距、中转范围、各车站的装卸能力、货物的性质及收运限制等业务规则和有关规定接受零担货物，办理托运手续。受理托运是零担货物运输作业中的首要环节。

（1）办理零担物流，由托运人填写"货物托运单"（见图 11-1）。

货 物 托 运 单

托运日期：		年	月	日		起运站：		到达站：		№ 0000001	
收货单位							联 系 人				
详细地址							电话/手机				
货物名称	件 数	包 装	重 量	体 积		保险金额	保险费	运 费	合 计		
总运费金额		万	仟	佰	拾		元整	¥：			
付款方式	预付：		到付：		回结：		送货方式	送货（ ）	自提（ ）		
备 注											
托运协议	1、请托运方认真阅读以下运输协议，在您签字后认为您已无异议； 2、托运人应如实申报货物名称和重量，不得夹带易燃、易爆、剧毒等违禁物品，否则所引起的一切后果由托运方全部负责； 3、承运方不保险货，丢失货物时以申报包装完好为准，在外包装完好的情况下内包装破损和丢失与承运方无关； 4、收货人次货时应对货物认真清点验收，如发现货物丢失、损坏（不可抗力除外）应当场要求赔偿，收货人签收货物签收后，货损、丢失由承运方概不负责； 5、托运人或收货人不按时支付运杂费，承运方有权拒运或留置其货物，若一个月后仍不提货，将无条件处理； 6、托运人需变更到货地点或收货人，应在发货未到达目的地之前以书面通知承运方，并承担由此增加的费用； 7、托运人对所托运货物必须足额保险，如不参加保险运方在运输中若发生重大损失，其最高赔偿额按所运费的3倍理赔。
托运单位 联系电话 托运方签章							承运人签章				

图 11-1　货物托运单示意

（2）托运人对货物自愿投保汽车货物运输险或保价运输的，应在运单中注明。托运人注明的特约事项，经承运人同意后，承托双方签章生效。

（3）对不符合包装标准和要求的货物，应由托运人改善包装；对不会造成运输设备及其他货物污染和货损的货物，托运人如果坚持原包装，应在备注栏内注明自行承担由此可能造成的货损。

（4）托运普通零担货物中不得夹带危险、禁运、限运和贵重物品。

（5）托运政府法令禁运、限运，以及需要办理公安、卫生检疫或其他准运证明的零担货物时，托运人应提交有关证明。

二、承运

承运人对受理的零担货物及其包装、货物托运单、标签，应认真审核，对不符合要求和差错之处，应提请托运人改善和修正，并于重要修正处加盖托运人印章。审核无误后，在运单上加盖承运章。

（一）审核货物托运单

承运方对托运人填写的货物托运单须认真审核，审核货物托运单的要求如下。

（1）检查、核对货物托运单的各栏有无涂改，涂改不清的地方应重新填写。

（2）审核到达站与收货人地址是否相符，以免误运。

（3）对货物品名和属性进行鉴别，注意区别普通物品、笨重物品与危险品。

（4）对一批货物有多种包装的应认真核对，详细记载，以免错提错交。

（5）对托运人在备注栏所述内容应特别注意，判断是否符合有关规定，能否认同。

（二）检查货物

检查货物的步骤如下。

（1）看。看是否按规定包装，有无破损、异迹。

（2）听。听有无异声。

（3）闻。嗅闻有无不正常气味。

（4）摇。检查包装内衬是否充实，货物是否摇晃。

（三）过磅（量方）

货物重量是正确装载、凭以核算运费和发生事故后正确核算赔偿费用的重要依据。因此，必须随票过磅（量方），确保准确无误。货物重量分为实际重量、计费重量和标定重量。

1. 实际重量

货物的实际重量是根据货物过磅后（包括包装在内）的毛重确定的。

2. 计费重量

计费重量可分为不折算重量和折算重量。不折算重量就是货物的实际重量。关于折算重量的计算可参考相关规定。

3. 标定重量

标定重量是对特定的货物所规定的统一计费标准重量。同一托运人一次托运轻泡和实重两种货物至同一到达站者，可以合并称重或合并量方折重计费（不能拼装者除外）。过磅或量方后，应将重量或体积填入货物托运单内。一张托运单的货物分批过磅或量方时，应将各批货物的重量和体积对应记在货物托运单内，以备查验，然后将总重量和总体积填入货物托运单并告知货主。零担货物过磅或量方后，司磅、收货人员应在货物托运单上签字证明并指定货位将货物搬入仓库，然后在货物托运单上签注货位号，加盖承运日期戳，将货物托运单留存两份备查，另一份交还货主，货主持其到财务核算部门付款开票。

（四）贴标签和标志

零担标签、标志能建立货物本身与其运输票据间的联系，能标明货物本身性质，也是理货、装卸、中转、交付货物的重要识别凭证。

每件货物两端分别拴贴统一注有运输号码的货物标签。需要特殊装卸、堆码、储存的货物，应在货物明显处加贴储运指示标志，并在货物托运单备注栏注明。

（五）开票收费

零担货物运输的开票收费作业是在零担货物托运收货后，根据司磅人员和仓库保管人员签字的货物托运单进行的。开票收费环节包括运费和杂费的计算。运费的计算有既定计算公式，在计算时可以套用。

（六）零担货运的运费和杂费项目

（1）渡费。

零担运输车辆如果需要过渡运行，由起运站代收渡费。

（2）标签费。

（3）标志费。

（4）联运服务费。

通过两种及两种以上的运输工具的联合运输，以及跨省（区、市）的公路联运，核收联运服务费。

（5）中转包干费。

联运中转换装所产生的装卸、搬运、仓储、整理、包装、劳务等费用，实行全程包干，起运站一次核收。

（6）退票费。

受理承运后货主要求退运时，按规定收取已发生的劳务费用及消耗票证的印制成本费用。

（7）保管费。

（8）快件费。

应货主要求办理快件运输时，收取快件费。

（9）保价（保险）费。

对贵重物品实行保价运输的，根据收费标准按货物价值的百分比核收。承运人对零担物流有疑异时，可以要求托运人拆包检查。承运人应将托运人提供的禁运、限运货物及公安、卫生检疫等准运证明的名称和文号填入"起运站记载事项"栏内，并在证明上加盖承运章。承运人对办理保价运输的货物，应在货物托运单上加盖"保价运输"戳记，并按规定核收保价费。对有其他特殊要求的货物，必须严格遵守商定的运输条件和特约事项。

三、取消和变更

已受理的货物在未起运前，托运人可以取消托运。承运人按规定核收取消托运的手续费和其他已支出的费用。运费和其他尚未支出的费用退还托运人。

托运人要求变更到达站或收货人的，需办理变更手续，并换拴（贴）货物标签。

货物已经起运的，不予办理取消和变更。

货物运输过程中，由于自然灾害、道路阻塞而造成运输阻滞时，承运人应及时与托运人取得联系，分别按下列情况处理。

（1）托运人要求退运的，可免费运回，并退还去程未完成路段的运费。

（2）托运人要求绕道运送或变更到达站的，运费、杂费照实核收。

（3）托运人要求就地卸存自行处理的，退还未完成路段运费。

（4）货物在受阻处卸存的承运人免费保管五天。在非承运人库场存放的，保管费用由托运人负担。

四、货物交接

货物起运、中转、到达都要严格履行交接手续。由起运站分别签制直达/中转零担货物交接清单，凭单交收，单货相符，交接双方签章。

货物起运前发生短缺、残损时，由起运站处理后方可起运；货物到达后发生票货差误时，分别按下列办法处理。

（1）有票无货，到达站相符，交接双方在票单上签注，由到达站查询处理；到达站不符，交接双方在票单上签注，货、票退回起运站。

（2）有货无票，到达站相符，应予收货，交接双方在清单上签注，并通知起运站补发货票；到达站不符，交接双方在清单上签注，货物退回起运站。

（3）货物短缺、残损（包装破损），不得拒绝收货。交接双方验货、复磅、记录签章、通知起运站，由到达站处理，由责任方赔偿。

（4）流向错误，越站错运，票、货退回起运站或票单标明的到达站。

五、货物中转

零担物流应尽量直达运送。对于必须中转的情况，线路要合理。中转站对中转货物应优先发运，中转期限不得超过两个班期。零担站对外应公布中转站。中转站应设专人负责中转货物，有条件的地方应设置中转专用仓库。中转站发现货物已经破损的，应整修完好，并将整修情况记录于运单和交接清单上。中转站发现票货不符的货物时，按相关规定办理。零担货物中转作业一般有以下三种基本方法。

1. 落地法

将到达车辆上的全部零担货物卸下入库，按照运达方向或到达站在货位上进行集合。重新配装组织成新的零担车继续运输。这种方法简单易行，车辆载重量和容积利用较好，但装卸作业量大，仓库和场地的占用面积大，中转时间长。

2. 坐车法

将到达车辆上运往前方同一到达站，且中转数量较多或卸车困难的那部分核心货物留在车上。把其余到达站的货物全部卸下，入库堆码，而后在到达车辆上加装与核心货物同一到达站的货物，组成新的零担车。

这种方法减少了作业量，加快了中转速度，节约了装卸劳力和货物，但不易检查清点留在车上的货物的装载情况和数量。

3. 过车法

当几辆零担车同时到站进行中转作业时，将车内部分中转零担货物由一辆车向另一辆车直接换装，而不卸载到车站仓库货位上。

这种方法提高了作业效率，加快了中转速度，但对到达车辆的时间等条件要求较高，容易受意外因素干扰而影响运输计划。

以上三种方法各有特点，适用于不同的中转场景和需求。

六、货物交付

1. 到站卸货

起运站与承运车辆负责人依据零担货物装交接清单办理交接手续，按交接清单有关栏目逐批点交，逐批接收。交接完毕后，由随车理货员或驾驶员在交接清单上签字。

2. 到货通知

货物入库后，应及时电话通知或书面通知收货人凭提货单提货，并做好通知记录，逾期提取的按有关规定办理。对预约"送货上门"的货物，则由送货人按件点交，收货人签收。

3. 收票交货

货物交付要按单交付，件检件交，做到票货相符。货物点交完毕后，应及时在提货单上加盖"货物交迄"戳记。

第三节　商贸零担物流面临的问题

商贸零担物流面临的问题主要包括货物损坏或丢失、传输时间变化、定价复杂性、容量有限、货物追踪和通信困难及信息化水平不足等。

1. 货物损坏或丢失

由于零担物流涉及多个货物的共同运输，货物在运输过程中可能发生损坏或丢失等情况，这对物流公司的安全管理提出了更高要求。

2. 传输时间变化

零担物流的时效性可能受到多种因素影响，如路线规划、交通状况等，导致货物到达时间的不确定性增加。

3. 定价复杂性

零担物流的定价通常比整车物流更为复杂，需要考虑货物的重量、体积、运输距离等多种因素。

4. 容量有限

零担物流的车辆容量有限，可能无法满足大批量货物的一次性运输需求。

5. 货物追踪和通信困难

零担物流需要对多个客户的货物进行有效追踪和信息沟通，这对物流信息系统提出了较高要求，而现实中往往存在信息追踪不及时、不准确等问题。

6. 信息化水平不足

相较于整车物流，零担物流在信息化方面存在明显短板，如缺乏高效的物流信息系统、车辆跟踪与定位共享服务等，这制约了零担物流的效率和准确性。

此外，商贸零担物流还可能面临市场竞争激烈、物流基础设施落后、城市配送体系不健全等传统物流企业普遍存在的问题。这些问题共同构成了商贸零担物流发展的挑战，需要行业内外共同努力，通过技术创新、管理优化等手段加以解决。

第四节　零担物流的发展趋势

车货匹配可以灵活调动社会资源，大车队成为车货匹配的发展方向。企业供应链物流外包成为主流发展趋势，大型物流企业的仓库成为分拨中心、干线运输外包也将成为主流发展趋势。零担物流的发展趋势有如下几个方面。

1. 减少或取消小型中转站，发展直达整零运输

未来零担物流企业要在零担运输组织上做调整，降低运输成本，逐步取消沿途零担车及中转整零车，将直达整零车业务做大。同时可将运输组织条件适当降低，能装一站不装两站，能装两站不装三站。

此外，需要主管部门取消办理零担业务量小的中转站，将零担业务中转站的辐射范围扩大，以利于集中货源。零担运输单位要大力推广计算机管理技术，提高现代化管理水平，建立全路零担货物运输网络平台，实现信息共享，随时优化运输方案。

2. 行包运输和集装箱运输是零担运输的发展方向

行包运输和集装箱运输是零担运输的发展方向，特别是集装箱运输，具有保证货物安全，简化货物包装、节省包装费用，便于实现装卸搬运机械化和开展联运等优点，因此，零担物流企业应该适应这一发展趋势，在办理零担运输的过程中，要积极向货主推荐集装箱运输，逐步实现集装箱运输。

3. 商贸零担物流趋向规模化和网络化

（1）全网模式。

物流划分维度很多，30kg 以下的物品运输我们称之为快递，介于 30kg 到一整车之间的物品运输称之为零担运输，一批属于同一发（收）货人的货物且其重量、体积、形状或性质需要以一辆（或多辆）货物单独装运，并据此办理承托手续、组织运送和计费的运输活动称为整车运输。

（2）大车队模式。

企业的物流外包仿佛成了一个主流的发展趋势，这个趋势是专业化分工的必然。围绕"大车队"，有很多人在尝试不同模式，模式有重有轻。

重模式为自购车辆进行运营，代表企业为志鸿物流、则一物流、托普旺物流等，规模一般在千台上下；轻模式为本身不拥有车辆，却用互联网技术手段等管理社会运力，代表企业为福佑卡车、卡团物流等。

（3）快递与零担物流逐渐融合。

快递与零担物流的融合渗透是大势所趋，当行业发展到一定程度时，快递企业需要补充长途干线的能力并拓展 B2B（企业对企业）业务，进而摊薄快递企业的运输成本；而零担物流企业需要丰富产品线，适应电商快速发展的需求，提升盈利能力。

（4）逐步形成标准化产品，利于复制。

零担产品的标准化有利于可持续化扩张。德邦物流的"精准卡航"、佳吉快运的"红色快线"、天地华宇的"定日达"等都是以快速、准时为基本特点的"门到门"服务，快运老牌企业基于原有网络推出了标准化的快运产品，加以复制和全国推广，实现了规模的迅速扩大并奠定了盈利基础。

运营及技术的标准化有利于保障服务质量。主流零担物流企业在运营管理中，均实现了对零担网络的标准化运营，综合运用客户管理和陆运优化监控，带来每个服务环节可靠性的持续提升，提升了运营效率。

目前，在传统零担物流的基础上还发展出了"准时化"的高品质产品。其一般有固定的发车时间、标准的在途时间、稳定的到达时间、标准的卸车时间、严格的入库时间、准时的派送时间，给客户提供稳定的收货时间承诺和良好的配送体验。目前，该类产品服务运输的货品重量通常在 300kg 以内，客户时效需求较高，运费及增值服务收费较高。

（5）小票零担是未来重要增长点。

零担物流未来的重要增量将是小票零担，尤其是电商 B2C（企业对顾客）带来的家居、家电配送。

小票零担作为零担货运板块中的一个细分市场，其重要性正在逐渐凸显。随着电商的蓬勃发展和消费升级，小批量、多批次、高时效的商品 B2B、消费品 B2C 的运输需求不断增加，这直接推动了小票零担市场的增长。特别是在低线城市，消费升级叠加家电、家居等大件产品电商渗透率提升，进一步带动了大件包裹的需求增长，小票零担市场因此受益。此外，从市场规模来看，小票零担市场也展现出巨大的增长潜力。以我国为例，2022 年的小票零担行业市场规模已经相当可观，并且随着市场的进一步发展，其规模有望继续扩大。同时，全网物流市场中的小票零担部分也呈现出快速增长的态势，预计未来几年将保持较高的年复合增长率。

综上所述，小票零担市场受益于电商发展、消费升级及市场规模的扩大等多重因素，确实是未来的一个重要增长点。

（6）淡旺季货运仍需积极应对。

零担专线业的淡季是指货源不足的季节，如 2 月、3 月春节过后是所有产品的淡季，消费能力明显跌落；我国北方大部分地域冬天步入严寒季节，那时就是建材运输的淡季。

在淡季的主要应对措施如下。

①弥补货运量下降。

可以合理利用场地，将场地免费交付给长线、专线进行卸货，分流中转部分货物以弥补货量的不足，再准备一定量的资金进行中转货物的垫付款，这是提高货量的有效方法。

②淡季的代收货款。

企业内部：在淡季着重于代收的清算，淡季应该对于赊账提货进行引导与严查，杜绝散发点由于代收累计挪用所引起的风险。

企业外部：淡季的代收会由于资金池的原因拉长代收结算周期，在淡季应该筹措资金，代收货款，与行业当地水平拉开明显距离，从而让货主对企业有良好的印象。

③品牌建设。

在淡季实施品牌建设较为恰当，包括员工的工装换新，企业 CI（形象识别）的设计与升级，票据票面的升级和调整，对于脱落掉色的门头进行更换，使得企业良好的形象在货主心中扎下根。

④门店调整。

门店是省内专线的"命门"所在，需要根据前三年的门店收货数据进行门店的重新审视和规划，并结合城市的规划发展，对市场的变迁做出及时反应，一个好位置的门店在收货方面会起到事半功倍的效果。

第五节　零担物流与互联网

一、国内零担货运市场概况

（一）我国社会物流总费用

我国物流行业在需求旺盛的情况下，社会物流总费用（包括运输费用、保管费用和管理费用）快速增长。2012—2021 年，我国社会物流总费用从 9.40 万亿元增长到 16.70 万亿元（见图 11-2）。从构成情况看，运输费用占社会物流总费用的比重一直保持在 50%以上，交通运输产业的成本与效率对物流行业具有重要影响。

（二）我国零担物流市场规模

2021 年，我国零担快运民营企业 30 强前五名分别是顺丰速运、跨越速运、德邦物流、安能物流、壹米滴答。2021 年，顺丰速运与顺心捷达携手共进，实现了零担总收入 302.3 亿元的行业新高峰。

2021 年，零担 30 强总收入突破 1000 亿元大关，合计收入 1159.7 亿元。零担行业集中度持续提升，前 10 强企业的收入合计为 984.6 亿元，约占 30 强企业总收入的85%。第一梯队持续遥遥领先，头部企业与尾部企业间的差距进一步拉大。

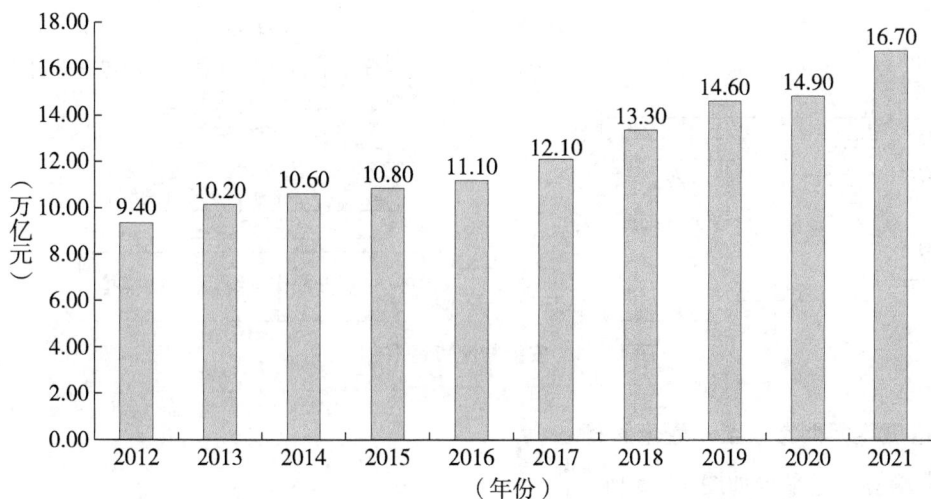

图 11-2　2012—2021 年全国社会物流总费用统计情况

二、零担物流货运平台模式

零担物流衍生出的各类平台如图 11-3 所示。

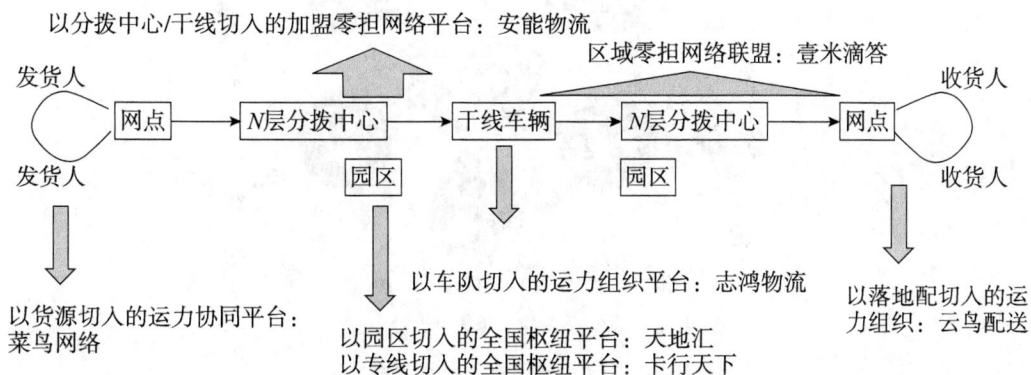

图 11-3　零担物流衍生出的各类平台

1. 以货源切入的运力协同平台：菜鸟网络

菜鸟网络可实现对全国物流网络每个节点、线路的繁忙程度和未来包裹量的预测；与交通运输部门、气象部门合作，数据实时分享给全国十几家大型物流公司。

2. 以分拨中心/干线切入的加盟零担网络平台：安能物流（见图 11-4）

安能物流是以开放平台和加盟模式打造的一个覆盖全国的零担快运网络。

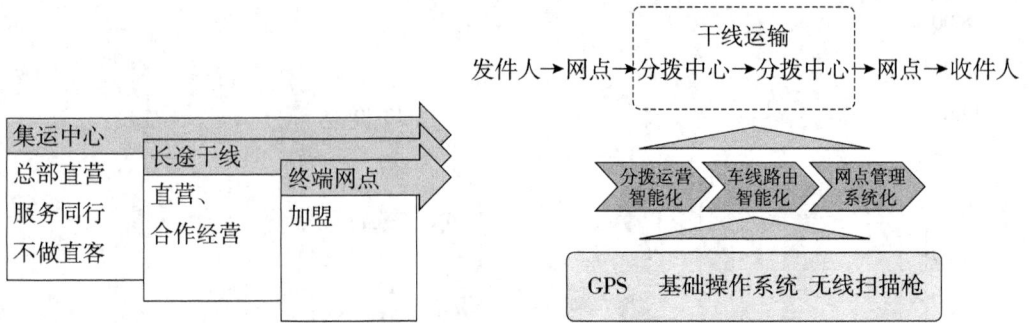

图 11-4　安能物流货运平台

3. 区域零担网络联盟：壹米滴答

壹米滴答货运平台如图 11-5 所示。

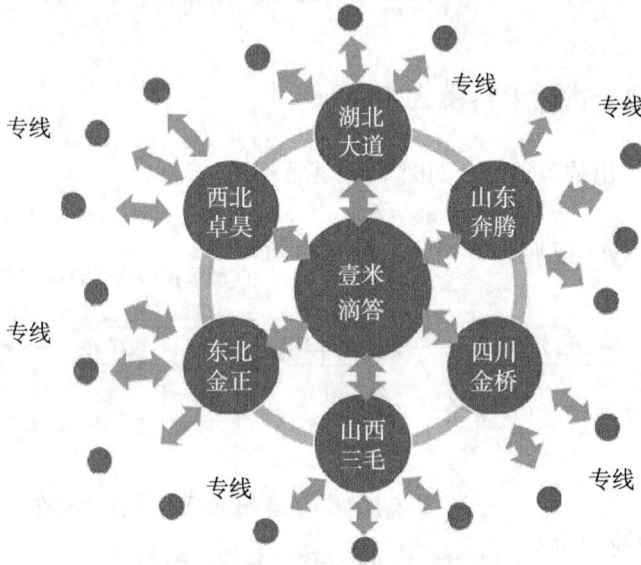

图 11-5　壹米滴答货运平台

4. 以园区为切入的全国枢纽平台：天地汇（见图 11-6）

迄今为止，天地汇公路港网络覆盖了超过 50 个物流枢纽城市，拥有 60 多个签约园区。

"天网、地网、车网"共同打造"物流淘宝"生态圈

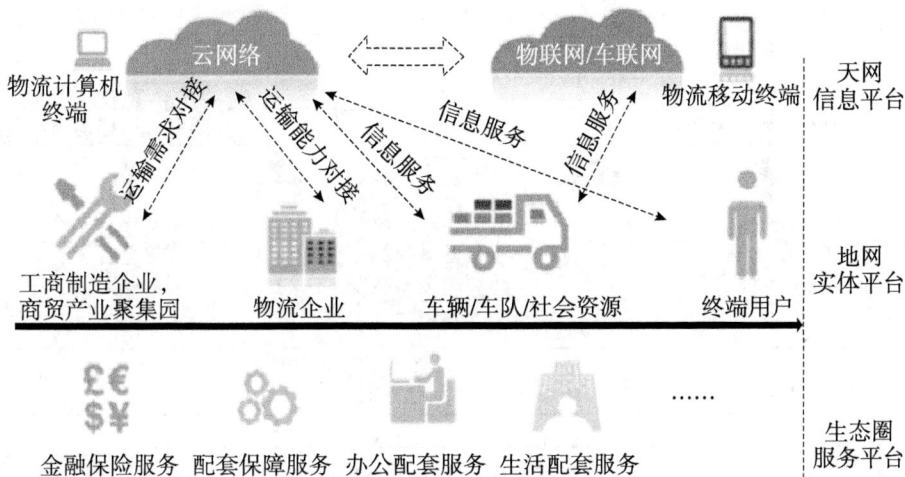

图 11-6 天地汇货运平台

5. 以专线切入的全国枢纽平台：卡行天下

卡行天下货运平台如图 11-7 所示。

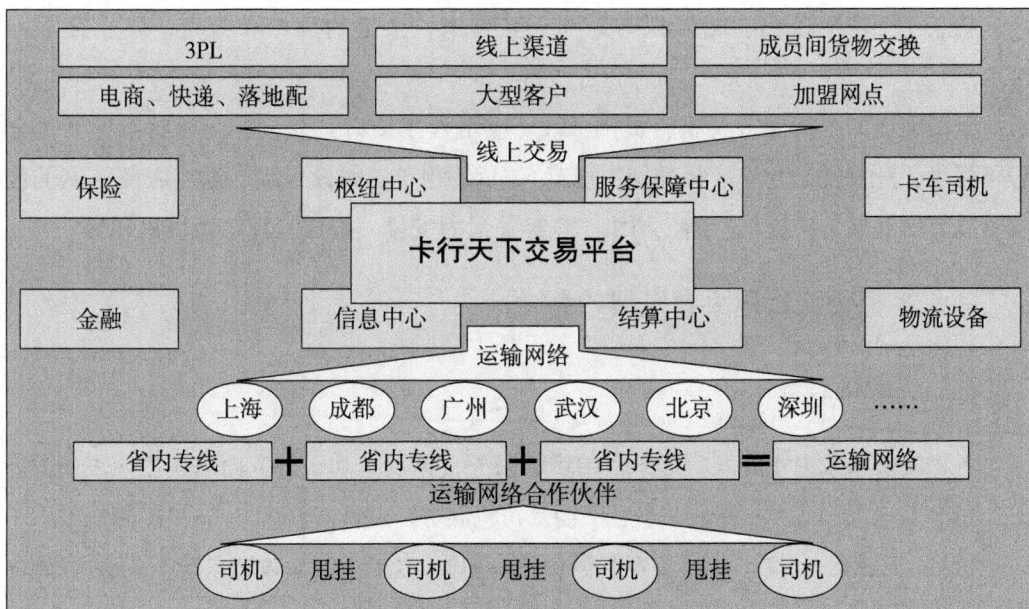

图 11-7 卡行天下货运平台

6. 以车队切入的运力组织平台：志鸿物流

志鸿物流货运平台如图 11-8 所示。

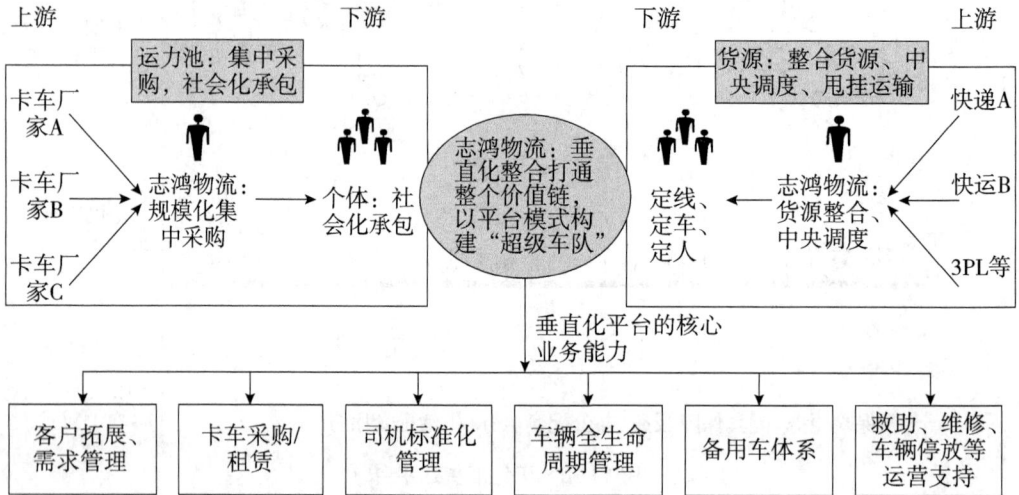

图 11-8 志鸿物流货运平台

7. 以落地配切入的运力组织：云鸟配送

云鸟配送聚焦四类产品配送：农产品、快消品、传统重物、重物杂类（冰箱等）。

特点：平均配送货物的体积约为 0.9 立方米，重量约为 160 千克，尺寸是不标准的。

云鸟配送的三层服务架构：提供 API（应用程序接口）对接，配送状态返回，全程可视化；开发现场 SOP（标准操作规范）、货物保价、时效保障、温控服务、电子代收货款等增值服务；提供车辆、司机、竞标、运力安排、提成管理、司机福利等。

三、零担物流货运平台发展趋势

（一）增值服务

各物流公司致力于开发货运平台的增值服务，涉及车和司机方面的典型代表如下。

（1）货车帮+园区：提供卡车后市场及司机服务。

（2）G7 易流+信联卡：可实现车辆加油+ETC（电子不停车收费系统）等先消费后支付。

在金融服务方面的典型代表如下。

（1）卡行天下、佳吉物流：自建 P2P 平台（互联网金融点对点借贷平台）。

（2）天地汇：天地钱通、天地货通、天地路通。

（3）传化物流：自建保理、支付平台。

（二）各公司紧密联系

多家物流公司展开合作，共同搭建物流平台。行业参与者通过战略合作、资源整合、技术协同等方式形成生态联盟，以应对市场竞争、提升效率并降低成本。这种趋势的核心驱动力包括资源互补需求（如运力、网点、技术）、数字化转型压力及规模化效应的追求。例如，传化货运网通过大票零担数字化平台整合了全国 50 万辆专线车辆，而百世快运拥有覆盖全国 98%、22000 多个县级网点。双方合作后，大票零担货物可通过传化货运网的干线网络与百世快运的末端网点实现"一站发全国"，解决了传统专线两端服务能力不足的问题。

（三）协同发展

专线间自主交易协同发展的优点如下。

（1）平台统筹参与者的服务质量。

（2）参与者将非自己线路的货物进行交换运输，提供一站式服务。

（3）发起者有从源头开始的，也有从中转环节开始的。

（4）参与者商务独立性保持。

本章小结

本章主要介绍了商贸零担物流的概念、特征和分类等，重点介绍了零担物流运输的作业流程问题，同时介绍了商贸零担物流面临的问题、发展趋势，以及当前零担物流与互联网的融合问题，详细介绍了有代表性的货运平台。学生通过学习可以全面了解商贸零担物流的相关知识。

思考题

1. 简述商贸零担物流的分类。

2. 简述商贸零担物流运作流程。

3. 简述所在城市的商贸零担物流的收货、开票现状。

4. 简述所在城市的商贸零担物流在发展中存在的问题。

5. 简述所在城市的商贸零担物流的发展趋势。

第十二章　物流安全

✎ **本章学习目标**

1. 了解物流安全的基本概念和特征。

2. 理解物流系统事故相关理论。

3. 掌握物流运输配送安全的相关知识。

4. 掌握储存保管安全的相关知识。

5. 了解装卸搬运安全管理。

第一节　物流安全概述

一、物流安全的基本概念及特征

1. 物流安全的基本概念

物流安全是保证物品从供应地向接收地的实体流动过程中的运输、仓储、装卸搬运、包装、流通加工、配送、信息处理等基本功能的顺利实现，使其免受损失，确保最大的经济效益和安全效益。

2. 物流安全的特征

物流安全具有必要性和普遍性、随机性、相对性、局部稳定性、经济性、复杂性及社会性。

（1）必要性和普遍性：安全是人类生存的必要前提，物流安全对于保障物品从供应地向接收地的实体流动过程中的各项基本功能的顺利实现至关重要。不安全因素是客观存在的，因此，实现物流安全是普遍需要的。

（2）随机性："安全"一词描述的是一种状态，但这种状态具有很大的模糊性、不确定性和相对性。物流安全的状态具有动态特征，随时间而变化。

（3）相对性：从科学的角度讲，"绝对安全"的状态在客观上是不存在的。物流安全所描述的状态是相对的。

（4）局部稳定性：物流系统在特定条件下，可以保持一定的安全状态，这种状态在局部范围内是稳定的。

（5）经济性：物流安全需要投入一定的资源来保障，但这些投入是为了更大的经济效益和安全效益。通过预防和控制安全风险，可以降低运营成本。

（6）复杂性：物流活动涉及多个环节和多个参与方，因此，物流安全也呈现出复杂性的特点。需要综合考虑各种因素，制定全面的安全措施。

（7）社会性：物流安全不仅关系到企业自身的利益，还关系到整个社会的利益。因此，物流安全具有社会性的特点，需要社会各界的共同参与和努力来保障。

综上所述，物流安全的特征是多方面的，需要综合考虑各种因素，制定和实施安全措施。

二、物流安全的作用

1. 保障货物安全

物流安全能够确保货物在运输过程中不损坏、丢失或变质，保持其原有的品质和数量，这对于高价值或易损货物尤为重要。通过建立严格的安全标准，可以有效减少货物丢失、损坏和盗窃等风险，确保货物从起点到终点的安全。

2. 提升供应链效率

物流安全标准的实施有助于优化物流流程，减少因安全事故导致的延误和损失，从而提高供应链的整体效率。此外，物流安全可以提高供应链的可靠性和效率，帮助企业维持正常的生产和经营活动。

3. 降低运营成本

通过预防和控制安全风险，企业可以避免因事故产生的额外费用，如赔偿费用、修复费用和重新发货费用等，从而降低运营成本。物流安全还可以减少因货物损坏、丢失或运输延误而产生的额外费用，如赔偿费用、重新采购费用和仓储费用。

4. 增强客户信任

安全可靠的物流服务能够增强客户对企业的信任度，提升企业的品牌形象和市场竞争力。确保物流安全可以提高企业的信誉度和竞争力，赢得客户和合作伙伴的信任和支持。

5. 遵守法律法规

物流行业涉及众多法律法规，遵守这些规定，确保物流活动的合法性，是企业持续运营的基础。

6. 保护环境

物流安全可以减少废弃物、污染物和噪声等环境问题的发生，保护生态环境和自然资源，特别是在危险品运输中，物流安全可防止泄漏事故对环境造成的污染和破坏。

7. 保障人员安全

物流安全涉及的人员包括驾驶员、装卸工人和仓库管理员等。确保物流安全可以保护这些人员的生命和财产安全，减少工伤事故和人员伤亡。

第二节　物流系统安全

一、物流系统安全概述

物流系统安全就是要运用安全系统工程的原理与方法对物流系统或物流过程中存在的各种危险进行识别、分析、评价及预测，并根据其结果，采取综合安全措施以控制或消除系统中存在的危险因素，使物流事故发生的可能性降到最低，达到最佳的安全状态，保障物流系统的健康、稳定运行。

物流系统安全涉及运输、仓储、装卸、包装、配送等各个环节，需要从整个供应链的角度进行管理和控制，确保人员、货物、设施和信息的安全，避免发生事故和造成损害。

二、物流系统事故模式

物流系统事故模式通常涉及物流系统中可能发生的各类事故及其处理流程。

物流系统事故模式主要关注物流过程中可能出现的事故类型、原因及应对措施。

1. 事故类型

（1）运输事故：如车辆故障、交通事故、货物损坏或丢失等。这类事故在物流运输过程中较为常见，可能由车辆维护不当、驾驶员操作失误或道路条件不佳等因素导致。

（2）仓储事故：如火灾、货物坍塌、盗窃等。仓储环节的事故往往与仓库管理不善、安全设施不足或人为破坏有关。

（3）装卸事故：在货物装卸过程中，操作不当或设备故障可能导致货物损坏、人员伤亡等事故。

（4）信息处理事故：物流信息系统的故障或数据丢失也可能被视为一种事故，它会影响物流运作的效率和准确性。

2. 事故原因

（1）设备故障：物流设备（如运输车辆、仓储设备、装卸设备等）的电子控制系统或机械部件出现故障，如传感器失灵、控制模块损坏等。

（2）人为因素：操作人员的疏忽、疲劳、违规操作或恶意破坏等都可能导致事故的发生。

（3）环境因素：如恶劣天气、道路状况不佳、仓库环境潮湿等都可能增加事故发生的概率。

（4）管理因素：物流企业管理不善、安全制度不完善或执行不到位也是事故发生的重要原因。

3. 应对措施

（1）建立完善的事故管理系统：企业应建立一套完善的事故管理系统，涉及事故报告、调查、处理和分析等流程，以确保事故得到及时、有效的处理。

（2）加强设备维护和检修：定期对物流设备进行维护和检修，确保设备处于良好状态，减少设备故障导致的事故。

（3）提高人员素质和培训力度：加强对操作人员的培训和教育，提高其安全意识和操作技能，减少人为因素导致的事故。

（4）改善环境和条件：优化物流作业环境和条件，如改善仓库通风、照明和消防设施等，降低环境因素对事故的影响。

（5）强化安全管理：建立健全安全管理制度和规程，加强安全监管和检查，确保各项安全措施得到有效执行。

综上所述，物流系统事故需要企业从多个方面入手，建立完善的事故管理系统和应对措施，以确保物流安全、高效运作。

4. 物流系统事故相关理论

（1）物流系统事故骨牌论。

在物流的人—机—环境系统中，事故的发生往往具有连锁反应的特征。通过对事故的分析，海因里希按事故发生顺序，把其编排成易懂的 5 个骨牌，即所谓骨牌论。骨牌论可以用于分析物流系统中发生的事故的原因和确定应采取的主要控制措施。

（2）能量意外释放论。

能量意外释放论认为事故是一种不正常的或不希望的能量释放。它对事故发生的原因及防止的方法给出了较为系统的阐述。对于特定的能量系统，可以用该理论对事故发生的机理、原因和应采取的措施进行分析。该理论适用于物流系统的安全分析。

三、物流系统安全分析

物流系统是一个复杂的系统，具有其自身的特性，但它拥有安全系统工程的一些普遍特征。系统安全分析法是安全系统工程的内容。系统安全分析法也广泛地运用于现代物流系统的分析。物流系统安全分析就是采用系统安全分析法，对物流系统中的安全结构和安全状态等进行定性、定量分析，为决策者提供最佳的系统安全方案。

物流系统安全分析就是要通过对物流系统，尤其是其六大功能要素进行深入、细致的分析，充分了解、查明系统中存在的危险性，估计事故发生的概率和可能产生伤害及损失的严重程度，为危险的控制与消除提供依据。物流系统安全分析是物流系统安全评价及安全决策的基础。

第三节　物流运输配送安全概述

一、运输与配送

运输与配送是物流过程的重要环节。在物流活动中，运输是实现时空转换的主要手段；配送是一种几乎包含了所有物流功能要素的综合活动形式，物流运输与配送紧密结合。在物流运输与配送过程中，人、运输设备、环境等因素不协调的情况时有发生，而在这种状态下就有可能发生事故，产生安全问题。从安全系统工程的角度对物流运输配送进行分析并制定相应的措施，能够增强物流系统的协调性，减少人员伤亡和经济损失。

二、运输配送事故

1. 道路交通事故

在物流运输中，公路运输主要承担近距离、小批量的货运和水运、铁路运输难以到达的长途、大批量货运，以及铁路运输、水运优势难以发挥的短途运输。公路运输承担了干线运输的部分支线运输任务，同时也是终端配送的主要形式。公路运输在物流运输中承担的运输量大、范围广、事故率高。因此，道路交通事故是影响物流运输的主要因素。

2. 水路交通事故

船舶等在海上或内河水域中航行、停泊或作业时发生的事故称为水路交通事故，发生在沿海水域中的事故称为海上交通事故，发生在内河通航水域中的事故称为内河交通事故。

3. 铁路运输事故

铁路运输中，凡因违反规章制度、违反劳动纪律、技术设备不良及其他原因，在行车中造成人员伤亡、设备损失、经济损失，影响正常行车或危及行车安全的，均构成铁路运输事故。铁路运输具有运输距离长、运输量大的特点，在干线运输中起着重要作用。

4. 航空运输事故

物流航空运输中主要使用的是民航飞机。民航飞行安全是指民用航空器在运行中处于一种无危险的状态，即民用航空器在运行过程中，不发生民用航空器质量、飞行组操纵及其他原因造成民用航空器上的人员伤亡和航空器、货物损坏的事件。航空运输事故往往具有事故损失大、破坏性强等特点。

5. 管道运输事故

管道运输事故中，发生最多的是泄漏事故，其主要原因有设置上的缺陷，如管道被腐蚀、焊接上有缺陷、对温度引起的伸缩性考虑不周等。

第四节　道路运输安全

在物流运输中，使用汽车进行的道路运输是主要的运输方式。改革开放以来，随着我国市场经济的快速发展，道路运输作为物流运输的主要方式也在快速发展，无论是运输货物总量还是运输公路里程总数都达到了一个新的水平，道路运输获得了长足的发展。但是，与此同时，道路运输安全生产形势却日趋严峻，交通事故的发生对人身安全造成了威胁，也让物流运输受到了损失。

一、交通事故原因

我国交通事故的原因涉及多个方面，人为因素占比在 80% 以上，主要原因的分析如下。

1. 驾驶员因素

（1）驾驶员素质不高：部分驾驶员的驾驶技术差和处理问题的能力不强，尤其是在紧急状况下，不能果断采取正确措施，从而影响交通安全。此外，一些驾驶员存在侥幸心理，对交通规则了解得不全面，忽视交通规则的重要性，容易引发交通事故。

（2）驾驶员安全意识薄弱：许多驾驶员缺乏足够的安全意识，对交通安全的重视程度不够。他们可能忽视交通信号、超速行驶、疲劳驾驶等，这些行为都极大地增加了交通事故发生的概率。

2. 车辆因素

（1）车辆安全性能降低：一些车辆由于长期使用或维护不当，导致安全性能降低。例如，车辆带病上路、随意改装车辆、擅自变更车辆构造和用途等行为，都可能影响车辆的安全性能。

（2）车辆超载、超限、超速：超标准运输载重量、载客数量，以及不按规定最高时速行驶等问题十分普遍，这些行为不仅严重损坏路面和桥梁，而且极易引发重大事故。

3. 道路环境因素

（1）道路设施不完善：部分损坏路面的修复和路标完善更新不及时，导致道路状况不佳。此外，一些地区的道路设计不合理，存在交通瓶颈和安全隐患。

（2）天气和路况影响：恶劣的天气条件（如雨雪、雾霾等）和复杂的路况（如山路等）都可能增加交通事故发生的概率。

4. 管理因素

（1）交通管理部门管理不力：在一些地方，交通管理部门的管理理念仍然停留在传统阶段，对交通安全的重视程度不够。他们可能更注重事后的处理，而忽视了事前的预防。

（2）执法不严：道路交通违章现象日益严重，但执法不严、以罚代纠的现象仍然存在。这导致一些违章行为得不到及时纠正，从而增加了交通事故的风险。

5. 其他因素

（1）缺乏交通安全教育：在一些地方，交通安全教育往往只是一纸空文，并没有真正落实到位。广大群众对于交通安全知识的了解非常有限，这导致他们在面对交通风险时缺乏足够的应对能力。

（2）农用车违章载人：农用车问题越来越成为业内人士议论的热点。由于管理上难度大、车多面广、监督力量有限等原因，农用车违章载人、无牌无证上路等现象时有发生，增加了交通事故的风险。

综上所述，我国交通事故发生的原因涉及驾驶员、车辆、道路环境、管理及其他多个方面。为了降低交通事故的发生概率，我们需要从多个方面入手，加强交通安全教育、提高驾驶员素质、完善道路设施、加强交通管理部门的管理和执法力度等。

二、大型货物的运输安全

大型货物的运输安全需要从多个方面综合考虑和实施保障措施。

（1）运输前的准备工作至关重要。这包括对运输设备的特点、技术参数和运输要求进行详细分析，以及制订详细的运输计划和应急预案。运输计划应涵盖运输路线、运输工具的选择、时间安排等多个方面，并充分考虑货物的尺寸、重量、价值及运输距离等因素，以确保运输的安全性和效益。

（2）货物包装与固定是保证运输安全的关键环节。大型货物往往体积庞大、重量惊人，需要使用专业的包装材料和固定装置进行包装和固定，以防止在运输过程中发生滑动、倾覆或碰撞等意外情况。包装材料应符合相关标准和要求，能够承受运输过程中的震动、冲击和温度变化。

（3）选择合适的运输方式与路线至关重要。根据货物的性质、数量和距离，选择合适的运输方式，如海运、空运或陆运等，以降低运输成本和风险。同时，规划好运输路线，避开崎岖不平或交通繁忙地段，确保行驶平稳。必要时，还可派遣专业团队沿途护送，实时监控货物状态。

（4）在运输过程中，还需要加强安全监控和管理。利用物联网技术进行远程监控，实时收集并传输货物的位置、温度、湿度等数据，一旦发现异常，立即采取措施将风险降至最低。同时，加强道路、桥涵的排查工作，确保运输途中的安全。

（5）合规性也是不可忽视的一环。在运输过程中，应遵守国家相关法律法规和行业标准，确保运输活动的合法性和规范性。

综上所述，大型货物的运输安全需要从准备工作、货物包装与固定、运输方式与路线的选择、运输过程中的安全监控和管理及合规性等多个方面综合考虑和实施保障措施。

三、危险化学品的运输安全

（一）危险化学品道路运输事故

危险化学品道路运输事故的特点主要包括突发性、差异性、耦合性、施救困难及流动性。

1. 突发性

泄漏事故一般瞬间发生，常在意想不到的时间、地点发生，这种突发性与危险化学品的性质及其生产过程的特殊性有关。

2. 差异性

不同种类的危险化学品在运输过程中产生的安全风险不同，如爆炸性物质易引起火灾、爆炸事故，毒害或腐蚀性危险化学品泄漏会导致中毒、灼伤和环境污染等事故。

3. 耦合性

这一点指的是事故中多种因素相互作用、相互影响的特点，可以理解为事故往往不是由单一因素引起，而是多种因素耦合的结果。

4. 施救困难

危险化学品种类多，要准确侦检是何种物质引发事故的难度较大。同时，泄漏和爆炸可能形成"高温、高压、缺氧、有毒"的环境，给救援带来很大的难度。

5. 流动性

危险化学品运输车辆不确定性强，是流动的重大危险源，具有易扩散、易污染等特点。

此外，危险化学品道路运输事故还可能具有危害范围广、伤害途径多、污染环境且洗消困难等特点。这些特点致使危险化学品道路运输事故的处理和救援工作变得尤为复杂和困难。

（二）危险化学品道路运输事故危害后果的定量分析

危险化学品道路运输事故危害后果的定量分析涉及多个方面，包括人员伤亡、财产损失、环境污染和社会影响等。这种定量分析通常通过概率计算和模拟仿真等手段进行，以评估事故可能带来的具体影响。以下是对危险化学品道路运输事故危害后果的定量分析。

1. 人员伤亡

危险化学品道路运输事故往往伴随着燃烧、爆炸、泄漏等严重后果，这些后果直接威胁人员的生命安全。

定量分析需要考虑事故发生的概率、事故中危险化学品的性质、事故现场的疏散条件等因素，以评估可能的人员伤亡情况。

例如，某起危险化学品道路运输事故中，泄漏的危险化学品具有剧毒性，导致周边居民紧急疏散时多人受伤。这种情况下，定量分析可以基于毒物的毒性、泄漏量、风速、人口密度等因素，预测可能的伤亡人数和伤害程度。

2. 财产损失

财产损失是危险化学品道路运输事故危害后果的重要组成部分，包括车辆、货物、道路设施等的直接损失，以及事故导致的停产、停业等间接损失。

定量分析可以通过评估事故发生的概率、事故规模、受影响财产的价值等因素预测可能的财产损失。

例如，某起危险化学品道路运输事故导致周边工厂停产，造成了巨大的经济损失。定量分析可以基于泄漏量、毒物扩散范围、工厂生产规模等因素，估算停产带来的直接损失和间接损失。

3. 环境污染

危险化学品泄漏或燃烧后，其有害物质可能进入大气、水体或土壤，对环境造成长期污染。

定量分析需要考虑泄漏物质的性质、泄漏量、环境条件（如风速、风向、降雨等），以及污染物的迁移转化规律等因素，以评估环境污染的程度和范围。

例如，某起危险化学品道路运输事故导致有毒气体泄漏，对周边大气环境造成严重污染。定量分析可以基于泄漏气体的毒性、泄漏量、风速、风向等因素，预测污染物的扩散范围和浓度分布。

4. 社会影响

危险化学品道路运输事故还可能引发社会舆论的关注，影响企业的声誉和形象，甚至可能引发公众对危险化学品运输安全的担忧和恐慌。

虽然社会影响的定量分析相对较难，但可以通过评估事故发生的概率、事故后果的严重程度，以及公众对危险化学品的认知程度等因素，间接预测社会影响的大小。

常用的定量评估方法包括风险矩阵法、蒙特卡洛模拟法等。这些方法通过综合考虑事故发生的概率和后果的严重程度，以量化的方式评估危险化学品道路运输事故的危害后果。

风险矩阵法通常将事故发生的概率和后果的严重程度划分为不同的等级，并构建一个二维矩阵来评估风险水平。蒙特卡洛模拟法则通过随机抽样和统计模拟预测事故可能带来的具体影响。

综上所述，危险化学品道路运输事故危害后果的定量分析是一个复杂而系统的过程，需要综合考虑多个因素和评估方法。通过定量分析，我们可以更准确地了解危险化学品道路运输事故可能带来的危害后果，为制定有效的预防措施和应急预案提供科学依据。

（三）危险化学品运输安全法律法规体系

危险化学品运输安全相关的主要法律法规包括《中华人民共和国刑法》《危险化学品安全管理条例》《危险货物道路运输安全管理办法》等。

1. 《中华人民共和国刑法》

根据《中华人民共和国刑法》第一百三十三条规定，违反交通运输管理法规，因而发生重大事故，致人重伤、死亡或者使公私财产遭受重大损失的，处三年以下有期徒刑或者拘役；交通运输肇事后逃逸或者有其他特别恶劣情节的，处三年以上七年以下有期徒刑；因逃逸致人死亡的，处七年以上有期徒刑。

2. 《危险化学品安全管理条例》

该条例旨在加强危险化学品的安全管理，预防和减少危险化学品道路运输事故，保障人民群众的生命财产安全，保护环境。

条例详细规定了危险化学品生产、储存、使用、经营和运输的安全管理要求，以及相关的法律责任。

3. 《危险货物道路运输安全管理办法》

该办法是为了加强危险货物道路运输安全管理，预防危险货物道路运输事故，保障人民群众的生命财产安全，保护环境而制定的。

办法明确了危险货物道路运输安全管理的要求，包括运输车辆、驾驶员、押运员等的相关资质和条件，以及运输过程中的安全管理措施。

4. 国际海运危险货物管理法规

例如，马来西亚等国家的国际海运危险货物管理法规，主要参考《国际海运危险货物规则》（IMDG Code）和其他相关国际条约，对海运中涉及的危险化学品进行分类、包装、标识和运输等方面的严格管控。

5. 交通运输行业重大事故隐患判定标准及规范性文件

这些文件进一步规范了道路危险货物运输市场秩序，明确了危险货物的分类、分项、品名和品名编号等，从事道路危险货物运输的企业应当遵守保障安全、依法运输、诚实信用的原则。

综上所述，危险化学品运输安全法律法规体系涵盖了多个层面，旨在确保危险化学品在运输过程中的安全，预防和减少事故的发生，保障人民群众的生命财产安全和环境安全。

四、物流运输事故频发的原因及预防与控制

（一）物流运输事故频发的原因

物流运输事故频发的原因主要包括管理失序、人为失误、车辆问题、道路环境因素及装载不当等多个方面。

1. 管理失序

物流企业和相关部门在管理上存在不足，如未能及时调整运营策略以应对货量激增和人员流失，基础设施配套不完善，以及未能合理分配资源等，这些问题都可能导致物流运输事故的发生。

2. 人为失误

人为失误包括驾驶员疲劳驾驶、安全操作意识不强、安全操作技能不足等。疲劳驾驶会影响驾驶员的注意力、感知力等，增加事故风险。同时，驾驶员违章变道、占用应急车道等行为也可能导致事故的发生。

3. 车辆问题

车辆自身存在安全隐患，如私自改装、缺乏维护保养、超载等，都可能导致车辆在行驶过程中出现故障，从而引发事故。此外，车辆的技术状况，如动力、胎压等是否正常，也会影响运输安全。

4. 道路环境因素

道路设计缺陷、交通环境多变、天气状况恶劣等都可能影响物流运输的安全。例如，山区险道、繁华市区、危险路况等都容易引起事故的发生。同时，恶劣天气（如大雾、雨雪等）也会影响驾驶员的视线和判断，增加事故风险。

5. 装载不当

超限装载、非法装载、不合理装载等都是事故发生的重要原因。装载比例不协调、装载货物不规范等都可能导致车辆在行驶过程中出现问题，从而引发事故。

综上所述，物流运输事故频发的原因是多方面的，需要从管理水平、人为操作、车辆情况、道路环境和装载要求等多个方面入手，加强监管和防范，以确保物流运输的安全。

（二）物流运输事故预防与控制

1. 驾驶员因素控制

（1）加强驾驶员的教育与培训。

（2）提高驾驶员的安全技能。

（3）强化驾驶员的适应能力。

（4）合理调节驾驶员的心理状态。

（5）改变和抑制人的异常行为。

（6）建立健全驾驶员的考核制度。

2. 车辆安全控制

（1）加强运输车辆的安全性。

（2）加强车辆日常维护与技术检查。

（3）在汽车维修与检测、车辆管理中运用以现代电子信息技术为代表的新技术。

3. 安全管理对策

（1）贯彻落实道路运输法律法规。

（2）建立健全企业运输安全管理规章制度。

（3）加大道路运输管理体制改革力度。

（4）加大道路运输安全管理的信息化建设力度。

（5）强化事故应急与救援建设。

（6）提高物流运输安全管理人员的素质。

（7）改善物流运输安全管理的手段。

五、物流运输事故案例

近几年来国内经济发展迅速，尤其是石油和化工业在国民经济中所占的比例越来越大，对物流运输的需求也随之增长，对于物流服务的要求越来越高。但是国内危险化学品运输仍存在许多不规范行为，无论是化工企业自有车队运输还是外包给运输公司的专业运输车队，从车辆管理、运输人员培训到车辆的保养等都存在着诸多安全隐患。

案例一：2012 年某日，湖南省某物流有限公司一辆重型半挂油罐车行驶至广州市沿江高速公路南岗段夏港入口附近，临时停靠在道路外侧车道和应急车道中间时，被一辆个体经营货车从后方追尾碰撞，引发交通事故。事故造成油罐车所载溶剂油泄漏，并顺着高速公路排水管流至桥底货物堆场，遇火源引起爆燃，大火迅速引燃桥下一露天木材加工场堆放的木板及临时搭建的工棚，致使木材加工场近千平方米的木屋顶被掀飞，数十辆货车、轿车全部被焚毁，造成 20 人死亡，31 人受伤，其中 16 人重伤。

案例二：2009 年某日，张某雾天在疲劳状态下驾驶某中型厢式货车，沿唐津高速公路由西向东行驶至上行 147.7 公里处时发生车祸，撞在前方停在第二车道内由刘某驾驶的重型罐式半挂车左后尾部，造成张某车内乘车人胡某死亡、两车及车内货物损坏。

案例三：某公司成立于 2005 年，是一家专注危险化学品货运物流仓储配送的物流公司。十几年前国内尚未出现专业的第三方物流公司，当时的化工生产企业仅仅将运输部门当作企业的一个服务性部门，对运输的重视程度不高。因此，随着行业的发展，安全问题愈加突出，很多司机都缺乏危险化学品运输安全知识（如不了解货物的特性、不了解货物正确的装卸方法），有些企业也缺少资金开展专业化培训，导致司机并不知道危险化学品存在的隐患及自己应当承担的责任。

因此，该公司从这个角度考虑进入危险化学品运输行业，定位于国内专业的第三方物流，逐步形成以化工物流为主导，医药物流、电子配件仓配等多种供应链模式并存的服务体系，让客户享受便捷、高效、优质的一站式物流仓配体验。

第五节　储存保管安全

储存保管是物流的中心环节之一。储存保管作为社会再生产各环节之间的"物"的停滞，是供求之间的缓冲器，创造了时间价值。由于储存物品本身的特性、环境和管理等方面的原因，储存保管环节存在着大量的不安全因素，容易导致事故的发生。

一、储存保管

储存保管是指在一定的时期和场所，以适当的方式维持物资质量和数量等的储存保管活动，是包含库存和储备在内的一种广泛的经济现象。储存保管在物流系统中起着缓冲、调节和平衡的作用，是物流的中心环节之一。

（一）储存保管的作用

储存保管的作用主要体现在保证社会再生产顺利进行、调节市场供需平衡、维持市场稳定及支持企业经营活动等多个方面。

1. 保证社会再生产顺利进行

储存保管是社会再生产顺利进行的必要过程，它确保了生产所需物资在需要时能够随时供应，从而维持了生产的连续性和稳定性。

2. 调节市场供需平衡

通过库存的调节，储存保管可以缓解供需之间的时间差异，平衡市场供求关系。在供过于求时吸纳商品，增加储存；在供不应求时释放商品，以满足市场需求，从而稳定物价，避免生产供应的恶性循环。

3. 维持市场稳定

储存保管不仅能调节供需，还能通过其流通过程的衔接作用，维持市场的整体稳定，作为市场信息的传感器，能够反映市场动态，为企业的生产和经营活动提供决策依据。

4. 支持企业经营活动

在企业经营中，储存保管是"采购、生产、销售"循环过程中的重要环节。库存使得各个环节相对独立的经济活动成为可能，同时也为企业提供了信用保证，支持了企业的融资和经营活动。

此外，储存保管还具有整合和分类功能，能够提高物流效率；通过集中储存和配送，可以降低物流成本；可以进行货物的包装和流通加工，提高货物的附加值。

综上所述，储存保管在经济发展、市场稳定和企业经营中发挥着不可或缺的作用。

（二）储存保管方式

1. 公共仓储

公共仓储的优点主要在于以下六个方面。

（1）公共仓储投资少，风险小。

（2）公共仓储没有仓库容量限制。

（3）公共仓储可以避免管理上的困难。

（4）公共仓储具有规模效应，成本低。

（5）公共仓储储存方式灵活。

（6）公共仓储便于企业确定成本变化情况。

2. 自有仓储

自有仓储的优点主要在于以下四个方面。

（1）自有仓储便于控制。

（2）自有仓储具有灵活性。

（3）自有仓储可以长期储存保管大量货物。

（4）自有仓储利于为企业树立良好形象。

3. 第三方仓储

第三方仓储的优势主要在于以下四个方面。

（1）第三方仓储比自有仓储更能有效地处理季节性产业普遍存在的产品淡旺季储存问题，更有效地利用设备、空间等资源。

（2）第三方仓储能通过设施的网络系统扩大企业的市场覆盖范围，降低人力成本。

（3）第三方仓储可以考察产品的市场需求，具有测试新市场的灵活性，优化客户服务。

（4）第三方仓储处理不同货主的大量产品，经过拼箱作业后可大规模运输，大大降低了运输成本。

二、仓储消防安全

(一) 仓储消防设备

仓储消防设备是实现仓储消防安全的物质保障，对于预防火灾的发生、快速采取灭火措施和控制火灾发展态势等都有着重要的作用。

常见的仓储消防设备有火灾探测器、火灾控制报警器、火灾自动报警系统、消防灭火设施等。

(二) 仓储消防安全管理

仓储消防安全管理主要涉及制定和执行消防安全制度、进行消防设备检查与维护、开展消防安全培训及实施火灾隐患排查与整治。

1. 制定和执行消防安全制度

仓库应制定详细的消防安全制度，如仓库防火安全管理规则等，明确各级消防安全责任人和岗位职责。

制度中应包含仓库内严禁吸烟及使用明火的规定，并设明显标志牌，同时规定仓库内部照明用灯的使用标准和电源管理要求等。

2. 进行消防设备检查与维护

仓库应定期对消防设备进行全面检查，确保消防设备（如灭火器、自动灭火系统和火灾自动报警系统等）完好有效。

每月对消防设备进行一次全面的检查，每天对消防设备进行抽查并详细记录，发现问题及时汇报并立即解决。

3. 开展消防安全培训

仓库应组织员工进行消防安全培训，提高员工的消防安全意识和自救互救能力。

培训内容包括火灾的危害性、如何预防火灾、初期火灾的扑救方法、火场疏散逃生技巧等。

4. 实施火灾隐患排查与整治

仓库应定期进行火灾隐患排查，重点检查仓库内储存物品是否符合要求、堆垛布置间距是否合理、电气线路铺设是否规范等。对发现的火灾隐患应及时进行整治，确保仓库的消防安全。

综上所述，仓储消防安全管理是一个系统工程，需要从消防安全制度制定与执行、消防设备检查与维护、消防安全培训及火灾隐患排查与整治等多个方面入手，以确保仓库的消防安全。

三、仓储通风

仓储通风主要包括自然通风和机械通风两种方式。

自然通风是通过在仓库的墙壁或屋顶开设通风口，利用自然风进行通风，增加空气流通，有助于降低仓库内部的温度和湿度，同时排出有害气体，保持仓库内空气新鲜。合理布局货物以避免阻挡通风口，确保空气能够顺畅流通，是提高自然通风效果的关键。此外，根据当地的风向特点，合理设置通风口的位置，也能提高通风效率。

机械通风则是借助排风扇、大功率风扇、环保空调等设备主动地将仓库内的空气抽出，并引入新鲜空气。机械通风能够更有效地控制通风量和通风时间，适用于各种规模和类型的仓库，特别是在自然通风不足或需要快速降温的情况下。例如，安装大功率风扇可以加快空气流动速度，带走热量，达到降温效果；而环保空调则可以注入新鲜空气，同时排出浑浊气体，实现降温通风的目的。

在实际应用中，可以根据仓库的具体情况选择最适合的通风方式。同时，定期维护通风系统，检查设备是否正常运行，清洁或更换过滤器，防止灰尘和杂质堵塞通风系统，也是确保通风效果持续性的重要措施。

此外，对于特殊类型的仓库，如危险化学品仓库、大型仓储中心、农产品仓库等，还可以根据实际需求采用更为专业的通风解决方案，如配置无动力风机等，以提高通风效率和安全性。

综上所述，仓储通风是确保仓库环境适宜、货物质量稳定的重要措施，应根据仓库的具体情况和需求选择合适的通风方式，并进行定期维护和监测。

四、储罐安全

储罐广泛应用于气体、液体或部分固体的储存保管中，特别是应用于石油化工行业的储存和运输过程中。储罐是储藏气体、液体或固体的工业用原料、中间产品或最终产品而不影响被储藏物品原有性质的设备。储罐的设置与构造必须是以不对储罐系统影响范围内的人和物造成任何灾害为前提。

储罐事故中，造成危害最大的火灾、爆炸等事故的主要原因有：由于作业失误引起罐内储物泄漏；储罐设备本身存在的缺陷引起事故，如腐蚀造成的缺陷、焊接上的缺陷、换气孔不良、静电防护措施不良、保养管理不完备和相应的安全措施的欠缺等。因此，选用储罐时必须在考虑上述各点的基础上，选用适当的类型。

储罐安全主要涉及储罐的使用、危险化学品储存、安全设施及日常管理等多个方面。

首先，储罐在使用前必须进行全面检查，包括储罐的外观、内部结构和安全设施，以确保其完好性和安全性。在使用过程中，应避免在储罐上堆积物品或放置杂物，以免影响其正常使用或造成安全隐患。同时，储存物品时需注意物品的性质和存放规则，不同危险化学品储存时的防护要求不同。

其次，对于危险化学品储存，应严格执行相关规定，不同类型的危险化学品需要进行不同的储存和保护。例如，易燃易爆危险化学品或腐蚀性物质等需要进行分区储存，以防止相互反应或造成更大的危害。此外，危险化学品储存时还应设置符合规范要求的防火设施和安全设备，如火灾自动报警系统、泡沫消防器、灭火器等，以应对可能发生的火灾事故。

再次，在储罐的安全设施方面，应设置液位指示和报警装置，对于需要特别监控或保护的储罐，还需增设低液位报警、高液位报警，并配备相应的联锁装置。这些装置的设置和可靠性对于保障储罐的安全运行至关重要。同时，储罐还应配备其他必要的安全设施，如阻火器、呼吸阀等，以应对可能发生的超压、泄漏等事故。

最后，储罐的日常管理也是保障其安全的重要环节。应定期对储罐进行检查和维护，及时发现和处理潜在的安全隐患。同时，还应加强储罐区周围的安全管理，建立禁区并设置严禁烟火标志，消除静电等潜在的危险因素。此外，还应加强员工的安全培训和教育，提高其安全意识和应急处理能力。

综上所述，储罐安全需要从多个方面入手，包括储罐的使用、危险化学品储存、安全设施及日常管理等多个环节。只有全面加强储罐的安全管理，才能确保其安全运行并保障人员和财产的安全。

五、危险化学品的安全储存

（一）储存危险化学品时发生火灾的主要原因分析

储存危险化学品时发生火灾的主要原因包括以下八点。

1. 着火源控制不严

（1）外来火种：如烟囱飞火、汽车排气管的火星、明火作业、烟头等。

（2）内部设备不良或操作不当：如电气设备不防爆或防爆等级不够，装卸作业使用铁质工具碰击打火，太阳曝晒导致易燃液体产生静电放电等。

2. 性质相互抵触的物品混存

由于管理人员缺乏专业知识或储存条件限制，将化学性质相抵触或灭火方法不同的化学物料混存在一起，可能因容器渗漏等因素发生化学反应而起火。

3. 电气设备故障

仓库内电气设备长时间运行或维护不当可能导致短路、过载等问题，产生火花并点燃易燃物。

4. 养护管理不善

建筑物条件较差或养护不及时，导致库房内温度过高、通风不良、湿度过大等，致使物品达不到安全储存的要求而发生火灾事故。

5. 包装损坏或不符合要求

危险化学品包装损坏或出厂时的包装不符合安全要求，可能导致危险化学品泄漏并引发火灾。

6. 违反操作规程

操作人员在搬运、装卸或处理危险化学品时未遵守操作规程，可能导致包装破损、泄漏或化学品混合，从而引发火灾。

7. 建筑物不符合存放要求

储存危险化学品的建筑物不符合存放要求，如未设置必要的防火设施或防火设施被损坏，可能增加火灾发生的风险。

8. 雷击

未按规范要求设置防雷设施或防雷设施被损坏，可能因雷击而起火。

综上所述，储存危险化学品时发生火灾的原因多种多样，需要从着火源控制、物品混存管理、电气设备维护、养护管理、包装要求、操作规程、建筑物标准和防雷设施等多个方面进行综合考虑和预防。

（二）危险化学品的储存安全管理

危险化学品的储存安全管理主要涉及储存设施规范、储存物品分类管理、储存作业管理、应急管理及安全培训和教育等方面。

1. 储存设施规范

（1）应定期对储存设施进行安全检查和维护，确保其完好性和安全性。

（2）储存设施应按照相应的标准进行设计和建设，特别是针对易燃、易爆和有毒物品的储存，应有专门的储存系统。

2. 储存物品分类管理

（1）储存物品应按照危险性类别进行分类，采取不同的储存措施。

（2）储存物品的储存位置应有明确的标识，避免不同类别物品混存。

3. 储存作业管理

（1）储存作业时，必须有专业的操作人员负责监督储存作业，并保证整个过程符合相关规定。

（2）储存作业时，应避免火源接触储存物品，严禁吸烟，严禁明火进入储存区。

4. 应急管理

（1）储存设施应配备必要的应急设备和消防器材，确保能及时响应应急情况。

（2）应制定相关的应急预案，对突发事件做好预防和处置工作。

5. 安全培训和教育

（1）储存作业人员必须进行相关的安全培训和教育，提高其安全意识和应急能力。

（2）应定期组织安全演习，检验和提高储存作业人员的应急处理能力。

此外，在危险化学品的储存安全管理中，还应特别注意访问控制、数据加密、备份与恢复、安全审计，以及员工的数据安全意识培养等方面，以确保数据的保密性、完整性和可用性。这些措施共同构成了储存安全管理的完整体系，有助于预防和减少危险化学品储存过程中的安全事故。

第六节　装卸搬运安全

一、装卸搬运

1. 装卸搬运的含义

在同一地域范围内（如车站范围、工厂范围、仓库内部等）以改变"物"的存放、支撑状态的活动称为装卸，以改变"物"的空间位置的活动称为搬运，两者合称为装卸搬运。

2. 装卸搬运的分类

（1）按设备对象分类。

装卸搬运按设备对象可分为仓库装卸搬运、铁路装卸搬运、港口装卸搬运、汽车装卸搬运等。

（2）按使用机械分类。

装卸搬运按使用机械可分成使用车的"吊上吊下"方式，使用叉车的"叉上叉下"方式，使用半挂车或叉车的"滚上滚下"方式、"移上移下"方式及散装方式等。

（3）按作业特点分类。

装卸搬运按作业特点可分成连续装卸搬运与间歇装卸搬运两类。

装卸搬运的分类还有很多，如按被装物的主要运动形式分类，可分垂直装卸搬运、水平装卸搬运两种形式；按装卸搬运对象分类，可分成散装货物装卸搬运、单件货物装卸搬运、集装货物装卸搬运等。

二、人力搬运安全

人力装卸搬运安全主要涉及对装卸搬运人员的健康评估、培训，防护装备的使用、搬运方法的正确性等多个方面。

1. 健康和体力状况评估

在进行人力装卸搬运之前，需要对参与装卸搬运的人员进行健康和体力状况评估，确保他们具备进行相关工作的健康状况和体力水平。

2. 人员培训和操作规范

对参与装卸搬运工作的人员进行相关培训，教授正确的装卸搬运姿势和方法及相关操作规范。确保他们了解和掌握正确的装卸搬运技巧，以减轻工作中的受力和压力。

3. 防护装备的配备和使用

根据具体的工作环境和工作任务，为参与装卸搬运工作的人员配备必要的防护装备，如手套、安全鞋、护腰带、安全帽等，以保护自身安全。

4. 装卸搬运方法的正确性

在装卸搬运重物时，应采取正确的装卸搬运姿势，如靠近物体，将身体蹲下，用伸直双腿的力量缓慢平稳地将物体搬起，避免使用背脊的力量。

装卸搬运时应使用手掌紧握物体，不可只用手指抓住物体，以防物体滑脱。

当传送重物时，应移动双脚而不是扭转腰部，以保持身体平衡。

5. 装卸搬运环境的考量

在装卸搬运前，应检查装卸搬运路线是否畅通无阻，避免发生意外。

装卸搬运过程中应注意周围的环境，避免发生碰撞或摔倒等事故。

6. 重物装卸搬运的合理分配

在装卸搬运重物时，要合理分配工作任务，避免单人承受过重的负荷。

7. 协同工作的安全性

当有多人一起装卸搬运重物时，应由一人指挥，以保证步伐统一，同时提起及放下物体，确保协同工作的安全性。

综上所述，人力装卸搬运安全需要从多个方面进行综合考量，以确保装卸搬运人员的安全和健康。

三、装卸搬运车辆

（一）叉车

叉车（见图 12-1）又名叉车装卸机，它以货叉作为主要的取货装置，依靠液压起升机构实现货物的托取、码垛等作业，由轮胎运行机构实现货物的水平运输。

图 12-1　叉车

（二）自动导引车（AGV）

自动导引车（见图 12-2）是指在车体上装备有电磁学或光学等导引装置、计算机装置、安全保护装置，能够沿设定的路径自动行驶，具有物品移载功能的搬运车辆，是一种集声、光、电及计算机于一体的现代物流系统的关键设备。主要应用于柔性加工装配系统、自动化立体仓库，作为搬运设备使用。

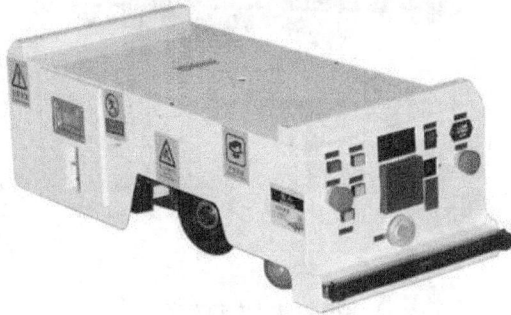

图 12-2　自动导引车

（三）地牛

地牛（见图12-3）是一种搬运工具，又称拖板车、搬运车，主要用于大超市中卖场和库房间的货物搬运，也用于生产车间搬运中小型工件，是一种利用液压千斤顶进行升降、方便又小巧的搬运工具。

图 12-3　地牛

四、起重安全

（一）起重设备

1. 轻小型起重机

电动葫芦是典型的轻小型起重机，如图 12-4 所示。

图 12-4　电动葫芦

2. 桥架类起重机

桥架类起重机主要有桥式起重机、龙门起重机，分别如图 12-5、图 12-6 所示。

图 12-5 桥式起重机

图 12-6 龙门起重机

3. 堆垛起重机

堆垛起重机如图 12-7 所示。

图 12-7　堆垛起重机

（二）起重作业事故的主要类型

1. 重物坠落

造成重物坠落的原因是多方面的，主要有提升机构本身有缺陷、部件受损未能及时更换、吊装时捆扎方法不妥、吊挂方式不正确和超载等原因。

2. 挤压碰撞

挤压碰撞事故主要有三种情况：人在起重机和结构物之间或人在两机之间作业时，机体运行、回转挤压导致的事故；吊物或吊具在吊运过程中晃动，因碰撞造成操作者从高处坠落或被击伤；被吊物在起吊过程中或摆放时倾倒造成的事故。

3. 触电

触电事故大多是使用移动式起重机作业时，起重臂外伸、变幅、回转过程中起重臂意外触碰架空线路而造成的。尤其在物流运输码头上，起重臂意外触碰高压架空线路机会较多，容易发生触电事故。

4. 起重机体倾翻

起重机体倾翻事故多发生在流动式起重机和塔式起重机工作场景。超载、斜吊、作业场所地面不平整、支撑不稳定、配重不平衡、风力过大、违章作业等均可能造成起重机倾翻事故。

（三）造成起重作业事故的主要因素

造成起重作业事故的主要因素包括操作因素和设备因素。

1. 操作因素

操作因素主要是指导致安全事故的人为原因。例如，起吊方式不当可能造成脱钩或起重物摆动伤人；违反起重机操作规程，如超载起重或人处于危险区域工作；指挥不当、动作不协调等也可能导致事故发生。

2. 设备因素

设备因素则主要涉及起重设备本身的问题。例如，吊具失效，如吊钩、抓斗、钢丝绳、网具等损坏，可能造成重物坠落；起重设备的操作系统失灵或安全装置失效也可能引发事故；起重机的金属结构被破坏，如主梁下挠度超标、支腿垮塌等，同样会导致严重后果。设备未在要求的条件下安装、使用、维修和保养，也可能造成设备部分或全部功能的失效，从而埋下安全隐患。

除了操作因素和设备因素，环境因素（如自然灾害、场地拥挤等）及其他一些因素（如未佩戴安全帽，吊钩、吊带未经检修等）也可能对起重作业事故的发生产生一定影响。但总体来说，操作因素和设备因素是造成起重作业事故的主要原因。

（四）起重设备安全措施与管理

起重设备安全措施与管理主要包括以下五个方面。

1. 设备进场报审与核查

（1）严格落实机械设备进场前的报审规定，未经报审通过的机械设备不得进入施工现场。

（2）经审批允许进入施工现场的机械设备使用前须进行设备状况和操作人员信息核查验收，并督促施工单位建立设备一机一档。

2. 操作人员资质与培训

（1）设备操作人员及相关辅助人员须持有效证件，岗前安全培训考核合格后方可进行相关操作。

（2）加强设备操作人员及相关辅助人员的安全培训、警示教育和班前安全教育等，不断提升作业人员的安全意识。

3. 安全装置配置与检查

（1）机械设备的安全装置（如限位器、控制器、连锁开关等）要配置齐全，并定期进行性能完好性检查。

（2）对于塔式起重机等特定设备，还需要安装起重量限制器、起重力矩限制器等主要安全装置。

4. 作业过程管控

（1）起重吊装作业前，应核实作业指挥人员和操作人员的资质，并对所使用的起重机械及其安全装置、吊索具等进行全面细致的检查。

（2）正式吊装前应进行试吊操作，确保所有环节正常后方可开始正式作业。

（3）在作业过程中，指挥人员应佩戴明显标志，严格按照规范进行指挥；作业人员应听从指挥，规范操作。

5. 设备维护保养

（1）强化设备安全检查和日常维修保养，机械设备维护保养应由专业维保人员实施。

（2）企业应建立完善的设备检查和维护保养制度，确保起重吊装设备始终处于安全可靠的工作状态。

此外，还需注意以下几点：机械设备启动运转前要对旋转部件的牢固性、周边环境安全性等进行检查；机械设备作业应按要求设置安全警戒区域，严禁人员进入危险区域；在恶劣天气条件下（如5级风速以上、雨天、雾天等）严禁进行吊装作业。

综上所述，起重设备的安全措施与管理是一个系统工程，需要从设备进场、人员资质与培训、安全装置、作业过程、设备维护保养等多个方面进行综合考虑和实施。

五、连续输送安全

连续输送安全在现代工业生产中是一个非常重要的方面，它涉及操作人员的生命安全和设备的正常运行。以下是一些关于连续输送安全的关键点和建议。

1. 建立健全安全管理制度

连续输送机械的使用单位应建立健全安全管理制度，明确安全管理责任、权限和考核制度，确保安全工作的有效开展。

2. 提高员工的安全意识和操作技能

（1）操作人员应具备相应的安全技术知识和操作技能，定期接受安全培训，熟悉连续输送机械的运行原理、结构和安全操作规程。

（2）维修人员同样需要具备相应的机械维修知识和技能，并定期进行维修知识和技能的培训。

3. 设备检查与维护

（1）连续输送机械的使用单位应定期进行安全技术检查和设备维修，及时处理发现的安全隐患和故障。

（2）每日结束运行后，要对系统进行彻底的清洁和维护，清除输送带上的杂物和污渍，检查是否有损坏的部件需要更换。

4. 个人防护装备

操作人员应正确穿戴个人防护装备，包括安全帽、防护眼镜、防护手套等，确保自身安全。

5. 安全操作规程

（1）操作人员应按照安全操作规程进行操作，并遵守所在工作区的安全管理制度。

（2）禁止在设备运转中触摸输送带、滚筒等运动部件，以免发生伤害事故。

6. 安全装置与警示标志

连续输送机械应配备相应的安全保护装置（如防护栏）和警示标志等，确保人员和设备的安全。

7. 应急处理与预案

连续输送机械的使用单位应进行定期的安全演练和应急预案制定，确保在事故发生时能及时有效地进行应急处置。

8. 技术层面的把控

对于连续输送机械的安装工作，要严格把控工艺流程，确保设备的良好运转。

9. 环境与安全距离

（1）连续输送机械下面禁止站人，从连续输送机械下面穿过的人行通道应具备安全防护装置。

（2）露天作业和车间内作业应保证足够的安全距离。

综上所述，通过制定和执行严格的安全技术规程，可以有效规范连续输送机械的安全操作和维护行为，最大限度地减少事故发生的可能性，保护工作人员的生命财产安全。同时，企业还应不断加强安全培训，提高员工的安全意识和应急处理能力，为企业的安全发展提供有力保障。

六、装卸搬运安全管理

装卸搬运安全管理主要包括装卸搬运前的准备、设备工具的检查、装卸操作规范、安全注意事项及事故预防与应对等方面的管理。

1. 装卸搬运前的准备

（1）装卸搬运人员须提前到达现场，熟悉货物信息、装卸搬运环境和设备情况。

（2）装卸搬运人员应检查装卸搬运地点及道路情况，清除周围障碍物，确保在安全环境下工作。

2. 设备工具的检查

（1）确保叉车、吊车等设备性能良好，安全装置有效。

（2）检查所使用的机械和工具，若有损坏，应修好后才能使用。

3. 装卸操作规范

（1）合理安排货物堆放位置，遵循"重不压轻、大不压小"的原则，使用设备时须严格操作。

（2）按货物特性堆码，保持整齐稳固，注意货物间距。

（3）装卸搬运易燃易爆物品时，严禁随身携带火柴、打火机，严禁在作业现场吸烟；装卸搬运有毒物品及有粉尘的材料时，要穿戴好防护用品。

4. 安全注意事项

（1）装卸搬运人员需佩戴防护用品，禁止在现场吸烟或明火作业，恶劣天气应停止作业。

（2）多人同时装卸搬运货物时，要协同动作，专人指挥，防止砸伤手脚。

（3）在装卸搬运成堆物品时，要防止货物倒塌伤人。

5. 事故预防与应对

（1）定期对装卸搬运人员进行安全培训，提高其安全意识和操作技能。

（2）完善危险化学品事故应急预案和现场处置方案，定期组织演练，提高现场处置能力。

（3）发生事故时，及时组织抢救和保护好现场，并立即向领导汇报，认真吸取教训。

综上所述，装卸搬运安全管理是一个系统工程，需要从多个方面进行综合考虑和管理，以确保装卸搬运作业的安全、高效和有序进行。

七、危险化学品的装卸搬运安全

危险化学品的装卸搬运安全主要涉及严格的预审与监管、专业的操作规范、全面的安全防护及应急处理措施。

首先，在装卸搬运危险化学品前，需要有严格的预审与监管机制。例如，天津海事局在船舶载运散装液体化学品进出港口许可环节，建立了预审机制，提前帮助企业预审申报信息，降低潜在的运输风险。同时，对于危险化学品运输车辆，也需要有严格的进出厂区手续办理制度，对所有外来车辆进行登记。

其次，专业的操作规范是确保危险化学品装卸搬运安全的关键。装卸搬运过程必须严格按照操作规程和有关规定进行，操作人员应认真细致地检查装卸搬运工具及操作设备。例如，抚顺石化公司对危险化学品运输车辆的"五证"、车辆应急安全设施、装卸搬运人员安全着装及车体运输介质铭牌进行严格检查，确保未达标车辆不予装卸搬运。同时，装卸搬运危险化学品时应轻搬轻放，防止撞击摩擦、震动摔碰，避免产生火花引发事故。

再次，全面的安全防护措施也是必不可少的。从事危险化学品装卸搬运的人员应按照装运危险化学品的不同性质穿着相应的防护用品。例如，对于有毒的腐蚀性物质，操作人员需要特别注意，在操作一段时间后应适当呼吸新鲜空气，避免发生中毒事故。此外，装卸搬运现场应备有清水、苏打水和稀醋酸等应急物品，以备急用。

最后，应急处理措施也是危险化学品装卸搬运安全的重要环节。一旦发生泄漏等事故，作业人员应立即停止作业，戴好防毒面罩和防护手套，切断泄漏源，并进行妥善处理。同时，运输危险化学品的车辆也需要配备相应的消防器材，以应对可能发生的火灾等事故。

综上所述，危险化学品的装卸搬运安全需要从预审与监管、操作规范、安全防护以及应急处理等多个方面进行全面考虑和管理。

八、物流装卸搬运事故案例

（一）叉车事故案例

1. 事故经过

2010年某日，上海某公司项目当班主任安排叉车司机王某进行装货作业，叉车司机王某从挂车右边给该车装好第一板货后，一边观察一边倒车，同时倒车前也观察了叉车四周，当时注意到货车司机高某站在叉车的右侧。当王某倒好车，左转并向前加速行驶时，突然发现司机高某站到了叉车两根铲齿的正中间，并下蹲避让铲齿，于是紧急停车。但由于距离太近，刹车已经来不及，叉车将货车司机高某挤压在了叉车门架和货车轮胎之间。事故造成高某肋骨有13处骨折，肺部挤压受伤。

2. 事故原因

（1）直接原因。叉车司机在操作过程中未能对四周安全仔细观察，以及货车司机高某违规进入叉车作业区域，造成叉车司机在紧急状态下情绪紧张，无法及时避让。

（2）事故间接原因。①违规操作过程。叉车在行驶过程中，铲齿未放低至离地15~20厘米，影响其转弯前行操作时间和观察视线。②货车司机进入库区作业没有经过相关培训，缺乏相关知识（叉车作业区域禁止进入），其车队也未能提供相关培训记录。③安全培训不到位。该叉车司机入职仅15天，虽然经过安全培训和技能考核，但从事故过程我们可以看出，该叉车司机操作技能不熟练，是事故发生的次要原因。④外协人员未配备必需的防护用品，如安全帽、反光背心、劳防鞋等。

（二）搬运事故案例

1. 事故经过

1996年某日，华东某制桶企业在搬运设备过程中，由于操作不当，现场指挥作业的一名副总经理被设备挤压身亡。

某日，该企业购进了2台冲床设备和4台制桶中段设备，由4个集装箱运至该厂。该企业副总经理周某某，指挥几名职工进行装卸作业。当将第1台设备拖至集装箱外时，铲车驾驶员准备利用铲车调整设备位置，周某某自己到车间推了一辆手动液压车放于设备底部，就在向右移动的一瞬间，突然设备向右侧倒压。当时周某某和另一人均在车厢右侧，工作位置不当，无法避让，周某某被挤压在手动液压车与集装箱右侧提板之间，无法动弹。现场人员急忙进行抢救，抬起手动液压车，将人救出，并立刻送往医院，但因肝脏破裂，抢救无效而死亡。

2. 事故原因

在这起事故中，造成事故的原因有很多。①周某某作为公司负责人，在卸货过程中采用口对口的传令方法，由于周某某在车厢右侧，另一人在车厢内进行口令传递，从时间上讲，一旦发生意外铲车司机来不及听到指令，无法及时做出反应。②使用的装卸设备不当，公司只有承重2吨的铲车，但设备重量都超过2吨，且无其他辅助设备，变成小车拖大件，埋下事故隐患。③铲车司机在以前的单位开过铲车，但实际并没有正规受训，所以属无证操作。④由于企业新建，安全管理的制度、机构不健全，这次搬运设备又是偶然行为，无论是组织者还是操作者，对此都没有足够的思想准备，尤其没有安全可行的操作方案。在不具备条件的情况下，公司为了节省装卸费用而自行装卸，结果却发生了这样不幸的事故。

🄤 案例分析

一、案例一

（一）基本情况

2013年某日，位于山东省青岛经济技术开发区的某石油化工股份有限公司管道储运分公司输油管道泄漏原油进入市政排水暗渠，在形成密闭空间的暗渠内油气积聚遇火花发生爆炸，造成 62 人死亡、136 人受伤，直接经济损失 75172 万元。

（二）事故原因

1. 事故发生的直接原因

输油管道与排水暗渠交会处管道腐蚀减薄、管道破裂，原油泄漏流入排水暗渠，现场处置人员采用液压破碎锤在暗渠盖板打孔，产生撞击火花，引发暗渠内油气爆炸。

2. 事故发生的间接原因

企业安全生产主体责任不落实、隐患排查治理不彻底、管道保护工作不力、现场应急处置措施不当等，政府相关职能部门人员履行职责不到位、安全隐患排查治理不深入、事故风险研判失误、应急响应不力等。

以上多方面原因导致该次爆炸事故发生。

（三）责任追究

法院认为，邢某等 8 人作为相关负责人员，在生产、作业中违反有关安全管理规定，系事故发生的间接原因之一，该事故致使多人伤亡，并致公共财产、国家和人民利益遭受特别重大损失，情节特别恶劣，其行为危害了生产、作业安全，均构成重大责任事故罪。

李某等 6 人作为政府相关职能部门的负责人员，在输油管道原油泄漏事件接报、处置过程中，未能全面尽职地履行职责，系事故发生的间接原因之一，该事故致使多人伤亡，并致公共财产、国家和人民利益遭受特别重大损失，6 名被告人的行为均构成玩忽职守罪。

二、案例二

（一）基本情况

2015 年某日，位于天津市滨海新区天津港的 M 公司危险化学品仓库发生火灾爆炸事故。该事故造成 165 人遇难、8 人失踪，798 人受伤，304 幢建筑物、12428 辆商品汽车、7533 个集装箱受损，已核定的直接经济损失达 68.66 亿元，是一起特别重大生产安全责任事故。

（二）事故原因

该起火灾爆炸事故属于特别重大责任事故。M 公司严重违反有关法律规定，是造成事故发生的主体责任单位。该公司无视安全生产主体责任，严重违反天津市城市总体规划和滨海新区控制性详细规划，违法建设危险货物堆场，违法经营、违规储存危险货物，安全管理极其混乱，安全隐患长期存在。同时，天津 W 安全评价监测有限公司弄虚作假，违法违规进行安全审查、评价和验收，提供虚假证明文件，致使 M 公司非法取得危险化学品经营资质，并在经营过程中造成"8·12"特大火灾爆炸事故，造成重大人员、财产损失。

（三）责任追究

M 公司董事长构成非法储存危险物质罪、非法经营罪、危险物品肇事罪、行贿罪，予以数罪并罚，依法判处死刑缓期二年执行，并处罚金人民币 70 万元；W 安全评价监测有限公司犯提供虚假证明文件罪，依法判处罚金 25 万元；天津市交通运输委员会主任武某等 25 名国家机关工作人员分别被以玩忽职守罪或滥用职权罪判处三年到七年不等的有期徒刑，其中李某等 6 人同时犯受贿罪，予以数罪并罚。

三、反思与建议

对于以商贸或普通货运业务为主的物流园区涉及危险化学品设施区域的建设及运营管理的建议如下。

第一，危险化学品及车辆在物流园区存放与否，在物流园区建设初期、规划阶段就要敲定及落实。

例如，考虑为停靠园区车辆提供加油、加气便利的油站、气站，这部分设施除了可以增加园区管理者的收入及吸引更多车辆停放，关键要达到国家相关管理部门对这些设施建设及物品存放的要求、管理条例及规定标准，不能因为想建设而建设，除了考虑物流园区及周边人员的生命安全、财产安全，还要顾及整个物流园区长远发展的问题。

安全设施齐备、合乎相关要求的园区，确实可以给园区的发展在一段时期内带来促进作用，但是到了一定阶段这些设施等可能变成制约及阻碍发展的因素。所以，园区的安全才是最重要的，而且不是每个物流园区都可以发展油站、气站，这些都是有前提的、有制约条件的，诸如地理位置、面积容量、安全距离、政策条件及园区的可持续发展等综合因素。

第二，物流园区管理除了注重发展收益项目及趋势项目，还要在日常的管理中加强对园区客户进出车辆及仓库存放物品的监督管理。

根据考察和操作经验，很多物流园区或货场、公路港等对客户租用仓库的存放物品监督上都是比较松懈的，因为这涉及对客户的尊重及生意利益方面的考虑。

这些管理的松懈或疏忽，表面上是对客户的尊重，但会造成诸多隐患。实际上很多问题和事故的发生，是因为园区客户没有遵守园区规定，存放不适当的物品或物品存放不规范、不合理而导致，以致园区与客户之间造成矛盾并产生责任纠纷，其实这些问题的产生较多是因为园区在管理上的失职和疏忽。

园区也可以通过日常例行检查发现问题，与客户沟通，防患于未然。园区日常的管理巡视人员，除了例行的纪律和秩序维持、防范抢劫和偷盗、处理纠纷、排堵防塞等常规项目，还有一条比较重要的就是通过拜访园区客户的形式，检视客户存放点或办公场所，有没有违规物品的存放或物品存放有没有达到存放标准要求等，一经发现必须立即纠正及上报园区管理层，也可以通过这些拜访排查园区在安全设施上的不足，以便改善或改进，增加某些措施，以防不测。这是园区管理的重要环节，涉及整个园区的安全问题，也是园区管理水平的体现。

在园区管理上，对危险车辆及物品的管理必须严格把关，规定必须严格执行，园区为了多赚钱，不管安全问题的情况一定要坚决杜绝，不能因为危险车辆给高价停车费就可以临时停放，或因为是园区的大客户就对该客户存放的物品监督管理放松或网开一面，这些都是安全隐患。

思考：

1. 以上案例给你的启示是什么？

2. 商贸物流公司如何提高物流安全水平？

本章小结

本章第一节概述了物流安全方面的相关内容，包括物流安全的基本概念、特征和作用等；第二节对物流系统安全进行了详细介绍，包括物流系统事故模式和安全分析等；第三节介绍了物流运输配送的安全问题；第四节详细讨论了道路运输安全问题，包括大型货物的运输安全、危险化学品的运输安全，分析了事故频发的原因及控制方法，并给出了相关案例；第五节详细讨论了储存保管安全知识；第六节对装卸搬运安全问题进行了详细介绍；最后分享了相关物流安全案例。

思考题

1. 交通事故的原因包括哪些？

2. 自有仓储和第三方仓储各有哪些优点？

3. 在储存危险化学品时要注意什么？

第十三章　仓库安全实操

1. 了解仓库安全管理职责。
2. 掌握仓库安全管理原则和要求。
3. 了解仓库安全相关文件和记录。

第一节　仓库安全管理职责

仓库管理员需确保仓库的安全运营，严格执行公司的安全管理制度，并进行日常安全检查，排查潜在的安全隐患。

具体职责细化为以下五个方面。

（1）物资管理：负责仓库物品的进、销、存管理，确保物资安全。这包括按时上下班，到岗后巡视仓库，检查是否有可疑现象，并做好防盗、防虫蛀、防鼠咬、防霉变等安全措施。同时，要保证库存物资完好无损，收货时须严格根据已审批的请购单按质、按量验收，并做好入库记录。

（2）环境维护：维护仓库的环境卫生，防止有害生物污染。这要求仓库管理员经常打扫仓库，整理堆放货物，并定期检查是否有火灾隐患。

（3）人员与信息管理：包括员工培训和应急处理，同时，保护公司机密信息，防止泄露。

（4）系统数据维护：仓库管理员还需要负责系统数据的维护，确保信息的及时、准确录入和传递，相关单证、报表的整理归档并提交。

（5）盘点与报告：定期对仓库货品进行实地盘点、数据核对，避免重复领料和材料浪费等情况。须及时结出月末库存数并报财务主管，同时做好各种单证、报表的归档管理工作。

对于特定类型的仓库，如化工仓库，管理员还须熟悉储存物品的分类、性质、保管业务知识和相关安全制度，掌握消防器材的操作使用和维护保养方法。

综上所述，仓库安全管理职责涉及多个方面，要求仓库管理员具备全面的安全管理知识和技能，以确保仓库的安全、高效运营。

第二节 仓库安全管理原则和要求

一、仓库安全管理原则

仓库安全管理原则主要包括安全第一、预防为主、综合治理，这些原则的具体内涵和实施方式如下。

1. 安全第一

在仓库的所有活动中，安全始终是最优先考虑的因素。这要求管理者和员工时刻保持警惕，将安全放在首要位置，确保库房运作不会对人员、物资或环境造成危害。

2. 预防为主

仓库应采取一系列预防措施消除或减少潜在的安全风险。例如，定期进行安全检查和维护，加强员工安全教育和培训，确保消防设施和器材的完好有效等，都是预防原则的具体体现。

3. 综合治理

要求从多个方面入手，综合运用法律、行政、经济、教育等手段，形成全方位、多层次的安全管理体系。这包括建立健全安全管理制度，明确各级安全管理职责，加强安全监督和考核等。

此外，仓库安全管理还应遵循其他一些具体原则，如严格执行安全操作规程，确保货物分类堆放并符合"五距"要求，防止货物堵塞消防设施及消防通道，以及做好防盗、防火、防潮、防尘等工作。这些原则共同构成了仓库安全管理的完整框架，为仓库的安全运作提供了有力保障。

二、仓库物资安全管理

（1）仓库应设专（兼）职仓库安全员，负责仓库物资安全的日常管理，并协助领导贯彻执行安全生产法令、法规、劳动保护政策。

（2）仓库使用专用系统对所管辖的物资进行分类登记，设置标识卡、台账，做到账（包括纸质台账和电子台账）、物、卡相符，及时反映库存。

（3）辅助材料、半成品、成品和工装器具等物资应按规定放置，并分类标识、分规格存放，有计划、有秩序地安排物资进仓、出仓及存放。

（4）存放物品的仓库应保持整洁通风，防潮湿，物品码放整齐。在库房中存取物品应办理相关手续，分类物品应标识明显，分类分区存放，不合格品应单独存放。

（5）对辅助材料、零部件、在制品和成品的管理应严格按照公司的制度或程序执行，防止其在包装和存放过程中被损坏或降低质量。

（6）注意安全，离开仓库后必须关闭仓库门，不得磕、碰、摔、挤压物资。

（7）严格履行物资出仓手续，做到先进先出，减少物资积压时间，监督库存量，根据公司库存量标准，如有超标、不足现象，及时向仓库负责人反映。

（8）仓库安全员应定期检查库存物资状况，仓库管理部门应定期组织盘点。

三、仓库设施、设备的管理

（1）保持仓库库容库貌，不得带食品到仓库，每天下班前清洁地面，清除库存物资上的灰尘、杂物。

（2）仓库设施、设备由专人管理，各种设备和仪器不得超负荷和"带病"运行，并要做到正确使用，经常维护，定期检修，不符合安全要求的陈旧设备，应及时反馈相关部门，有计划地更新和改造。

（3）电气设备和线路应符合国家有关安全规定。电气设备应有可熔保险和漏电保护，绝缘必须良好，并有可靠的接地或接零保护措施；产生大量蒸汽、腐蚀性气体或粉尘的工作场所，应使用密闭型电气设备；有易燃易爆风险的工作场所，应配备防爆型电气设备；潮湿场所和移动式的电气设备，应采用安全电压。电气设备必须符合相应防护等级的安全技术要求。引进国外设备时，对国内不能配套的安全附件，必须同时引进，引进的安全附件应符合我国的安全要求。

（4）生产用房、建筑物必须坚固、安全；通道平坦、畅顺，要有足够的光线；为生产所设的坑、壕、池、走台、升降口等有危险的地方，必须有安全防护设施和明显的安全标志。

四、仓库消防安全的管理

（1）仓库负责人为主要防火责任人，全面负责仓库的消防安全管理工作。

（2）仓库管理部门应把仓库作为日常安全巡逻、例行安全检查的重点，及时发现、处置安全隐患，防止安全事故的发生。

（3）仓库管理部门协助仓库做好定期消防演练，提高仓库员工消防意识。

（4）易燃易爆物品与一般物品，化学性质、防护灭火方法相抵触的危险化学品，不得同一仓库或同室存放。

（5）要严格控制易燃易爆、有毒有害化学用品的发放，需要领用时必须经有关领导同意。

（6）仓库应当设置醒目的防火标志，禁止带入火种。物品入库前必须检查，确定无火种等隐患后方准入库。

（7）仓库内禁止吸烟，禁止煮食及用火取暖，禁止使用明火。库外动火作业时，必须经过公司有关部门的同意。

（8）不准设置移动式照明灯具，离开时必须关掉电源，不准加设临时线路。

（9）仓库应当配置相应的消防设施和器材。消防器材必须设置在明显和便于取用的地点，并有明显标识；附近不得堆放物品和杂物，并确保消防器材任何时候都完好、有效。

（10）库区的消防通道和安全出口等严禁堆放物品。

（11）一旦发生火灾，要及时报告公司管理部门，同时组织人员扑救，并打火警电话 119 报警，事后协助查明原因，提出处理意见。

五、仓库安全培训、生产及检查的管理

1. 安全培训的管理

（1）对新入职员工、实习人员，必须先进行安全生产三级（公司级、部门级、班组级）教育培训后，才能准其进入操作岗位。

（2）对改变工种的员工，必须重新进行转岗安全教育才能上岗。

（3）对从事电气操作、起重作业、车辆（包括叉车）驾驶作业、易燃易爆等特殊工种（特种作业）的人员，必须进行专业安全技术培训，经有关部门严格考核并取得合格操作证（执照）后，才能准其独立操作。

（4）对特殊工种的在岗人员，必须进行经常性的安全教育。

2. 安全生产的管理

（1）新购的特种设备必须是取得国家有关许可证并在劳动部门备案的正规单位设计、生产的产品。经安全员或安全管理机构检验合格方可使用，销售商须提供经劳动部门备案认可的维修保养点或正式委托保养点。确需聘请外单位人员安装、维修、检测特种设备时，被雇请的单位必须是经劳动部门认可的单位。

（2）负责管理、使用特种设备的部门，要切实加强管理，规范使用流程、定期维

修和保养，配合综合管理部做好特种设备的年审工作。发现隐患要立即消除，严禁带隐患运行。

（3）根据工作性质和劳动条例，安全员要做好防尘、防毒、防辐射、防暑降温计划的落实工作，为员工配备或发放合格的个人防护用品，各生产部门必须协助安全员教育职工正确使用个人防护用品，不懂得个人防护用品用途和性能的，不准上岗操作。

（4）针对从事有毒有害作业的人员，要实行每年一次定期职业体检的制度。对确诊为职业病的患者，应立即上报公司安全生产委员会（简称安委会），视情况调整工作岗位，并及时做出治疗或疗养的决定。

（5）禁止雇用年龄不满18岁的青少年，禁止安排女职工在怀孕期、哺乳期从事影响胎儿、婴儿健康的作业。

（6）办理新进、安装的特种设备移交时，除了应移交有关文件、说明书等资料，还须告知接收部门有关的维修、检测和年审等事宜。

3. 安全检查的管理

（1）坚持定期或不定期的安全生产检查制度。公司安委会组织全公司的检查，每季度不少于一次；各生产部门每月检查不少于一次；各班组每周检查不少于一次，同时还应实行班前班后检查制度；特殊工种和设备的操作者必须进行每天检查。

（2）发现隐患，必须及时整改，如本部门不能进行整改的要立即报告安委会统一安排整改。凡安全生产整改所需费用，应经安委会审批后，在安全生产专项经费列支。

（3）仓库管理部门参加事故的调查和处理，负责伤亡事故的统计、分析和报告，协助有关部门提出防止事故的措施，并督促其按时实现。

（4）安委会每季度组织召开一次安全工作会议，主要总结上季度工作中出现的问题和部署下一步工作。安全生产工作应每年总结一次，在总结的基础上，由公司安委会组织评选安全生产先进集体和先进个人。对在安全生产方面有突出贡献的部门和个人给予奖励，对违反安全生产制度和操作规程造成事故的责任者，给予严肃处理，触及刑法的，交由司法机关处理。

六、仓库外围施工安全的管理

（1）凡新建、改建、扩建、迁建生产场地及技术改造工程，都必须安排劳动保护设施的建设，并要与主体工程同时设计、同时施工、同时投产（简称三同时）。

（2）工程建设主管部门在组织工程设计和竣工验收时，应提前提出安全保护设施的设计方案、完成情况和质量评价报告，经公司采购部门和安全主管部门等审查验收，并签名盖章后，方可施工、投产。未经以上部门同意而强行施工、投产的，要追究有关人员的责任。

（3）外单位人员在公司的场地进行施工作业时，安全主管部门和生产部门应加强安全管理，必要时实行监管。对违反作业规定并造成公司财产损失者，按相关合同索赔并严加处理。

（4）被雇请的施工人员需进入库区、机房等地施工作业时，必须到安全主管部门办理出入许可证；需动明火作业者还须填写明火/电作业安全保证书和办理相关手续。

（5）电气、电信、IT线路的设计、施工和维护，均要严格执行有关安全技术法律法规。电气、电信、IT线路施工单位必须保证安全施工。对架空线路、天线、地下及平底电缆、地下管道等施工工程及施工环境都必须相应采取安全防护措施。施工工具要合格、灵敏、安全、可靠。高空作业用到的工具和防护用品，必须由专业生产厂家和管理部门提供，作业人员严格按照操作规程作业，并经常检查，定期鉴定，要严防触电、高空坠落事故。

第三节　仓库安全相关文件和记录

一、相关文件

仓库安全相关的文件主要包括《仓库防火安全管理规则》《中华人民共和国消防法》《中华人民共和国安全生产法》《特种设备安全监察条例》《危险化学品安全管理条例》。

这些文件从不同方面对仓库安全进行了规定，内容如下。

（1）《仓库防火安全管理规则》：专门针对仓库的防火安全管理制定了详细规则，是确保仓库消防安全的重要依据。

（2）《中华人民共和国消防法》：要求仓库配备符合标准的消防设施，保证消防通道畅通无阻，并定期进行消防设备的检查和维护，以及消防演练，以提高员工的应急处理能力。

（3）《中华人民共和国安全生产法》：明确了企业在生产和运营中必须履行的安全责任，对于仓库来说，企业必须建立和完善安全生产责任制度，定期进行安全检查，并设立专门的安全生产管理机构负责仓库的日常安全管理。

（4）《特种设备安全监察条例》：虽然未直接提及仓库，但仓库中可能使用的特种设备（如叉车、起重机等）的安全管理需遵循此条例。

（5）《危险化学品安全管理条例》：对于存储和管理危险化学品的仓库提出了严格的要求，包括危险化学品的分类、标识、存储规定，以及应急预案的制定等。

此外，还有如《租赁厂房和仓库消防安全管理办法（试行）》等文件，针对租赁厂房和仓库的消防安全管理进行了具体规定。这些文件共同构成了仓库安全管理的法律框架，为确保仓库安全提供了有力的制度保障。

二、相关记录

仓库安全相关记录主要包括安全教育培训记录、安全检查记录、安全管理制度记录及安全问题记录等。

1. 安全教育培训记录

安全教育培训记录主要记录仓库工作人员接受安全教育培训的情况，包括培训时间、地点、参会人员、主持人及培训内容和目的等。

培训内容通常涵盖仓库安全管理概述、仓库安全管理措施、仓库火灾预防与应急处理、仓库电气安全与设备维护、仓库作业人员的安全操作规范等。

2. 安全检查记录

安全检查记录主要记录对仓库进行安全检查的情况，包括检查人、检查时间、排查项目、排查内容、检查情况、责任人及整改期限等。

排查项目通常涉及消防安全、电气安全、物品摆放安全等多个方面，确保仓库设施、设备、作业环境等符合安全要求。

3. 安全管理制度记录

安全管理制度记录主要记录仓库安全管理制度的制定、执行和修改情况，包括安全管理组织架构、安全管理人员职责、安全培训与教育、安全巡查与检查、安全事故处理等。

这些制度旨在规范仓库安全管理行为，提高员工安全意识，有效预防和控制潜在的安全风险。

4. 安全问题记录

安全问题记录主要记录仓库设施存在的安全问题及其处理情况，包括问题描述、采取措施、负责人及进展情况等。

通过记录安全问题并及时采取相应的措施进行改进和预防，确保仓储设施和货物的安全性。

以上记录对于提高仓库安全管理水平、保障企业财产和员工人身安全具有重要意义。

🎯 案例分析

一、基本情况

2021 年某日，吉林省 L 公司婚纱摄影基地发生火灾，造成 15 人死亡、25 人受伤，建筑物过火面积为 6200 平方米，直接经济损失为 3700 余万元。

二、事故原因

起火原因：摄影棚上部照明线路漏电击穿其穿线蛇皮金属管，引燃周围可燃仿真植物装饰材料。

火灾蔓延扩大原因：L 公司违规对其婚纱摄影基地进行改扩建及采用可燃材料装修装饰。

经调查认定，该起重大火灾事故是一起生产安全责任事故。

三、责任追究

相关涉案人员因涉嫌重大责任事故罪、工程重大安全事故罪被追究刑事责任。

📍 本章小结

本章主要针对仓库安全操作问题进行了介绍。其中第一节概述了仓库安全管理职责，第二节介绍了仓库安全管理原则和要求，第三节主要概述了仓库安全相关文件和记录，最后给出了典型的仓库安全事故案例。通过本章学习，学生可以对仓库的安全实操有比较全面的了解。

👤 思考题

1. 仓库安全管理职责是什么？
2. 库房安全管理的原则是什么？
3. 如何才能避免仓库管理安全事故的发生？

第十四章　商贸物流安全生产管理示例

✎ **本章学习目标**

1. 了解物流安全生产责任制度。
2. 掌握物流安全生产业务操作规程。
3. 了解物流安全生产监督检查制度。
4. 能够设计物流车辆事故预防及解决方案。
5. 了解物流行业的交通安全管理制度。

第一节　物流安全生产责任制度

物流安全生产责任制度是为了确保物流运输过程中的安全，防止和减少生产安全事故，保障人民群众生命财产安全，维护物流企业的生产经营秩序而制定的一系列规章制度。以下是一个概括性的物流安全生产责任制度框架。

一、总则

1. 目的

加强物流企业的安全生产管理，防止和减少生产安全事故，保障人民群众生命财产安全，促进企业的稳定、协调、持续发展。

2. 方针

坚持"安全第一、预防为主、综合治理"的方针，以及"企业负责、行业管理、国家监管、群众监督、从业人员遵章守纪"的安全生产工作规范。

二、细则

1. 安全生产管理

（1）制度建设：建立健全安全生产管理制度，包括安全生产操作规程、岗位责任制、运输车辆和设备定期检测和维护制度、从业人员岗前培训和在岗人员定期培训制度等。

（2）隐患排查：定期开展安全隐患排查工作，及时发现并消除安全隐患，防止事故的发生。

（3）教育培训：定期组织安全生产宣传、教育和培训，提高员工的安全生产意识和技能。

2. 驾驶员和车辆管理

（1）驾驶员管理：聘请符合道路运输经营条件的驾驶员，并与驾驶员签订安全生产责任书，明确驾驶员的安全生产责任。定期对驾驶员进行健康体检及心理的职业适应性检查，确保驾驶员的身心健康。

（2）车辆管理：建立健全车辆技术管理制度，加强营运车辆的例保和维护，确保车辆技术状况完好。定期对车辆进行综合技术性能检测，对不符合运输安全技术条件的车辆及时送修或更新。

3. 事故处理与应急预案

（1）事故处理：落实事故处理"四不放过"的原则，即事故原因不查清不放过、事故责任者没处理不放过、整改措施不落实不放过、教训不吸取不放过。

（2）应急预案：制定完善的交通事故应急预案和自然灾害、突发性事件应急预案，定期组织演练，确保在事故发生时能够迅速、有效地应对。

4. 考核与奖惩

（1）考核机制：建立安全生产考核机制，定期对各部门的安全生产工作进行考核，确保安全生产责任制的落实。

（2）奖惩制度：根据考核结果，对安全生产工作表现突出的部门和个人给予奖励；对违反安全生产规章制度、造成事故的部门和个人给予处罚。

综上所述，物流安全生产责任制度是一个综合性的管理体系，它涵盖了制度建设、教育培训、隐患排查、驾驶员和车辆管理、事故处理与应急预案及考核与奖惩等多个方面，旨在确保物流运输过程中的安全稳定。

第二节 物流安全生产业务操作规程

物流安全生产业务操作规程是为了加强物流安全生产管理，保障公司员工的生命财产安全，预防事故的发生，提高安全生产水平而制定的。以下是一个详细的物流安全生产业务操作规程。

一、安全生产责任制

1. 公司领导层

公司领导层负责制定安全生产方针、制度和目标，组织实施安全生产管理，确保安全生产责任制落实到位。

2. 各部门负责人

各部门负责人负责本部门安全生产工作的组织、实施和监督，确保本部门安全生产工作顺利开展。

3. 员工

员工应自觉遵守安全生产规章制度，提高安全意识，积极参与安全生产工作。

二、安全生产教育培训

（1）公司应定期对员工进行安全生产教育培训，提高员工的安全意识和操作技能。

（2）新员工上岗前必须经过安全生产教育培训，考核合格后方可上岗。

（3）定期对从业人员进行安全生产知识更新培训，确保其具备必要的安全生产知识和技能。

三、安全生产检查与隐患排查

（1）公司应定期开展安全生产检查，包括但不限于检查安全生产责任制落实情况，安全设施、设备是否完好有效，作业场所安全防护措施是否到位，应急预案编制、演练和处置情况等。

（2）对检查中发现的安全隐患，应立即采取措施予以整改，确保整改到位。

四、车辆安全管理

1. 驾驶员要求

（1）驾驶员应持有有效驾驶证，熟悉车辆性能，具备一定的安全驾驶技能。

（2）驾驶员应严格遵守交通规则，保持安全车距，严禁酒后驾车、疲劳驾驶、超速驾驶及其他违章驾驶行为。

（3）驾驶员应保持车容整洁，确保车辆内安全设施齐全有效。

2. 车辆要求

（1）车辆必须符合国家相关标准，保持良好的技术状况，定期进行维护保养。

（2）行车前应检查车辆状况，确保车辆技术性能良好。

五、装卸作业安全

（1）装卸作业人员应熟悉装卸工具、设备的使用方法，确保操作安全。

（2）装卸过程中，严格按照货物性质、重量、体积等要求进行操作，确保货物安全装卸。

（3）装卸作业人员应佩戴必要的安全防护用品，如安全帽、手套、防滑鞋等。

（4）装卸作业现场应设立警示标志，确保作业安全。

六、仓储安全

（1）仓库内货物摆放整齐，通道畅通，保持良好的通风、照明条件。

（2）仓库内不得存放易燃易爆、有毒有害等危险物品。

（3）仓库内不得使用明火，禁止吸烟。

（4）定期对仓库进行安全检查，发现问题及时整改。

七、事故应急管理

1. 事故报告
发生事故后，事故当事人应立即向公司领导层报告，并保护现场，协助调查。

2. 事故调查
公司应成立事故调查组，对事故原因进行分析，提出整改措施。

3. 事故处理
根据事故调查结果，对事故责任人和相关责任人进行处理，确保事故不再发生。

通过遵循以上物流安全生产业务操作规程，物流公司可以有效地降低事故风险，保障员工生命财产安全，提高物流运输的安全性和效率。

第三节　物流安全生产监督检查制度

物流安全生产监督检查制度是确保物流行业安全运营、预防事故发生的重要保障。以下是对物流安全生产监督检查制度的详细阐述。

一、制度目的

物流安全生产监督检查制度的目的是全面贯彻安全生产管理法律法规及公司各项

安全管理制度，切实把各项规定、制度落到实处，及时发现并消除安全隐患，杜绝事故发生，保障人员和财产的安全。

二、基本原则

（1）维护生命安全，确保安全生产第一。
（2）坚持以安全为先，发现隐患及时消除。
（3）坚持预防为主，强化管理和教育宣传。
（4）坚持安全把关，提高安全意识。
（5）坚持科学管理，实行责任制度。

三、检查内容与方式

物流安全生产监督检查的内容主要包括查思想、查管理、查制度、查现场、查隐患、查事故处理等方面。检查方式多样，包括现场检查、线上检查、定期检查、专项检查、应急检查、综合检查等。

四、检查层级与频率

安全检查分级、分层次进行，具体划分为公司总部组织的安全检查、各经营单位组织的安全检查、停车场和车队组织的安全检查，以及各单位安全员实行的日常安全检查。检查频率根据具体情况而定，如公司总部组织的安全检查每年实施两次，而各经营单位组织的日常检查原则上每月进行一次。

五、责任与整改

物流安全生产监督检查制度明确规定了各级管理人员和其他从业人员的安全责任。对于在检查中发现的问题或安全隐患，必须即时开具整改通知书，限期进行整改，并指定专人跟踪检查。整改完毕后，由相关部门进行验收，确保整改措施得到有效执行。

六、记录与归档

物流安全生产监督检查及整改后的验收应有相应的文字记录，制作监督检查记录台账，并归档保存。这些记录不仅有助于跟踪整改情况，还为未来的安全管理工作提供重要的参考依据。

七、制度执行与监督

为确保物流安全生产监督检查制度的有效执行，公司应建立健全监督机制。这包括定期审查制度执行情况、对违规行为进行处罚，以及鼓励员工积极参与安全管理工作等。

综上所述，物流安全生产监督检查制度是物流行业安全运营的重要保障。通过明确检查内容、方式、层级、频率、责任与整改要求等，可以确保安全隐患得到及时发现和消除，从而保障人员和财产的安全。

第四节　物流园区安全部门的管理职责

物流园区安全部门负责园区的安全管理，对园区内的安全工作进行全面监督、检查和指导。物流园区安全部门的管理职责主要包括以下六个方面。

1. 制定和修订安全管理制度

物流园区安全部门负责制定和修订园区的安全管理制度，确保这些制度符合国家相关法律法规和行业标准，同时结合园区的实际情况，为园区的安全管理提供制度保障。

2. 安全责任落实

物流园区安全部门需要明确各级管理人员和员工在安全工作中的职责，确保每个人都能自觉地履行自己的安全责任，从而保障园区的整体安全。

3. 安全检查与隐患排查

定期进行安全检查，发现安全隐患并及时整改，确保园区内无安全隐患。这包括检查消防设施、安全通道、危险区域等，确保它们处于完好有效的状态。

4. 安全培训与教育

提供安全培训和教育，提高员工的安全意识和应急处理能力。这包括对新员工进行全面的安全培训，以及定期组织员工进行安全知识和技能的更新培训。

5. 应急响应与管理

制定详细的应急预案，包括火灾、交通事故等突发事件的处理流程，并定期组织应急演练，检验应急预案的可行性和员工的应急响应能力。

6. 与其他部门协调沟通

物流园区安全部门还需要与其他部门进行协调沟通，共同应对可能出现的各种安全问题。例如，与仓储部门合作，确保货物的安全存储和运输；与公安、消防等相关部门保持密切联系，及时沟通信息，共同应对可能出现的紧急情况。

综上所述，物流园区安全部门的管理职责涵盖了制度制定、安全责任落实、安全检查、隐患排查、安全培训与教育、应急响应与管理及与其他部门的协调沟通等多个方面，旨在确保园区的整体安全。

第五节 物流车辆事故预防及解决方案

一、背景概述

物流行业的快速发展带动了大量货物的运输需求，物流车辆作为运输的主要工具，在道路上频繁行驶，面临着诸多安全风险。这些风险包括但不限于交通事故风险、货物破损与丢失风险等。交通事故风险主要源于道路情况、车辆状况和驾驶员素质等因素，而货物破损与丢失风险则与装卸环节、仓库存储和运输过程中的多种风险因素相关。

此外，随着经济的发展和城市化进程的推进，越来越多的司机需要长途驾驶，尤其是在物流运输等行业。频繁的长途驾驶往往伴随着较高的风险，驾驶员容易因疲劳驾驶、疏忽大意等原因发生事故。同时，大型运输车辆（如重载货车等）的驾驶员交通安全意识淡薄，也增加了事故发生的概率。

从全国范围来看，道路运输事故的数量依然庞大。根据相关数据，2023 年全国道路运输事故共发生 19 万余起，其中货车事故占比高达 45%，显示出货车在物流运输中的高风险性。因此，为了保障物流运输的安全，减少事故的发生，必须制定有效的物流车辆事故预防措施。这些措施可以包括加强车辆维护保养、定期组织驾驶员安全培训、建立完善的货物包装和装卸作业规范等。

二、加强驾驶员管理

1. 选拔与培训

（1）加强对驾驶员的选拔，确保其具备合格的驾驶技能和良好的职业素养。

（2）定期对驾驶员进行安全培训，提高驾驶员的安全意识和应对突发情况的能力，培训内容包括交通规则、应急处理措施、防御性驾驶技巧等。

（3）建立驾驶员考核机制，对驾驶员的驾驶行为和安全记录进行定期评估，奖优罚劣。

2. 健康与作息管理

（1）关注驾驶员的身体健康状况，定期组织体检，避免驾驶员带病上岗。

（2）合理安排驾驶员的作息时间，避免疲劳驾驶。可以实施轮班制度，确保驾驶员有足够的休息时间。

三、强化车辆维护与检查

1. 定期维护和保养

（1）定期对物流车辆进行维护和保养，包括发动机、刹车系统、轮胎、照明灯等关键部件的检查和更换。

（2）严格执行车辆定期维修保养制度，确保车辆处于良好的技术状态。

2. 出车前检查

（1）在车辆出发前，对车辆进行全面的安全检查，确保车辆适合上路行驶。

（2）检查内容包括刹车系统、轮胎、灯光、转向系统、传动系统等。

四、完善管理制度

1. 建立安全管理制度

（1）制定详细的车辆使用和管理规定，明确车辆使用范围、审批流程等，确保车辆得到合理使用。

（2）建立事故应急处理机制，包括事故报告、现场处理、责任追究等，以便在发生事故时能够迅速应对，减少损失。

2. 加强监管与沟通

（1）加强对车辆运输过程的监管，利用 GPS 等监控设备实时监控车辆的行驶状态。

（2）加强与交通管理部门的沟通与合作，及时了解交通法规和政策变化，确保公司车辆运营符合相关法律法规要求。

五、优化运输环境

1. 规划运输路线

（1）在规划运输路线时，充分考虑路况、天气等因素，选择安全、高效的运输路线。

（2）避免在恶劣天气或路况复杂的条件下行驶，降低事故风险。

2. 改善道路条件

（1）积极参与道路建设和维护，改善道路条件，提高道路的安全性和通行能力。

（2）关注道路、桥梁的承载能力，确保大件运输车辆能够安全通过。

六、加强安全意识与文化建设

1. 营造安全文化

（1）在公司内部营造安全第一的文化氛围，使所有员工都充分认识到安全的重要性。

（2）通过开展安全知识竞赛、安全月活动等，提高员工的安全意识和参与度。

2. 鼓励隐患报告

（1）鼓励员工积极报告安全隐患和提出改进建议，共同维护公司的运营安全。

（2）对提出有效安全建议的员工给予奖励，激发员工的积极性和创造力。

综上所述，物流车辆事故预防及解决方案需要从多个方面入手，包括加强驾驶员管理、强化车辆维护与检查、完善管理制度、优化运输环境及加强安全意识与文化建设等。这些措施的实施将有助于提高物流车辆运输的安全性，降低事故发生的概率。

第六节　交通安全管理制度

交通安全管理制度是为了规范公司交通机动车辆、厂内机动车辆和机动车辆驾驶员的安全管理，预防和控制车辆伤害和交通事故而制定的一系列规定和措施。以下是对交通安全管理制度的详细归纳。

1. 管理职能

（1）主管部门：公司的安委会是公司交通安全管理工作的主管部门，对公司各部门的车辆通行安全进行监督管理。安委会办公室负责公司机动车辆驾驶人员、机动车辆的安全管理工作。营销公司商务支持部门负责营销公司机动车辆驾驶人员和机动车辆的安全管理工作。设备保障部门负责厂内机动车辆驾驶员和厂内机动车辆的安全管理。

（2）驾驶员要求：机动车辆驾驶员至少应有 3 年专职驾驶经验，且 3 年内无交通责任事故记录，经人力资源部考核录用后，报安委会办公室备案，严禁部门私自聘用专职驾驶员的行为。驾驶员在驾车时必须严格遵守《中华人民共和国道路交通安全法》，服从公安交警、运管稽征部门的管理。驾驶员必须树立良好的职业道德和驾驶作风，遵章守纪，文明行车，按时参加安全学习。驾驶员在出车前应保持充足睡眠，严禁疲劳驾驶。任何人不得强迫驾驶员违法、违章驾车；严禁酒后驾车、疲劳驾驶或将车交给无证人员驾驶；严禁交通肇事后逃逸。驾驶员在出车前应对车辆水箱、润滑系统、制动系统及轮胎等进行例行安全检查，在出车途中，应确保与有关人员保持通信联系，及时反馈行车安全情况，遇到突发事件及时报告。

2. 道路管理

（1）车辆登记与检查：机动车辆使用前，必须向公安交警部门申请登记，领取号牌、行驶证，并按规定办齐随车必备的证件。车辆状况、各项安全技术性能必须保持正常，并按规定进行年检，合格后驾驶，不得开"病车"上路。车辆装载的货物必须绑扎牢固，严禁人货混装。

（2）特殊物品运输：运输"超长、超高、超宽"的大件或易燃易爆的危险化学品时，必须办理准运证，采取安全措施，悬挂明显标记，必要时应配有指挥车。

（3）行驶与停放：车辆在工地和厂区内部行驶时，应按限速标志要求行驶。车辆应停放在指定的停车地点、场所，严禁随意停放。车辆修复后需试车时，应由持有驾驶证的车辆检验员或指定的正式驾驶员在规定路段试车。

3. 厂内管理

（1）培训与证件：厂内机动车辆操作人员必须按照国家有关规定，经过专门培训且考核合格，领取厂内机动车驾驶证或特种作业操作证后方可驾驶或操作。作业时应携带特种作业资格证，必须戴好安全帽，不准驾驶或操作与证件不相符的设备。

（2）操作规范：驾驶室内不得超额载人，叉车作业时不得载人。严禁酒后操作。不得在驾驶或操作时吸烟、嚼槟榔、攀谈或进行其他有碍安全的活动。身体疲劳或患病等有碍安全操作时，不得驾驶或操作。厂内机动车辆驾驶、操作人员离开本职工作时间超过 6 个月，但未满 1 年的，需继续从事驾驶工作时，应按规定重新复试，如果超过 1 年，应重新参加考核。

（3）车辆检验：厂内机动车辆应按特种设备有关规定进行申报、挂牌和定期检验。公司区内机动车辆的行驶速度也应有明确规定，如大小客车、大小货车、摩托车和拖拉机为 10km/h，各种车辆出公司大门、倒车及出入厂区、厂房时不超过 5km/h，车间内行驶速度为 3km/h 等。

4. 交通事故管理

（1）事故报告：发生交通事故，不论事故大小，都应及时向当地公安交警部门和所在部门领导报告，并及时报告安委会办公室。一般道路交通事故的善后处理由事故单位负责，以当地公安交警部门的《道路交通事故认定书》为依据进行调解，无法调解时，由事故单位提出申请，将相关资料移交法务部进入司法处理程序。事故结案后，事故单位应及时向安委会办公室上报《道路交通事故认定书》《交通事故损失调解书》及保险理赔等资料。重大交通事故的善后处理由公司安委会组织安委会办公室、法务部、人力资源部等有关部门进行处理。

（2）事故处理原则：发生机动车辆事故后，必须按"四不放过"原则查明原因，分清责任，提出处理意见，落实安全防范措施。

5. 违章处罚

（1）驾驶员违章处罚：驾驶员在驾车时违反《中华人民共和国道路交通安全法》，被公安交警扣分或罚款的，每扣 1 分，罚款 100 元。未按规定或限速标志要求行驶，每次罚款 200 元。超载行车或厂内机动车辆违章载人，每人次罚款 200 元。车辆未按规定停放在指定的停车地点或停车场所，每次罚款 200 元。驾驶员酒后驾车或将车辆交给无证人员驾驶，一经核实后，罚款 500 元，并解除劳动合同，同时对部门负责人处以罚款 200 元。

（2）管理部门违章处罚：车辆管理部门（三级机构）未按规定每周组织机动车辆驾驶员进行安全学习的，每少一次罚款 100 元以上。

6. 安全奖励

（1）驾驶员奖励：专职驾驶员工作表现突出，年度内未发生大小事故，且无严重违章行为记录的，根据安全行车里程数给予相应奖励。例如，安全行车达到 10 万千米以上（含 10 万千米），给予 2000 元的奖励；安全行车达到 5 万千米以上（含 5 万千米），不足 10 万千米的，给予 1000 元的奖励；安全行车 2 万千米以上（含 2 万千米），不足 5 万千米的，给予 500 元的奖励。

（2）单位奖励：交通车辆安全管理工作突出，在年度交通安全总结评比中被评为交通安全先进单位的三级机构，给予 2000 元的奖励。

总地来说，交通安全管理制度是一个综合性的管理体系，涵盖了车辆管理、驾驶员管理、事故处理、违章处罚和安全奖励等多个方面，旨在通过规范管理和严格监督，确保道路交通安全有序、畅通无阻。

📍 本章小结

本章主要是通过示例详细介绍如何进行商贸物流的安全生产管理，包括如何制定物流安全生产责任制度，重点介绍了物流安全生产的业务操作规程、监督检查制度的相关知识。同时对物流园区的安全管理和物流车辆安全事故的预防及解决进行了详细讨论，最后介绍了交通安全管理制度。学生通过学习可以对物流安全生产管理的相关知识有比较全面的了解。

思考题

1. 为保证安全生产，个人应注意哪些方面？

2. 个人从身边的安全事故案例中能吸取哪些教训？

3. 检索并学习物流行业安全管理手册。

4. 结合身边的安全事故案例谈谈如何确保物流运营安全。

第十五章　物流供应链金融

本章学习目标

1. 掌握物流供应链金融的基本概念。

2. 了解物流供应链金融的理论基础。

3. 掌握物流供应链金融的主要模式。

4. 掌握物流供应链金融风险与管控措施。

5. 了解物流供应链金融的发展趋势。

第一节　物流供应链金融的基本概念

物流供应链金融是一种创新的金融服务模式，它将物流、供应链管理与金融服务深度融合，旨在解决供应链上企业尤其是中小企业面临的融资难题，同时优化整个供应链的资金流、信息流和物流，提升供应链的整体竞争力。

从广义上来说，物流供应链金融依托供应链上下游真实的贸易背景，以核心企业为中心，通过对物流、信息流、资金流的有效管控，金融机构为供应链上的各参与节点企业提供包括贷款融资、结算、保险、理财等多样化的金融服务。物流企业在其中扮演着关键角色，一方面利用自身掌握的物流信息，协助金融机构核实企业贸易的真实性，评估抵押物的价值与风险；另一方面为供应链企业提供仓储、运输、配送等基础物流服务，保障货物的流转安全，使得金融服务能够紧密嵌入供应链运营的各个环节。

从狭义上来说，物流供应链金融主要聚焦于以动产质押为核心的融资模式。企业以其拥有的原材料、半成品、成品等动产作为质押物，向金融机构申请贷款，物流企业则负责对质押动产进行监管，确保质押物的价值稳定、权属清晰，在企业偿还贷款后解除质押监管，释放货物，保障供应链资金周转顺畅，实现物流、资金流与供应链运营节奏的协同。

第二节　物流供应链金融的理论基础

1. 供应链管理理论

供应链管理强调整个供应链系统的协同优化，从原材料采购、生产制造、产品销售到最终消费，各个环节紧密相连。物流作为供应链的实体流动环节，承载着货物的时空转移，保障供应链各节点企业间的供需衔接顺畅。在供应链管理视角下，物流供应链金融应运而生，通过金融手段润滑供应链资金链条，促使供应链各环节的资金分配更加合理高效，避免资金短缺导致的供应链"断链"风险，进而提升供应链整体绩效，实现从原材料供应商到终端客户的价值共创。

2. 信息不对称理论

在传统金融借贷场景中，金融机构与借款企业间存在显著信息不对称。企业经营状况、财务数据、信用水平等信息难以被金融机构精准掌握，致使中小企业融资困难重重。物流供应链金融模式下，物流企业凭借其与供应链企业长期紧密的物流业务合作，积累了诸如货物进出、库存周转、上下游交易频次等丰富信息，能够向金融机构传递更真实、全面的企业运营动态，有效降低信息不对称程度。金融机构基于这些信息可更准确地评估企业信用风险，合理制定融资额度、利率与期限，使金融资源精准投向有资金需求且具备还款能力的供应链企业。

3. 交易成本理论

企业进行外部融资时，面临搜寻合适金融机构、洽谈融资条款、提供担保抵押、应对贷后监督等一系列交易成本。中小企业因抵押物不足、财务体系不健全，交易成本相对更高，阻碍其融资进程。物流供应链金融借助物流企业搭建的信息桥梁与监管平台，简化金融机构与供应链企业间的对接流程。统一的物流信息系统可实时呈现质押物状态、企业物流履约情况，以此作为信用评估依据，减少金融机构信用调查成本；物流企业的专业监管降低了质押物风险管控成本；批量处理供应链企业融资需求，可以摊薄单笔业务的运营成本，从多维度降低供应链整体融资交易成本，激发中小企业融资活力。

第三节　物流供应链金融的主要模式

一、仓单质押模式

1. 运作流程

企业将货物存储于物流企业指定仓库，物流企业依据货物入库情况开具标准化仓单，仓单详细记录货物品种、规格、数量、质量及存储位置等信息。企业凭借仓单向金融机构申请质押贷款，金融机构审核仓单真实性、货物市场价值及企业信用后，按一定质押率发放贷款。贷款期间，物流企业负责对仓库货物进行监管，确保货物数量、质量与仓单相符，企业按约定偿还贷款本息后，金融机构向物流企业下达放贷指令，企业凭提货单提货。

2. 案例

上海某钢铁贸易企业，主营各类钢材批发、零售业务，旺季来临前急需资金囤货。企业将一批优质螺纹钢存入专业第三方物流企业仓库，物流企业开具电子仓单并实时上传至与金融机构共享的数据平台。企业向金融机构申请仓单质押贷款，经评估，钢材市场价值为 500 万元，按 70% 质押率放款 350 万元，贷款期限为 3 个月。物流企业运用仓库管理系统与视频监控，24 小时监管钢材出入库情况，保障质押物安全。企业销售回款后按时还贷，顺利提货完成周转，既满足囤货资金需求，又依托仓单质押模式降低融资成本。

二、动产质押监管模式

1. 运作流程

区别于仓单质押，动产质押监管模式下质押物不局限于仓储货物，可涵盖生产线上的半成品、运输途中的货物等动产。企业将动产质押给金融机构获取融资时，物流企业受金融机构委托，到动产所在地实地监管，如在运输车辆上安装定位追踪、电子围栏等技术设备监管质押货物，或派人员驻场监管工厂车间质押的半成品，定期向金融机构汇报质押物状态、位置、价值变动信息，确保质押物足值可控。企业还款后，监管解除。

2. 案例

浙江一家服装制造企业，接下一笔大额订单但面临原材料采购资金缺口。企业以车间内已采购的高价值布料及半成品服装作为质押物向金融租赁公司融资。金融租赁公司聘请专业物流企业入场监管，物流企业利用物联网标签为质押物标记"身份"，在车间关键区域布置传感器，实时采集温度、湿度等环境数据以防布料受损，同时通过手机 App（小程序）让金融租赁公司远程查看质押物动态影像。凭借精准监管，企业获得 200 万元融资，按时完成订单并还清款项，盘活生产环节资产，金融租赁公司与物流企业也借此拓展业务收益。

三、保兑仓模式

1. 运作流程

以核心企业为信用依托，经销商向核心企业采购货物时，若资金不足，由金融机构、核心企业、经销商与物流企业四方协作。经销商先向金融机构缴纳一定比例的保证金，金融机构向核心企业支付货款，核心企业发货至物流企业仓库，物流企业按金融机构指令分批放货给经销商。经销商销售回款后补充保证金，重复提货流程，直至完成全部货物采购，其间核心企业为经销商违约承担连带担保责任，物流企业保障货物仓储配送安全，金融机构把控资金流与货物流匹配。

2. 案例

某知名家电企业在全国有众多经销商，西部地区一经销商欲采购 500 台空调备战旺季，却仅有 30% 的采购资金。在保兑仓模式下，经销商向银行缴存 15 万元保证金，银行向家电企业支付 50 万元货款，家电企业将空调发至指定物流中心仓库。物流中心依据银行指令，经销商每销售回笼一笔资金并补缴保证金后，就释放对应数量空调。旺季结束，经销商顺利销货还款并提货完毕，银行赚取贷款利息，家电企业扩大销售范围、强化渠道掌控，物流企业收获仓储配送费，实现多方共赢，稳固供应链生态。

第四节　物流供应链金融风险与管控措施

一、信用风险

1. 表现

供应链上企业经营不善、恶意欺诈及核心企业信用兜底能力下降等都可能引发信用风险。例如，中小企业虚报财务数据骗取融资，贷款到期无力偿还；核心企业因市场冲击自身难保，无法履行担保责任，导致金融机构坏账攀升。

2. 管控措施

构建完善的供应链企业信用评价体系，整合工商、税务、司法、物流、交易等多源数据,运用大数据分析与机器学习算法,动态评估企业信用分值;强化核心企业资质审查,关注其行业地位、财务稳健性、供应链管理能力,合理设定其担保额度与范围;定期回访融资企业,监测经营异常动态,提前预警风险,金融机构、物流企业协同制定风险处置预案,追讨债务或处置质押物止损。

二、市场风险

1. 表现

质押物市场价格波动、行业供需失衡、宏观经济周期变动等因素致使质押物价值缩水,威胁融资安全。如电子零部件因技术迭代加速,新品上市后旧款价格暴跌;大宗商品受国际地缘政治、贸易摩擦影响,价格大幅振荡,一旦质押物价值低于贷款余额一定比例,金融机构将面临敞口风险。

2. 管控措施

引入专业第三方价格评估机构,定期重估质押物价值,根据市场波动设定合理质押率,如对价格敏感型质押物初始质押率控制在50%~60%;建立质押物价格风险预警线,当价格跌幅临近预警线,要求企业追加保证金或补充质押物;鼓励企业运用期货、期权等金融衍生品套期保值锁定质押物价格,物流企业辅助监测市场行情,为金融机构与企业决策提供信息支持。

三、操作风险

1. 表现

物流企业在质押物出入库管理、盘点、监管环节失误,金融机构融资审批、放款、贷后跟踪流程存在漏洞,信息系统故障或数据传输延迟等都属于操作风险范畴。如物流仓库人员手工记录出入库数据出错,导致质押物账实不符;金融机构误发放贷指令,可能引发资金损失与法律纠纷。

2. 管控措施

物流企业推行标准化、信息化仓储管理流程,引入 RFID、区块链等技术实现货物精准识别、全程追溯,确保记录不可篡改;金融机构优化内部操作规范,实行双人双岗交叉审核关键环节,利用自动化软件提升审批效率、减少人为差错;搭建金融科技赋能的物流供应链金融一体化平台,各方实时共享数据,系统自动校验、预警异常状况,以技术手段保障业务流程严谨合规,降低操作风险。

第五节　物流供应链金融的发展趋势

一、数字化转型加速

大数据、人工智能、区块链等数字技术深度渗透，构建智慧物流供应链金融生态。智慧物流供应链金融表现为以下几个方面：企业经营数据云端汇聚，人工智能算法精准画像信用，区块链保障仓单、交易信息可信共享，全程无纸化操作提升效率，线上化平台打破地域时空限制，金融机构可远程实时管控风险、秒级放款，赋能更多中小微企业便捷融资。例如，蚂蚁金服依托支付宝、菜鸟网络数据为物流供应链企业提供闪电贷服务。

二、产业融合深化

物流与金融跨界协同更加深入，不仅涉及服务贸易环节，还向产业全生命周期渗透。物流供应链金融企业凭借产业互联网思维，整合上下游物流、商流、信息流、资金流，嵌入研发、生产、售后各阶段金融服务，如为制造企业提供新品研发风险投资、量产阶段设备融资租赁、售后延保金融服务，与产业深度捆绑，共享成长红利，催生物流供应链金融综合运营商新形态。

三、绿色可持续发展

顺应全球绿色经济潮流，物流供应链金融聚焦绿色产业供应链。例如，为新能源汽车、节能环保设备、绿色农产品等领域定制专属金融方案，以绿色信贷、绿色债券支持绿色物流设施建设、企业低碳转型；对质押物碳排放、环境影响评级，优先扶持绿色标的，物流企业优化配送路线、采用新能源车辆降低碳足迹，金融企业助力产业供应链绿色升级闭环。

📍 本章小结

本章主要介绍了物流供应链金融的基本概念、理论基础、主要模式、风险与管控措施和发展趋势，为物流供应链金融知识的学习提供了全面总结。学生通过学习可以全面了解物流供应链金融的相关知识。

思考题

1. 请列举物流供应链金融模式相关案例。

2. 如何结合工作实际进行物流供应链金融模式创新？

3. 如何进行物流供应链金融的风险识别和防控？

第十六章　商贸物流发展现状

✏ **本章学习目标**

1. 了解我国商贸物流发展现状。

2. 了解我国商贸物流在发展中存在的问题。

3. 了解我国商贸物流园区的发展动向。

4. 能够制定出适应物流发展方向的对策。

第一节　我国商贸物流发展现状

我国商贸物流发展现状表现为以下几个方面。

1. 我国商贸物流规模持续扩大

数据显示，2023 年我国商贸物流总额达到了 126.1 万亿元，同比增长 5%。这一数字彰显了我国商贸物流行业的蓬勃发展和巨大潜力。同时，跨境电商作为商贸物流的重要组成部分，其规模也在迅速增长。2024 年，我国跨境电商进出口额达到了 2.63 万亿元，同比增长 10.8%。过去 5 年，贸易规模增长超过 10 倍。

2. 商贸物流业降本增效加快推进

通过数字技术应用、业务模式优化及多元主体合作等方式，商贸物流企业正在实现业务流程和组织方式的综合提升，从而降低综合物流成本。例如，一些企业利用智能化、自动化技术提升业务环节的效率，采用统仓共配等优化模式提高设备利用效率。此外，许多企业还将降本增效与绿色转型相结合，采取一系列措施减少包装使用量，推广循环箱使用和旧纸箱重复使用等，以促进资源节约与循环利用。

3. 我国商贸物流正朝着数字化、绿色化方向转型

数字化技术的应用不仅提升了商贸物流的智能化、自动化水平，还助力降本增效。而绿色化转型则是对提高社会环保意识的积极响应，商贸物流企业正在积极探索绿色

物流的发展路径，通过采用环保材料、优化运输方式等措施减少物流活动对环境的影响。

4. 冷链物流设施短板加快补齐

我国冷链物流设施现状表现为规模持续扩大，但存在分布不均衡、技术水平有待提升等问题。

（1）规模持续扩大。

近年来，我国冷链物流设施规模持续扩大。中国物流与采购联合会公布的数据显示，2024年我国冷链物流需求总量达到了3.65亿吨，同比增长4.3%；全年冷链物流总收入为5361亿元，同比增长3.7%。这一增长趋势反映了我国冷链物流行业的蓬勃发展和巨大潜力。同时，冷库作为冷链物流的核心环节，其总量也在持续增长。2024年前三季度，冷链物流总额为6.4万亿元，同比增长4.2%；其中第三季度增长4.5%，比二季度提高0.8个百分点。此外，随着消费需求的快速恢复，冷链物流基建投资稳定增长，公共型冷库库容也在不断增加。

（2）分布不均衡。

尽管冷链物流设施规模在扩大，但其分布却存在不均衡的问题。冷库主要集中在东部沿海及经济发达地区，如华东、华南等地区，而中西部地区冷库资源匮乏。这种分布不均衡不仅影响了当地农产品的储存和保鲜，也制约了农产品的销售和流通。在一些偏远地区或经济欠发达地区，冷库设施的短缺问题尤为突出。

（3）技术水平有待提升。

我国冷链物流设施在技术水平上也存在一定的差距。尤其是智能化、自动化程度不高，能效和环保水平有待提升。此外，一些老旧冷库设施陈旧，难以满足现代冷链物流的需求。因此，提升冷链物流设施的技术水平是当前亟待解决的问题之一。

为了推动冷链物流行业的健康发展，需要进一步加强冷链物流设施的建设和优化布局，同时提升冷链物流设施的技术水平和能效环保水平。

5. 餐饮住宿物流定制化服务快速发展

我国餐饮住宿物流定制化服务正在快速发展。

近年来，随着餐饮住宿行业的蓬勃发展和消费者需求的日益多样化，餐饮住宿物流定制化服务迎来了快速发展的契机。这一服务模式的兴起，不仅满足了餐饮住宿企业对物流服务的个性化需求，也推动了整个物流行业的创新与发展。

具体而言，餐饮住宿物流定制化服务涵盖了食材采购、储存、运输、配送等各个环节，旨在为企业提供全方位、一站式的物流解决方案。通过定制化服务，企业可以根据自身的经营特点和需求，灵活选择物流服务的内容和方式，从而提高物流效率、降低成本，并提升整体竞争力。

相关报告显示，2023年餐饮业全年食材流通规模已达6.1万亿元，净菜市场规模也突破了3000亿元，这背后离不开餐饮住宿物流定制化服务的有力支撑。同时，住宿业物流需求也恢复到2019年高位，显示出定制化服务在住宿行业同样具有广阔的市场前景。

此外，随着冷链物流技术的不断进步和基础设施的日益完善，餐饮住宿物流定制化服务在保障食品安全、提升食材品质方面也发挥了重要作用。通过采用先进的冷链物流技术和设备，企业可以确保食材在运输和储存过程中的新鲜度和安全性，从而为消费者提供更加优质的餐饮住宿体验。

我国餐饮住宿物流定制化服务正在快速发展，并逐渐成为推动餐饮住宿行业高质量发展的重要力量。未来，随着技术的不断进步和市场的持续扩大，定制化服务有望在更多领域得到广泛应用和推广。

6. 电商物流新课题

当前包装减量、重复利用已成为电商物流发展新课题。近年来，我国电商产业呈现井喷式发展态势，在推动经济发展、满足人们消费需求的同时，海量的快递包裹带来了海量的包装材料的使用，由此引发的包装污染问题，日益受到社会的关注。

2016年12月，工业和信息化部与商务部联合发布的《关于加快我国包装产业转型发展的指导意见》提出，牢固树立"创新、协调、绿色、开放、共享"的发展理念；2016年5月商务部等六部门出台《关于推进再生资源回收产业转型升级的意见》，推动"互联网+回收"等发展模式创新。

2020年，国家发展改革委等部门联合发布的《关于加快推进快递包装绿色转型的意见》提出，到2022年，快递包装领域法律法规体系进一步健全，基本形成快递包装治理的激励约束机制；制定实施快递包装材料无害化强制性国家标准，全面建立统一规范、约束有力的快递绿色包装标准体系；电商和快递规范管理普遍推行，电商快件不再二次包装比例达到85%，可循环快递包装应用规模达700万个，快递包装标准化、绿色化、循环化水平明显提升。到2025年，快递包装领域全面建立与绿色理念相适应的法律、标准和政策体系，形成贯穿快递包装生产、使用、回收、处置全链条的治理长效机制；电商快件基本实现不再二次包装，可循环快递包装应用规模达1000万个，包装减量和绿色循环的新模式、新业态发展取得重大进展，快递包装基本实现绿色转型。

新修订的《快递封装用品》系列国家标准于2018年9月起开始施行，该标准降低了快递封套用纸的定量要求，将快递封套原材料的定量从每平方米250克、300克降低到不低于每平方米 200 克，降幅超过 20%；降低了塑料薄膜类快递包装袋的最低厚度要求，由旧国标的 0.06 毫米降低到 0.03 毫米，降幅达到 50%；对于快递包装箱单双瓦楞纸材料的选择不再做出规定，在保证快件寄递安全的前提下，只要材料符合耐破、边压和戳穿强度等指标就可以了，推广低定量、高强度原材料在快递业的应用；降低了气垫膜类快递包装袋、塑料编织布类快递包装袋的定量要求。

7. 绿色化、标准化水平进一步提升

在绿色化方面，我国物流行业正积极推动绿色物流的发展。通过加强快递包装的绿色治理，使用可循环包装，减少二次包装，以及推动快递包装新材料、新技术、新产品的标准化转化，我国物流行业在绿色化方面取得了显著成效。例如，截至 2023 年 9 月底，全国电商快件不再二次包装比例超过 90%，使用可循环包装的邮件快件超过 8 亿件。此外，中国还在探索制定快递包装循环利用国家标准，以进一步推动绿色物流的发展。

在标准化方面，我国物流行业也在不断加强标准化设施的建设和应用。通过实施物流标准化，提升物流效率，减少成本，优化资源要素配置，我国物流行业的整体效益得到大幅提高。例如，在冷链物流方面，标准化建设有效保障了食品安全，推动了冷链物流行业的健康发展。同时，国家还在推动物流设施、物流装备、物流包装等方面的标准化工作，以进一步提升物流行业的标准化水平。

我国物流绿色化、标准化水平正在不断提升，这将有助于推动物流行业的高质量发展，提高物流效率和服务质量，降低物流成本，促进经济社会的可持续发展。

第二节　新时代商贸物流的主要特点

1. 商贸与物流的结合日益紧密

百货店、超级市场、摊位市场、连锁店、专卖店、无人商店、电子交易等多种贸易方式，促进物流发展多样化适应。物流信息化水平、管理水平、技术水平大幅提高，主要表现在运输配送方式多样化、仓储分拣自动化、单证托盘标准化、物流追踪可视化。

2. 电子交易与货物交付上物理分离，时间上紧密结合

电子交易跨越时空，货物要合理分布；快速交易要求快速交付，货物要尽可能贴近市场；生产商的大范围布货，需要扩大生产、扩大融资，催生了物流供应链金融业务。

在物流供应链金融业务中，银行关注客户资信、货物权属、质物价格、质物数量、质物质量、市场趋势、监管状态、质物变现、监管企业资信等；监管企业关注客户资信、服务范围、质物数量、监管安全、合同责任、过程管理、风险控制、理念异同、经营状况等；出质企业关注借还条件、审批条件、成本多少、是否满足经营等。

3. 现货市场仍将存在，但要与时俱进

现货贸易是传统交易方式，对货物质量的要求越来越高。金额较大的交易需要较可靠的信用担保；顾客体验的需求增强，收入水平不同，需要不同档次的商品。

4. 物流模式发生改变

物流模式逐步向快速响应、快速分拣、小批量、多批次、可视化、网络化等需求方向改变，影响物流设施的规模、布局、构造等。

5. 多业融合催生供应链思维

制造、贸易、金融、物流等多业融合；全球布局贸易与物流、全球确定服务标准、全球化的组织机构、国际化的员工队伍、集中采购与分散采购结合、供应商认证与物品认证结合都在催生供应链思维。

6. 电商平台大量涌现

电商平台有较多成功案例，大宗电商平台自我服务较多，大多与企业 ERP（企业资源计划）系统连接在一起，可以为企业提供需求的大数据分析业务。

7. 自由贸易试验区发展动力强劲

自由贸易试验区的核心是降低交易成本，关键是处理好放宽监管和经济安全的关系。

8. 注重打造中欧班列精品

中欧班列有力推动我国全面向西开放，打通了陆路跨国运输通道。沿途国家不是低劣品的倾销市场，产品和投资精益化要求物流也要精益化。货品包装、装卸搬运、集拼、回程、分拣、配送、快速通关、检验检疫、外汇管理等需要无缝衔接。

第三节　商贸物流发展存在的问题分析

当前，商贸物流稳中向好发展，转型升级步伐加快，但仍存在一些问题值得关注。

1. 商贸物流发展与消费模式转型升级不匹配

随着人们生活水平不断提高，尤其是在信息化和网络化快速发展的时代背景下，消费行为从原来单纯追求温饱型或数量型，向追求消费价值多元化、个性化转变。这

就要求商贸物流必须着眼于消费者最终需求，提高响应能力和物流效率。然而，在现实中，商贸物流发展相对滞后，物流能力跟不上消费模式升级步伐，配送效率、配送范围、配送质量还不能完全满足消费者需要。未来的商贸物流发展必须走大数据、智能化的技术路线，注重以跨境交易、移动终端、社交网络为核心的电子商务物流需求，积极对接传统产业。

2. 产业配套水平亟待跟进

我国物流基础设施网络初步成形，对行业的"硬约束"正逐步消退，但满足商贸物流的定制化物流基础设施仍显不足，适应碎片化订单处理的仓储服务欠缺；物流配送终端资源整合不足，物流成本居高不下，物流信息平台开放程度不足，没有实现跨地区跨行业信息共享；物流共同配送组织新模式、城市车辆通行问题和"最后一公里"末端派件的车辆合法化问题都在不同程度上遇到现行政策法规的约束，亟待推进末端配送的智慧化、协作化和规范化。与此同时，全球供应链整合才刚刚起步，应充分利用"一带一路"倡议机遇，构筑国际电子商务物流网络，通过自建、合作、并购等方式延伸服务网络，逐步构建起全球化的电子商务物流体系。

第四节　商贸物流发展对策分析

1. 加快区域发展战略，构建物流服务一体化网络

通过区域物流与区域经济的协调发展，优化区域内的物流资源配置，进而推动区域经济的可持续发展。从政策方面引导区域物流信息平台的建设，并为区域物流发展奠定良好的基础设施条件与政策基础。物流服务一体化网络的构建，一方面要符合市场经济的新常态发展趋势，另一方面还要迎合我国新型城镇化发展路径，重点以长江经济带、"一带一路"沿线国家和地区与京津冀一体化区域作为区域物流发展的核心。

2. 迎合升级转型战略

对于物流企业而言，需要以市场为导向，迎合国家产业升级转型的发展战略。现代化商贸物流企业需要认清市场形势，大型企业要发挥其强大的国际影响力，带动中小型企业的发展。中小型企业为了提高核心竞争力，可以建立一个物流战略联盟，通过资源的再分配与优化、整合，提高核心竞争力。在物流资源整合发展的背景下，我国物流产业的发展规模与水平将大大提高。与此同时，企业还需要强化自身品牌文化建设，提高管理水平、运营水平，以现代化的服务理念，采取产业联动策略，缔造可持续发展路径。推动现代商贸物流业的专业化与社会化再发展，需要强化服务功能的

整合与延伸，打造行业的专业组织，构建一体化的物流网络。通过深化体制改革的方法，发展多元化的市场流通渠道，升级改造传统批发市场，以国际化标准为基准，完善批发市场的功能，改造基础设施。

3. 国际化发展战略

在经济全球化发展趋势下，国际分工与合作成为新的发展潮流，对于我国现代商贸物流企业而言，需要顺应国际化的发展需求。在我国新常态的宏观经济发展趋势下，全国正在实施产业升级转型战略，而物流产业的国际化发展，提供国际供应链一体化的管理体系，将有助于加快我国产业升级转型的步伐。以电子商务物流为例，通过应用现代信息网络与信息技术，将物流发展作为起点，对电子商务物流实施低成本的运营机制，并大范围地提供跟踪服务，帮助其控制成本消耗，为其提供反馈与跟踪服务。在已经存在的条件下，电子商务的后续工作可以对物流结构起到辅助优化作用，开辟更广的物流经营领域，是带动物流发展的有效途径。电子商务物流作为国际性、开放性、建设性很强的产业领域，为了更好地推进经济建设与发展，必须努力向发达国家学习经验，明确自身发展的不足，从而搭建起适合自身发展的物流体系与服务结构。不仅要把国外好的企业"请进来"，还要让我国优秀的企业"走出去"，加快经济的全球化发展。

4. 以技术带动创新发展战略，大力培养复合型人才

对于任何一个行业而言，技术创新都是未来可持续发展的重要基础，对于我国现代商贸物流业也不例外。新常态的发展路径中，我国现代商贸物流业应该展开精细化的管理，促进物流服务的高效、安全发展。结合云计算、大数据、物联网等技术，加快信息平台的建设，实现行业全面信息化与智能化发展。政府要在政策上积极鼓励物流企业升级物流运输装备与技术，推动多式联运发展，以政策引导鼓励企业自主创新，深化产学研融合发展，以市场需求与国际潮流为导向，推广新的物流技术。商贸物流业的技术创新，还需要不断健全现代商贸物流业的人才培养与管理体系。如今各个行业、各个领域都在发展现代物流，物流活动涉及多方面、多层次的内容，其虽然正以迅猛的速度发展，但是物流本身存在一定的复杂性及局限性。随着时代的进步、科学技术的发展，依赖于人工作业的传统物流时代已经过去，现代物流必须建立在先进科学知识的基础上。放眼国外，凡是从事物流行业的工作人员绝大部分都拥有较高的专业素养，知识储备也十分丰富。但是目前我国的物流从业人员，在专业技能的掌握上并不扎实，因此，缺乏高素质、高技能的物流人才是当前亟须解决的问题。一方面，物流行业从业者应该利用各种各样的培训和学习课程学习专业知识，提升自身素养，以更好地服务于公众。另一方面，物流行业也要想方设法引进优秀人才，挽留优秀人

才，同时制订有关的人才培养计划，以更好地实现技术创新。

第五节　商贸物流园区发展动向

2025 年我国商贸物流园区发展呈现以下核心趋势。

1. 智能化转型加速

全国约 70%以上新建园区实现 5G 专网与数字孪生技术覆盖，个别园区 AGV 机器人单仓部署量达 200 台，动态路径规划算法的广泛应用提高了作业效率。京东物流等企业自动化分拣系统覆盖率在 65%以上，无人配送技术进入商业化应用阶段。

2. 枢纽网络持续完善

2025 年，国家发展改革委印发《国家物流枢纽布局优化调整方案》，调整后布局建设国家级物流枢纽达 229 个，其中商贸服务型占比 14.4%（33 个），形成"四横五纵、两沿十廊"物流大通道。中西部地区新增园区占比大幅提升，南通、长沙等枢纽通过"沪通快航""航空+高铁"等模式可有效降低物流成本。

3. 绿色低碳发展

头部企业光伏屋顶覆盖率突破 40%，单位面积能耗较 2020 年下降 27%。新能源商用车渗透率达 45%，氢燃料电池物流车示范规模超 10 万台。

4. 跨境物流升级

跨境电商相关园区面积同比增长明显，海外仓总面积突破 5000 万平方米。RCEP（《区域全面经济伙伴关系协定》）推动"前仓后播"新型园区兴起，订单响应时间明显压缩。

5. 产城融合深化

"物流园区+产业社区"混合开发模式占比较大，配套商业面积上限已放宽至 25%。临沂等城市通过"统仓统配、仓配一体"模式推动智能仓储占比大幅提升。

第六节　电商物流服务体系的完善与创新

2016 年，商务部、国家发展改革委、交通运输部、海关总署、国家邮政局、国家标准委六部门共同发布的《全国电子商务物流发展专项规划（2016—2020 年）》提出，建设支撑电子商务发展的物流网络体系，加快中小城市和农村电商物流发展，加快民生领域的电商物流发展等主要任务，同时提出电商物流标准化工程、电商物流农村服务工程、电商物流社区服务工程、电商冷链物流工程、电商物流跨境工程等。

面对电子商务的巨大物流需求及其变化，电商物流将会不断整合、完善与创新：在大数据的支撑下，整合与完善仓储网点，对商品的库存地点进行合理布局、优化，尽可能地向末端"下沉"；在全渠道流通的背景下，发挥零售门店的分拨作用，用一套库存支撑线上、线下的销售，改造供应链流程，优化库存管理与控制的方式等；对现有设施设备进行改造，对信息系统与业务流程进行柔性化完善，不断适应不同服务对象的个性化需求，提高配送中心的社会化程度。

跨境电商物流服务迎来新的发展机遇。一方面，大型跨境电商企业，如亚马逊、阿里巴巴、京东等，纷纷自建物流综合服务体系，为瓜分更大的市场提供支撑；另一方面，中小型跨境电商企业专注于做细分市场，把主要精力放在产品销售和客户维护上，没有足够的资源搭建自己的物流体系，而第三方跨境物流平台则为其提供了仓储、运输、报关、信息整合、采购、融资等综合服务。

第七节　农村物流发展状况

自 2015 年国务院办公厅发布《关于促进农村电子商务加快发展的指导意见》以来，农村电商已经得到了快速的发展，取得了显著的成绩。

相比于传统的线下销售方式，农村电商具有以下优势。

（1）降低了物流成本和销售成本，为农民增加了收入。

（2）方便了消费者的购物需求，为农村居民带来更多的消费选择。

（3）扩大了农产品销售渠道，促进了农村经济的发展。

由于农村地区的交通和物流网络相对薄弱，农村电商的物流配送面临较大的困难。解决该问题需要政府和企业共同努力，加大对物流基础设施的投入，并优化物流配送服务。同时，农村电商需要农民的参与和支持，政府和企业需要通过多种形式的宣传和培训，提高农民的参与意识和电商运营水平。

2017 年，我国政府把进一步发展和完善农村物流配送体系作为补齐农村市场短板、提升农村商贸流通发展水平的一项重要工作，推动分散的物流资源与业务的有效重组，实现从源头的生产、加工与采购，到中间的仓储、包装与运输，直到终端的配送、售后服务的一体化，打造面向农村需求的物流配送市场主体和业务平台，降低农村上行、下行物流配送成本，提高效率。

2022年，全国建设改造县城综合商贸服务中心983个，乡镇商贸中心、集贸市场3941个，不少"乡镇大集"、便民超市经过改造，环境焕然一新，功能更加完备；全国支持建设改造县级物流配送中心506个，乡镇快递物流站点650个，通过整合物流资源、发展共同配送，降低了农村物流成本，提高了配送速度；2022年，全国农村网络零售额达2.17万亿元，同比增长3.6%，各地依托电子商务进农村项目，深挖特色农副产品，大力发展直播电商等新业态，帮助农民实现就业增收；2022年全国支持升级改造878家农产品零售市场，建设12家公益性农产品批发市场，新增冷库库容96万吨；全国农产品网络零售额5313.8亿元，同比增长9.2%，"骨干批发市场+零售市场+农产品电商"的多层次农产品流通格局不断完善。

2023年，商务部等九部门联合发布《县域商业三年行动计划（2023—2025）》。在具备条件的地区建立较为完善的县乡村商业网络体系。同时，培育一批县域商业典型标杆，改造升级一批"乡镇大集"、农村新型便利店，打造一批县域商业典型县，发挥示范引领作用。大力发展直播电商、即时零售等新业态，推动农村电商高质量发展，带动农产品上行，帮助农民增收。

第八节　"互联网+物流"

"互联网+物流"是指将互联网技术与物流服务相融合，利用数字化、网络化、智能化等技术手段提升物流服务的效率和质量，实现物流业的转型升级。

这种融合涵盖了以下三个方面。

（1）在线物流平台：通过互联网技术建立在线物流平台，实现物流信息的实时共享和交换，提高物流信息的透明度和准确性。

（2）智能仓储：利用物联网技术和传感器技术，实现仓库的智能化管理，提高仓库的存储和取货效率，降低仓储成本。

（3）智能选线：通过大数据技术和人工智能技术，建立智能系统，实现路线的精准匹配和快速配送，提高配送效率和服务水平。

"互联网+物流"的意义在于优化物流过程，提高物流效率和服务水平。它不仅能整合物流行业的资源，改变物流行业整体存在的问题，如资源分散、信息不对称等；还能够使金融、物联网、智能制造等元素融入物流行业，提高物流行业的附加值。此外，"互联网+"能促进物流业实现共利、共赢、共享和协同，有助于推动我国从物流大国迈向物流强国。

随着"互联网+"时代的到来，一批创新型的物流企业诞生和成长，一批传统的物流企业也积极与"互联网+"融合，探索物流 3.0 模式，包括"物流+"模式、众包物流、跨境物流、物流 O2O 等，推动物流行业全面实现转型升级。物流互联网作为实体物理世界的物流系统与线上互联网世界的物流信息系统的一体化融合，已经引发一场新的物流领域的革命，使现代物流真正进入"智慧物流时代"。

本章小结

本章主要概述了新时代商贸物流的发展问题，总结了发展现状、分析了新时代商贸物流的主要特点、存在的问题及如何高质量发展商贸物流，同时对商贸物流园区的发展动向、电商物流服务体系的完善与创新、农村物流、"互联网+物流"等问题进行初步的探讨。通过学习，学生可以对我国商贸物流的发展有很全面的了解。

思考题

1. 当地商贸物流存在哪些问题？如何进行转型升级？
2. 谈谈个人对智慧物流的理解。

第十七章　商贸物流发展趋势

📝 **本章学习目标**

1. 了解目前我国商贸物流的发展趋势。

2. 理解并掌握商贸物流发展趋势的驱动因素。

3. 了解商贸物流发展面临的挑战和机遇。

第一节　发展趋势分析

1. 数字技术应用提升智能化水平

我国商贸物流数字技术应用趋势正在不断加强，旨在通过数字化技术提升物流效率和服务质量。以下是具体的趋势表现。

（1）数字化和智能化水平不断提升。

商贸物流企业正在快速将数字技术融入其运作中，如物联网、大数据、云计算等先进技术，以实现物流流程的自动化、智能化和可视化。智能立体库建设、无人配送市场机制、智能末端配送设施布局等都在不断完善，提升了物流运作的效率和准确性。

（2）数字化管理与决策优化。

企业将建立数字化的仓储配送管理系统，实现对物流活动的实时监控和管理，通过数据分析优化物流策略和资源配置。利用大数据和人工智能技术，企业可以预测市场需求变化和物流风险，制定相应的应对策略，提高物流系统的稳定性和可靠性。

（3）技术驱动的智能化升级。

物联网技术将实现仓库内货物、设备等的实时追踪和管理，提高物流的透明度和可预测性。自动化设备和机器人将广泛应用于仓储、分拣、配送等环节，大幅减少人力成本，提高作业效率。

（4）供应链协同与整合。

供应链各环节将实现数字化管理，提高供应链的透明度和协同效率，区块链技术可能被用于确保货物的真实性和可追溯性。企业将与供应商、物流服务商等合作伙伴建立紧密的协同关系，共同应对市场变化，提高整个供应链的竞争力。

（5）创新商贸物流模式。

如"直播电商+快递物流""即时零售+即时配送""仓储会员店+配送一体"等新型商贸物流模式不断涌现，推动了物流行业的创新发展。

综上所述，中国商贸物流数字技术应用趋势呈现出不断加强的态势，数字化技术、智能化技术、自动化技术等正在深刻改变商贸物流行业的面貌，推动其向更高效、更智能、更绿色的方向发展。

2. 降本增效与绿色转型结合

我国商贸物流正在加快推进降本增效与绿色转型。

近年来，我国商贸物流业通过数字技术应用、业务模式优化、多元主体合作等方式，实现了业务流程、组织方式等方面的综合提升，从而加快推进降本增效。商贸物流企业加快将数字技术与商贸物流相结合的步伐，提升各业务环节的智能化、自动化水平，助力降本增效。例如，货拉拉通过打造"智慧大脑"系统，实现人、车、货、路的精准匹配，为企业客户节省了大量的物流成本；满帮集团则利用人工智能等信息技术，打造连接上下游的物流生态平台，解决了找车难、效率低等难题。

同时，许多商贸物流企业将降本增效与绿色转型相结合，加快向高质量发展方向迈进。这些企业采取了一系列措施减少包装使用量，推广循环箱使用和旧纸箱重复使用，以促进资源节约与循环利用。例如，菜鸟网络采取装箱算法和原箱发货等策略，京东物流则开发了能够减少耗材使用的 X 系列纸箱。

此外，为了更有效地降低全社会物流成本，中国还从政策层面持续加码。中共中央办公厅、国务院办公厅印发了《有效降低全社会物流成本行动方案》，明确了包括深化体制机制改革、促进产业链供应链融合发展、健全国家物流枢纽与通道网络、加强创新驱动和提质增效、加大政策支持引导力度在内的 5 个方面 20 项重点任务。

在绿色转型方面，随着全球应对气候变化和中国"双碳"目标的落地，物流行业、供应链领域绿色低碳发展潜力和市场空间巨大。技术创新与策略的结合将是实现环保物流体系的关键。通过人工智能、大数据和物联网等先进技术的应用，以及多式联运和绿色包装策略的推广，物流行业正加速绿色转型。例如，京东物流通过推出"青流计划"，在绿色仓储、绿色运输、绿色包装和绿色回收等多环节取得突破；顺丰速运则在全国大中型城市投放了数十万个创意纸箱，鼓励用户进行创意改造再利用。

我国商贸物流在降本增效与绿色转型方面取得了显著成效，这不仅有助于提升物流效率和服务质量，还有助于推动经济社会的可持续发展。

3. 供应链服务拓展与精细化转型

我国商贸物流供应链服务拓展与精细化转型趋势明显。

（1）供应链服务不断拓展。

我国商贸物流正在经历从传统的物流服务向供应链服务拓展的转变。这一趋势在批发业物流上尤为明显，它们正逐步向供应链服务方向延伸，通过整合采购、生产、仓储、运输、销售等环节，提供更全面、更高效的供应链解决方案。这种转变不仅提升了物流服务的附加值，也更好地满足了消费者的多样化需求。

（2）精细化转型加速。

与此同时，零售业物流也在加快精细化转型的步伐。随着消费者对物流服务要求的不断提高，零售业物流需要更加注重细节，提供个性化、高效的服务。这包括优化物流流程、提高作业效率、减少库存积压等，以实现降本增效。通过精细化转型，零售业物流能够更好地适应市场变化，提升竞争力。

此外，商贸物流企业在推进降本增效的过程中，也积极采用数字技术赋能、优化业务模式、加强多元主体合作等方式，实现业务流程、组织方式等方面的综合提升。这些举措不仅有助于降低物流成本，提高运营效率，还推动了商贸物流向高质量发展方向迈进。

我国商贸物流供应链服务拓展与精细化转型趋势明显，这将有助于提升整个行业的服务水平和竞争力，推动商贸物流行业的持续健康发展。

4. 冷链物流设施进一步完善提升

我国冷链物流设施的未来发展规划主要包括基础设施建设增长、技术创新与可持续发展及构建现代冷链物流体系等。

（1）基础设施建设增长。

①规模扩大与布局优化：我国将继续建设和完善更多的骨干冷链物流基地，构建更加密集和高效的全国冷链网络。这将包括增加冷库的数量和容量，提高冷链物流的仓储能力，并优化冷库的区域分布和功能类型。

②末端设施强化：将加强产地预冷、传统农批市场冷库等末端设施的建设和改造，提高冷链物流的覆盖率和服务水平，减少农产品在产地和流通环节的损耗，保障生鲜产品的品质。

（2）技术创新与可持续发展。

①智能化、自动化水平提升：通过物联网、大数据和人工智能技术的应用，提升

冷库的智能化、自动化水平，实现对货物的精准温控和高效管理，提高冷链物流的运营效率和服务质量。

②绿色化发展：推动冷链物流的绿色转型，减少能源消耗和环境污染，提高冷链物流的可持续发展能力。

（3）构建现代冷链物流体系。

①"321"冷链物流运行体系：构建"三级节点、两大系统、一体化网络"的"321"冷链物流运行体系，包括完善国家骨干冷链物流基地布局、加强产销冷链集配中心建设，以及聚焦产地"最先一公里"和城市"最后一公里"，形成高效衔接的三级冷链物流节点。

②国内外冷链物流系统融合：构建服务国内产销、国际进出口的两大冷链物流系统，建设设施集约、运输高效、服务优质、安全可靠的国内国际一体化冷链物流网络，提升冷链物流的国际化水平。

我国冷链物流设施的未来发展规划旨在通过基础设施建设增长、技术创新与可持续发展及构建现代冷链物流体系等措施，推动冷链物流的高质量发展，满足人民群众对高品质、高附加值冷链产品的需求，促进农业转型和农民增收，助力乡村振兴和消费升级。

5. 绿色物流发展加快

我国绿色物流发展趋势呈现多元化、智能化与低碳化。

（1）多元化趋势明显。

近年来，我国绿色物流在能源消耗和二氧化碳排放方面取得了显著成效，绿色物流评价标准不断出台，推动了行业的规范化发展。绿色物流的发展不是局限于某一环节或领域，而是呈现出多元化的趋势。这包括推广绿色运输工具、使用可循环包装、优化物流配送模式等多个方面，共同构成了绿色物流的多元化发展格局。

（2）智能化应用加速。

随着人工智能、大数据、物联网等技术的快速发展，我国的绿色物流发展也越来越注重智能化应用。智能化技术的应用不仅提高了物流效率，还降低了能耗和排放。例如，通过智能匹配技术减少空驶率，利用无人叉车设备提高搬运效率等。此外，智能仓储系统的应用也进一步优化了仓储管理，减少了资源浪费。

（3）低碳化转型持续深入。

低碳化是中国绿色物流发展的核心方向之一。为实现这一目标，政府和企业都在积极推动新能源运输装备的推广使用，如电动汽车、氢能汽车等。同时，多式联运作为绿色物流发展的重要方向，通过整合多种运输方式实现物流资源的优化配置和高效利用，进一步降低了碳排放。此外，通过推广绿色技术和材料，如循环包装和生物降解方案，持续提高物流环节的环保和低碳水平。

我国绿色物流发展趋势呈现出多元化、智能化与低碳化的特点。这些趋势不仅推动了物流行业的绿色发展，也为实现"双碳"目标做出了积极贡献。

第二节　发展趋势的驱动因素

我国商贸物流发展趋势的驱动因素主要包括以下五个方面。

1. 消费者需求的变化与升级

随着消费者需求的多样化和个性化发展，商贸物流行业需要更加灵活、高效地满足消费者的需求。这种需求变化推动着商贸物流行业不断创新和优化服务，以适应市场的变化。例如，消费者对快速、准确、安全的物流服务需求增加，促使商贸物流企业提升物流效率和服务质量。

2. 数字化转型与技术创新

数字化转型与技术创新是当前商贸物流发展的重要驱动力。通过应用物联网、大数据、云计算等先进技术，商贸物流企业能够实现物流流程的自动化、智能化和可视化运行，从而提高物流效率和服务水平。这种数字化转型不仅提升了物流行业的竞争力，还推动了行业的可持续发展。

3. 政策支持与产业升级

国家政策的鼓励和支持对商贸物流行业的发展起到了重要作用。政府出台了一系列政策，推动物流与制造业的深度融合，促进现代物流业的高质量发展。同时，产业升级也带动了商贸物流需求的扩张，特别是在新动能领域，如计算机通信制造、半导体制造等，这些领域的物流需求随着产业升级而不断增加。

4. 国际化趋势与全球物流体系融合

随着全球经济一体化的深入，我国物流市场正逐步融入全球物流体系。国际物流需求的增加推动了商贸物流行业的国际化发展，促使企业加强国际合作，提升国际竞争力。这种国际化趋势不仅为商贸物流企业提供了更广阔的发展空间，还促进了全球物流体系的融合与优化。

5. 绿色物流与可持续发展

随着环保意识的增强和可持续发展理念深入人心，绿色物流成为商贸物流发展的重要方向。商贸物流企业开始注重节能减排、绿色包装、绿色运输等方面的实践，以降低物流活动对环境的负面影响。这种绿色物流的发展趋势不仅符合国家的环保政策，还有助于提升企业的社会形象和品牌价值。

第三节　面临的挑战和机遇

我国商贸物流面临的挑战主要包括成本压力攀升、数字化转型滞后及服务质量的提升需求，而机遇则主要体现在市场规模的扩大、技术的革新及绿色物流的发展上。

1. 挑战方面

（1）成本压力攀升。

物流行业的成本主要包括运输成本、仓储成本、人力成本等，近年来这些成本都呈现上升趋势，给商贸物流企业带来了较大的经营压力。

（2）数字化转型滞后。

尽管数字化技术为物流产业带来革命性的改变，但许多物流企业在数字化转型方面相对滞后，影响了物流效率和服务质量的提升。

（3）服务质量的提升需求。

随着市场竞争的加剧，客户对物流服务的质量要求越来越高，商贸物流企业需要不断提升服务质量以赢得客户的信任。

2. 机遇方面

（1）市场规模的扩大。

随着全球化和电子商务的飞速发展，物流需求持续增长，为商贸物流行业带来广阔的市场前景。最新统计数据显示，我国商贸物流总额呈现出强劲的增长势头。

（2）技术的革新。

物联网、大数据、云计算、人工智能等先进技术的不断涌现，为商贸物流行业带来转型升级的机遇。这些技术的应用可以极大地提高物流效率，降低运营成本，提升服务质量。

（3）绿色物流的发展。

绿色物流成为商贸物流行业的重要发展方向，商贸物流企业可以通过采用环保材料、优化运输路线等方式，降低物流活动对环境的负面影响，同时提升企业的社会形象和品牌价值。

📍 本章小结

本章主要介绍了我国商贸物流的发展趋势、相关驱动因素及面临的挑战和机遇。学生通过学习可以对我国商贸物流的发展趋势有比较全面的认识，相关内容也能对物流企业的高质量发展提供方向性指引。

👤 思考题

1. 简述如何提升商贸物流的服务质量。
2. 我国商贸物流、冷链物流、电商物流的发展有哪些新变化？

第十八章　商贸物流企业案例分析

本章学习目标

1. 了解典型商贸物流企业的运营经验。

2. 了解典型的商贸物流企业。

第一节　我国典型商贸物流企业运营经验分析

我国典型商贸物流企业成功的经验丰富多样，以下从战略规划、运营管理、技术应用、服务创新、人才管理和风险管理等方面详细阐述。

1. 战略规划方面

（1）精准市场定位：顺丰速运将自身定位为中高端快递及供应链服务提供商，聚焦对快递时效性和服务质量要求较高的客户群体，如电商企业、高端制造企业等；德邦物流则专注于大件快递和零担物流市场，精准的市场定位使其能集中资源打造核心竞争优势。

（2）长期战略布局：京东物流从成立之初就制定了长期的战略规划，致力于构建覆盖全国的物流网络和智能化供应链体系；菜鸟网络以打造全球智能物流骨干网为目标，通过与众多物流企业合作，搭建物流数据平台，实现物流信息的互联互通。

（3）战略联盟与合作：中国远洋海运与多家国际航运企业建立战略联盟，通过共享航线、舱位等资源，提升在国际航运市场的竞争力；传化智联通过与各地政府、企业合作，打造公路港物流平台，整合物流资源，形成了广泛的物流服务网络。

2. 运营管理方面

（1）高效物流网络建设：中国邮政拥有庞大的物流网络，在全国范围内设有大量的营业网点和配送站点，覆盖了城市和农村地区；顺丰速运不断优化其航空运输网络和陆运网络，通过增加航线、优化陆运线路，提高物流配送效率。

（2）库存管理优化：海尔智家通过实施零库存下的即需即供模式，与供应商建立紧密的合作关系，实现了原材料和零部件的准时供应，减少了库存成本；唯品会采用精准的库存预测和管理系统，根据销售数据和市场趋势，合理安排库存，提高了库存周转率。

（3）运输配送管理：菜鸟网络通过智能物流调度系统，对货物的运输和配送进行优化安排，实现了货物的快速、准确配送；美团配送利用大数据和人工智能技术，对骑手的配送路线和时间进行优化，提高了外卖等订单的配送效率。

（4）供应链整合：怡亚通作为供应链服务企业，通过整合供应链上下游资源，为客户提供采购、生产、销售等全流程的供应链解决方案，帮助客户降低成本、提高效率；宝供物流通过与制造企业合作，深入参与企业的供应链管理，实现了物流与生产、销售的无缝衔接。

3. 技术应用方面

（1）物流信息化建设：多数物流企业都建立了先进的物流信息管理系统，如 WMS（仓库管理系统）、TMS（运输管理系统）、GPS 定位系统等，实现了对物流全过程的实时监控和管理。DHL（敦豪）等国际物流企业在中国也引入先进的物流信息管理系统，提升了物流运作的透明度和可控性。

（2）大数据与人工智能应用：顺丰速运利用大数据分析客户需求和物流数据，优化配送路线和资源配置；京东物流通过人工智能技术实现了货物的智能分拣和机器人配送，提高了物流作业效率。

（3）物联网技术应用：中储粮等企业利用物联网技术对粮食等物资的仓储环境进行实时监测，确保物资的安全存储；一些冷链物流企业通过物联网技术对冷链运输过程中的温度、湿度等数据进行实时监控，保证了冷链产品的质量。

4. 服务创新方面

（1）增值服务拓展：顺丰速运除了提供传统的快递服务，还推出代收货款、保价、包装等增值服务；德邦物流为客户提供包装定制、上楼安装等增值服务，满足了客户的多样化需求。

（2）定制化服务：安得智联为家电企业提供定制化的物流解决方案，根据不同企业的需求，设计个性化的物流流程和服务模式；跨越速运为制造业企业提供限时达、定时达等定制化运输服务，保障了企业的生产和销售。

（3）绿色物流服务：菜鸟网络推出了绿色包装、循环箱等绿色物流解决方案，减少了物流包装对环境的污染；一些城市的快递企业推广使用新能源车辆进行配送，减少了碳排放。

5. 人才管理方面

（1）专业人才培养：顺丰速运建立了完善的人才培养体系，通过内部培训、外部培训、在线学习等多种方式，培养了大量的物流专业人才；京东物流与高校合作，开展物流人才订单式培养，为企业的发展储备了人才。

（2）激励机制建设：许多物流企业建立了科学合理的激励机制，如绩效奖金、股权激励等，激发了员工的工作积极性和创造力。一些企业还设立了创新奖励基金，鼓励员工提出创新想法和解决方案。

（3）企业文化建设：菜鸟网络通过企业文化建设，增强了员工的归属感和凝聚力；传化智联倡导积极向上的企业文化，营造了良好的企业氛围。

6. 风险管理方面

（1）风险识别与评估：中国远洋海运等大型物流企业建立了完善的风险识别和评估体系，对市场风险、自然灾害风险、政策风险等进行定期评估，通过风险评估，企业能够及时发现潜在风险，并制定相应的应对策略。

（2）风险应对策略：针对市场风险，物流企业通过多元化经营、签订长期合同等方式降低风险。对于自然灾害风险，企业加强了物流设施的防护和应急管理，建立了应急预案。同时，企业还通过购买保险等方式转移风险。

以上只是我国典型商贸物流企业成功经验的一部分，不同企业在不同方面还有许多独特的实践和创新，这些经验为其他企业提供了很好的借鉴和参考，推动了我国商贸物流行业的不断发展和进步。

第二节　我国典型商贸物流企业简介

1. 京东物流

京东物流作为我国领先的物流服务提供商，其成功经验主要体现在以下几个方面。

（1）自建物流体系。

京东物流的核心优势在于其自建物流体系。京东从 2007 年开始自建仓储和配送网络，逐步形成了覆盖全国的物流基础设施。截至 2022 年，京东物流拥有超过 1500 个仓库，仓储面积超过 3000 万平方米，配送网络覆盖全国几乎所有县域。这种自建模式使京东物流能够完全掌控物流链条的每一个环节，从而确保高效、稳定的配送服务。

（2）智能仓储与自动化技术。

京东物流在智能仓储领域投入巨大，广泛应用自动化设备和机器人技术。例如，京东物流的"亚洲一号"智能仓库采用了自动化分拣系统、无人搬运车和智能分拣机器人，大幅提升了仓储效率。通过智能化技术，京东物流的订单处理速度提升了数倍，同时降低了人工成本和错误率。

（3）冷链物流网络。

京东物流在冷链物流领域也取得了显著成就。其冷链网络覆盖全国 300 多个城市，能够为生鲜食品、医药等提供全程温控服务。京东冷链采用先进的温控技术和实时监控系统，确保商品在运输过程中的品质和安全。这种专业化的冷链服务为京东物流在生鲜电商和医药配送领域赢得了竞争优势。

（4）绿色物流。

京东物流积极推动绿色物流发展，通过推广新能源车辆、可循环包装和节能仓储技术，减少物流环节的碳排放。例如，京东在全国范围内投放了数千辆新能源物流车，并推出了"青流计划"，鼓励使用可降解包装材料。这些举措不仅降低了运营成本，还提升了企业的社会形象。

（5）科技驱动与数据赋能。

京东物流高度重视科技研发，利用大数据、人工智能和物联网技术优化物流运营。例如，京东物流利用大数据分析预测订单需求，提前调配库存；通过人工智能优化配送路线，减少配送时间和成本。此外，京东物流还推出了"智能供应链"解决方案，帮助商家实现库存管理和智能化物流配送。

2. 顺丰速运

顺丰速运是我国快递行业的龙头企业，其成功经验主要体现在以下几个方面。

（1）高端快递服务。

顺丰速运以高端快递服务著称，其核心优势在于高时效性和高安全性。顺丰速运通过自有货机和高效的陆运网络，能够实现全国范围内的次日达甚至当日达服务。这种高端定位使得顺丰速运在商务快递和中高端电商市场中占据了重要地位。

（2）航空货运网络。

顺丰速运拥有我国最大的货运机队，截至 2023 年，顺丰速运自有货机数量超过 80 架。通过航空货运网络，顺丰速运能够快速覆盖全国乃至全球的主要城市。这种航空优势使顺丰速运在时效性要求高的快递市场中具有无可比拟的竞争力。

（3）科技驱动与智能化。

顺丰速运在科技研发方面投入巨大，通过大数据、人工智能和区块链技术优化物流运营。例如，顺丰速运利用大数据分析预测快递需求，提前调配资源；通过人工智能优化配送路线，提升配送效率。此外，顺丰速运还推出了"丰巢"智能快递柜，解决了末端配送的"最后一公里"问题。

（4）国际业务拓展。

顺丰速运积极拓展国际业务，通过并购和合作建立了覆盖全球的物流网络。例如，顺丰速运收购了 DHL 在中国的供应链业务，并与多家国际物流公司合作，提升了其跨境物流服务能力。这种国际化战略使顺丰速运在全球市场中占据了重要地位。

（5）客户体验与品牌建设。

顺丰速运高度重视客户体验，通过优质服务和品牌建设赢得了消费者的信赖。例如，顺丰速运推出"保价服务"和"隐私面单"等增值服务，提升了客户的安全感和满意度。此外，顺丰速运还通过广告宣传和公益活动提升品牌形象。

3. 菜鸟网络

菜鸟网络是阿里巴巴集团旗下的物流平台，其成功经验主要体现在以下几个方面。

（1）平台化运营模式。

菜鸟网络采用平台化运营模式，通过整合第三方物流资源，提供一站式物流服务。菜鸟网络不直接参与物流运营，而是通过数据和技术赋能合作伙伴，提升整体物流效率。这种轻资产模式使得菜鸟网络能够快速扩展业务规模。

（2）智能物流骨干网。

菜鸟网络通过大数据和人工智能技术构建了智能物流骨干网。例如，菜鸟网络利用大数据分析预测订单需求，提前调配库存；通过人工智能优化配送路线，提升配送效率。此外，菜鸟网络还推出了"电子面单"。

第三节　"中国物流之都"商贸物流企业简介

1. 兰田智慧物流港

兰田智慧物流港位于山东省临沂市，是山东兰田智慧物流有限公司投资建设的重要项目，占地约 450 亩，总建筑面积约 25 万平方米，计划总投资约 12 亿元。建成运营后入驻物流公司及配套经营企业 500 余家，年物流量可达 2200 万吨，年流通货物价值可达 1500 亿元。旨在打造现代化、智能化的综合物流枢纽。兰田智慧物流港以公司自营与平台租赁相结合的运营模式，设立综合办公服务区（含综合管理服务中心、信息中心、行政管理中心、商务中心、金融中心、保险服务中心）、生活配套服务区、仓储区（智慧云仓）、中转分拨区、电商区、城市配送区和综合能源服务站等功能区，通过系统体系化设计和智慧物流信息化建设，搭建"智能物流平台""智能物管平台""智能运营平台""数据服务平台"和"可视化平台",实现园区管理数据服务"体系化"、设备接入"标准化"、园区服务"极简化"、运营管理"智能化"。

（1）项目背景。

临沂作为中国北方的商贸物流中心，拥有庞大的市场集群和物流网络。山东兰田智慧物流有限公司依托临沂的商贸优势，建设智慧物流港，推动传统物流向智能化、数字化升级。

（2）项目定位。

兰田智慧物流港定位为集仓储、运输、配送、信息处理、供应链金融等功能于一体的现代化物流园区，致力于提升物流效率，降低企业成本。

（3）主要功能。

①智能仓储：配备自动化设备和智能管理系统，提升仓储效率。

②物流配送：整合运输资源，优化配送网络，提供高效服务。

③信息平台：通过大数据、云计算等技术，实现物流信息的实时监控与物流运输的智能调度。

④供应链金融：为入驻企业提供金融服务，解决资金周转问题。

（4）技术应用。

项目广泛应用物联网、人工智能、区块链等技术，推动物流全流程的智能化管理。

（5）社会经济效益。

①促进就业：为当地创造大量就业机会。

②推动产业升级：助力临沂商贸物流业的数字化转型。

③提升竞争力：增强临沂在全国物流网络中的地位。

（6）未来发展。

兰田智慧物流港将继续扩展功能，吸引更多企业入驻，打造全国领先的智慧物流标杆。

2. 山东顺和国际智慧物流园

山东顺和国际智慧物流园位于山东省临沂市，是山东顺和集团投资建设的大型现代化智慧物流园区，是临沂商贸服务型国家物流枢纽承载企业，旨在提升临沂商贸物流的智能化水平。

（1）规模与投资。

占地面积约500亩，计容面积约39万平方米，总投资约8.6亿元。

（2）主要设施。

主要设施包括超级分拨中心、智能仓储区、枢纽中心、电商展示中心，还建有科技含量高、应用技术先进的中国物流之都展览馆。

（3）运营情况。

2021 年 10 月试运营，已完成 19 家入驻物流公司部分线路的迁移。园区有临沂亿丰物流、临沂传承物流、临沂宏帅物流等众多物流企业。

（4）运输线路。

山东顺和国际智慧物流园区直达线路有 2000 余条，覆盖全国 34 个省（自治区、直辖市）。

（5）发展战略。

山东顺和国际智慧物流园实行"1+34568"发展战略。

①一个平台：顺和物联，即山东顺和集团与 16 家优秀专线物流企业共同打造的智慧商贸物流供应链聚能创新平台。

②三网融合：同城配送网、城际分拨网、国内干线网三网相融合，打造"三网"融合的物流网络体系，达到产业共享化、枢纽智慧化，实现"点收全国、点发全国"。

③四个转型升级：以"物流基础设施，物流技术装备，物流信息化、智能化，物流商业模式"四个转型升级为使命。

④五个统一：以"品牌统一、系统统一、标准统一、服务统一、结算统一"为经营宗旨。

⑤六大赋能平台：智慧园区平台、智能分拨平台、三方物流平台、运力资源平台、供应链金融平台、共同配送平台。

⑥智慧八大系统：建设物流大数据分析中心与供应链信息服务中心，配套运输管理系统、智能分拨管理系统、智能仓储管理系统、货损事故管理系统、物流金融系统、智能车源管理系统、智能 OA（办公自动化）管理系统、"取货郎"同城提配系统等八大系统。

（6）技术创新。

①北斗技术应用：与中国科学院空天信息创新研究院合作建设顺和国际智慧物流北斗技术研究中心，位于仓储区。研发标准智能仓快进快出、非标准件货物快拼快装快卸、货物与车辆全程可视化跟踪、无人机低空救援等国内物流最前沿的科学应用。

②信息化建设：打造园区信息化管理平台和顺和物联智慧云平台，实现园区管理的智能化和物流业务的智慧化。采用"纯光纤+5G+北斗"全覆盖的模式，实现设备间互联互通；打造 BIM（建筑信息模型）系统，统一可视化展示能源管控、设备管理等。

③智慧安防与消防：通过应用无人道闸等系统和北斗技术，实现货物从下单到园区分拨、仓储的全流程可视化跟踪。利用智慧消防和 AR（增强现实）地图技术，实现

远程巡检、园区安防和实时预警的智慧化。

（7）未来规划。

①多式联运发展：与山东省港口集团、中国铁路济南局集团洽谈合作，实现临沂枢纽"公、铁、海"多式联运，与全国 212 个物流枢纽互联互通。

②提升货物吞吐量：在智慧仓储物流体系支撑下，提高年货物吞吐量。

（8）所属集团情况。

山东顺和国际智慧物流园由山东顺和集团投资建设。该集团成立于 2002 年，总部位于山东省临沂市，是集物流仓储、电商直播、物业管理等业务于一体的现代化集团公司。现为中国物流与采购联合会副会长单位、中国物流枢纽联盟理事单位等，荣获国家物流枢纽建设运营标杆企业、中国 AAAAA 级物流园区等多项荣誉。

（9）园区意义。

①推动产业升级：作为临沂商贸服务型国家物流枢纽的增量项目，是物流转型升级标杆项目，促进了当地物流产业向智能化、信息化、现代化方向发展。

②带动区域发展：与顺和天源智慧物流园遥相呼应，形成占地面积近 1000 亩的标准化、智能化、信息化、现代化的智慧物流园区，带动了临沂现代物流高质量发展。

3. 临沂中联物流有限公司（中联智慧物流园）

临沂中联物流有限公司成立于 2008 年，是一家运用现代物流理念为客户提供物流一体化服务的专业公司、第三方物流企业。自创办以来，一直致力于推动中国现代物流的发展和进步。

（1）基本概况。

①规模与投资：项目总占地 170.79 亩，总投资 4.95 亿元，规划总建筑面积 15 余万平方米。

②功能布局：建有 4 栋云仓储、4 栋仓储物流，1 栋综合服务中心及 1 栋沿街配套服务楼。

③配套设施：为满足入驻企业和人员的多样化需求，配备完善的基础设施，如建设宽阔的道路以方便物流车辆进出和停靠，建设充足的停车位以解决停车难题。园区还设有完善的消防设施、监控系统等，保障园区的安全运营。

（2）运营情况。

①一期开园情况：2024 年 7 月一期开园，一层物流经营面积为 5 万多平方米，建设 170 多个档口，第一批搬迁物流业户 40 多家。

②信息化应用：商户应用第二代智能开票机，如山东全球通网络科技有限公司研发的物流专线管理系统，具有智能自助开单、财务业务一体化、代收货款等功能。

（3）园区特色。

①多式联运主题：以多式联运为主题，通过智慧信息化平台支撑，实现不同运输方式的高效衔接和协同运作，提高物流运输效率，降低运输成本。

②智慧信息化平台：利用先进的信息技术，构建智慧信息化平台，通过网络货运实现车货智能匹配，科学调度运力，可有效整合物流资源，提高物流运作的透明度和可控性。

③高端仓储设施：打造高端化、智慧化、自动化仓储设施，提升仓储管理的效率和准确性，实现货物的快速出入库和精准库存管理。

（4）建设意义。

①推动产业升级：作为临沂现代物流城的重要组成部分，中联智慧物流园的建设和运营有助于推动当地物流产业的转型升级，促进物流行业向智能化、信息化、现代化方向发展。

②促进区域经济发展：吸引了众多物流企业和相关配套企业入驻，带动了就业，增加了税收，促进了兰山区及周边地区的经济发展。

③提升城市物流竞争力：提升了临沂在全国物流行业的地位和影响力，巩固了"中国物流之都"的品牌形象，为临沂参与全国乃至全球物流竞争提供了有力支撑。

（5）发展前景。

①融入物流网络：随着临沂现代物流城的不断建设和完善，中联智慧物流园将更好地融入区域物流网络，与其他物流园区、交通枢纽等实现资源共享、优势互补。

②拓展业务领域：凭借其智慧化的平台和先进的设施，有望在供应链物流、冷链物流、跨境物流等新兴业务领域取得突破，进一步拓展业务范围和市场空间。

③技术创新与升级：将不断加大在信息技术、物流装备等方面的投入，持续提升园区的智能化、自动化水平，提高物流运作效率和服务质量。

4. 山东经信国际物流有限公司

山东经信国际物流有限公司（以下简称经信物流）成立于 2005 年，是一家集物流信息、物流服务、国内/国际物流货代、仓储配送、全程运输、电子商务结算于一体的现代化物流企业。2014 年在原有基础上转型升级，以物流配送为中心，以信息服务、平台建设为两翼，以协同作战、同步发展为经营指导思想。始终坚持"用真诚赢得信誉，用信誉保证效益""宁愿麻烦自己千遍，不让客户一时为难"的企业经营理念。

经信物流配有一流的办公自动化系列设施和信息数据库，提供 GPS 车辆监控、调度、配送等信息服务，有辐射全国 29 个省（自治区、直辖市）的信息网络和物流配送网络，仓库、货场配有高清红外线安全防卫系统。拥有自备厢式货车，整合各类货运车辆 132 辆，构成了以信息中心为运营指挥中心，辐射各经营关联环节和各分公司物流服务平台的一家集信息流、商流、资金流、物流交易中心为一体的物流公司。

📍 本章小结

本章主要概括了我国典型商贸物流企业成功运营的经验，介绍了"中国物流之都"商贸物流企业，为商贸物流企业的成功运营提供了案例借鉴。

👤 思考题

1. 列举国内著名商贸物流企业的服务特点和核心竞争力。

2. 分析本章案例各物流企业的运营特点，并思考其对其他商贸物流企业有什么借鉴意义。

参考文献

［1］崔介何．物流学概论［M］．6 版．北京：北京大学出版社，2024.

［2］王金妍，胡云峰．现代物流基础［M］．北京：中国铁道出版社有限公司，2024.

［3］刘军．商贸物流管理［M］．4 版．北京：中国财富出版社，2020.

［4］姚文斌，黄燕东，曹淼清．物流运筹学［M］．北京：北京理工大学出版社，2023.

［5］雷颖晖．电子商务物流［M］．3 版．重庆：重庆大学出版社，2022.

［6］朱占峰．智慧物流与供应链基础［M］．北京：机械工业出版社，2025.

［7］王术峰．物流系统规划与设计：理论与方法［M］．2 版．北京：机械工业出版社，2022.

［8］钱廷仙．现代物流管理［M］．4 版．北京：高等教育出版社，2023.

［9］梁旭，王海娟．物流营销与客户关系［M］．北京：中国财富出版社有限公司，2024.

［10］陈英．国际物流实务［M］．成都：西南交通大学出版社，2025.

［11］林露华，赵加环．智能仓储管理实务［M］．北京：北京理工大学出版社，2023.

［12］初良勇．现代物流学［M］．北京：机械工业出版社，2023.

［13］蔡昭君．现代物流管理基础：含活页练习册［M］．2 版．北京：中国人民大学出版社，2024.

［14］吴成，邓敏．农村电子商务［M］．重庆：重庆大学出版社，2023.

［15］宫磊．物流法律法规［M］．成都：西南交通大学出版社，2024.

［16］谢如鹤，王国利．冷链物流概论［M］．北京：中国财富出版社有限公司，2021.

［17］朱光福，王娟娟．企业物流管理［M］．3 版．重庆：重庆大学出版社，2022.